ΞⱯ reinhardt

Gerda Holz/Antje Richter-Kornweitz (Hrsg.)
im Auftrag des Instituts für Sozialarbeit und Sozialpädagogik e.V. (ISS)

Kinderarmut und ihre Folgen

Wie kann Prävention gelingen?

Mit 12 Abbildungen und 23 Tabellen

Mit Beiträgen von Annette Berg, Martina Block,
Heiner Brülle, Mirjam Hartmann, Beate Hock, Gerda Holz,
Thomas Lampert, Roland Merten, Heinz Müller,
Antje Richter-Kornweitz, Matthias Richter,
Hella von Unger, Hans Weiß und Michael T. Wright

Ernst Reinhardt Verlag München Basel

Gerda Holz ist Sozialarbeiterin und Dipl.- Politikwissenschaftlerin. Sie forscht und berät am Institut für Sozialarbeit und Sozialpädagogik e.V. (ISS), Frankfurt, im Schwerpunkt Armut und soziale Ausgrenzung.

Dr. Antje Richter-Kornweitz ist Dipl.-Pädagogin, Kinder- und Jugendlichenpsychotherapeutin und wissenschaftliche Mitarbeiterin der Landesvereinigung für Gesundheit & Akademie für Sozialmedizin Niedersachsen e.V. im Bereich Soziale Lage und Gesundheit.

Bibliografische Information der Deutschen Nationalbibliothek

Die Deutsche Nationalbibliothek verzeichnet diese Publikation in der Deutschen Nationalbibliografie; detaillierte bibliografische Daten sind im Internet über <http://dnb.d-nb.de> abrufbar.
ISBN 978-3-497-02170-3

Printed in Germany
Reihenkonzeption Umschlag: Oliver Linke, Augsburg
Cover unter Verwendung eines Bildes von © Stephanie Hofschlaeger/PIXELIO
Satz: Fotosatz Reinhard Amann, Aichstetten

Ernst Reinhardt Verlag, Kemnatenstr. 46, D-80639 München
Net: www.reinhardt-verlag.de E-Mail: info@reinhardt-verlag.de

Inhalt

„Die Praxis zeigt den Weg zu gesellschaftlichen Lösungen" –
Eine Vorbemerkung
Von Gerda Holz und Antje Richter-Kornweitz   7

Armut bei Kindern – Ein mehrdimensionales Phänomen 11

I Lebenslage und Teilhabechancen – Heute für morgen 12
1 Was brauchen Kinder? – Lebens- und Entwicklungsbedürfnisse
   von Kindern
   Von Hans Weiß 12
2 (Kinder-)Armut – Als Faktum und als Herausforderung
   in unserer Gesellschaft
   Von Roland Merten 20
3 Kinderarmut – Definition, Konzepte und Befunde
   Von Gerda Holz 32

II Wirkung von Armut bei Kindern – Ein Leben lang 43
4 Langzeitwirkungen von Armut – Konzepte und Befunde
   Von Antje Richter-Kornweitz 43
5 Armut bei Kindern und Gesundheitsfolgen
   Von Thomas Lampert und Matthias Richter 55
6 Armut bei Kindern – Bildungslaufbahn und Bildungserfolg
   Von Roland Merten 66
7 Armut – Auch ein Thema für die Hilfen zur Erziehung!
   Empirische Befunde und Entwicklungsperspektiven
   Von Heinz Müller 81

Armutsprävention für Kinder – Ansätze auf zwei Ebenen 93

8 Resilienz und Armutsprävention
   Von Antje Richter-Kornweitz 94

9   Kindbezogene Armutsprävention als struktureller
    Präventionsansatz
    Von Gerda Holz   109

Präventionskonzepte in Umsetzung   127

10 Armutsprävention durch Empowerment: Interdisziplinäre
    Frühe Förderung von Familien
    Von Mirjam Hartmann   128
11 Partizipation von Kindern als Schlüssel der Gesundheitsförderung –
    Ein Beitrag zur Qualität in der Armutsprävention
    Von Martina Block, Hella von Unger und Michael T. Wright   138
12 „Mo.Ki – Monheim für Kinder" – Armutsprävention als
    kommunale Handlungsstrategie
    Von Annette Berg   149
13 Bildung für alle – Strategien zur Sicherung der Bildungsteilhabe
    von sozial benachteiligen Kindern
    Von Beate Hock und Heiner Brülle   159

Kindbezogene Armutsprävention – Eine Handlungsanleitung
für Praxis und Politik
Von Antje Richter-Kornweitz und Gerda Holz   170

Die Autorinnen und Autoren   179
Register   182

„Die Praxis zeigt den Weg zu gesellschaftlichen Lösungen" – Eine Vorbemerkung

Mit jedem Tag wächst das öffentliche Interesse an Fragen zur Armut bei Kindern und den Folgen. „Kinderarmut" als Kurzterminus dafür ist zu einem Top-Thema in der deutschen Medien-Öffentlichkeit geworden und ist längst nicht mehr nur eine Headline für einen Tag, sondern eher ein Dauerbrenner in vielen Medien. Es geht nicht mehr nur um die Beschreibung von Einzelfällen, die allzu oft das individuelle Verhalten von Eltern als mögliche Ursache für die kindliche Misere anprangern, sondern um eine fundierte Auseinandersetzung mit Fragen nach strukturellen Ursachen, der Verbindung zwischen Wirtschafts- und Arbeitsmarktentwicklung, nach Bildungschancen und Bildungskarrieren, nach Gefahren einer sozial vererbten Armut sowie nach staatlichem Handeln und dessen Wirkungen und nicht zuletzt nach sozialer Gerechtigkeit und Chancengleichheit. Die Erkenntnisse erzeugen Druck – vor allem für die politischen und staatlichen Akteure.

Diese Alltagsbeobachtung ist als Teil oder Phase eines Prozesses zu verstehen, in dem sich Gesellschaft, Staat und Wirtschaft langsam, aber stetig einem der schwierigsten sozialen Themen moderner Gesellschaften nähern. Armut als ihr genuiner Bestandteil lässt sich nur im kulturellen Kontext der jeweiligen Gesellschaft erfassen und bestimmen. Armut bei Kindern als gesellschaftliches Phänomen ist wiederum verbunden mit dem elterlichen Leben und Handeln und ist immer ein stark emotional besetztes und zumeist moralisierend diskutiertes Thema. Sehr schnell geht es um Schuld und Schuldzuschreibungen, um den Wunsch oder Zwang zum „Helfen", um Gefühle der Ohnmacht, weil eine komplexe Problematik nicht mit einfachen Antworten und eindimensionalen Strategien im Vorübergehen zu bearbeiten ist. Gefordert sind qualifizierte, alle Bereiche und Ebenen zusammenführende Lösungsstrategien.

Armut bei Kindern als strukturelles Problem Deutschlands hat sich seit Mitte der 1980er Jahre herausgebildet und seitdem stetig verfestigt. Der Prozess der gesellschaftlichen, d. h. der öffentlichen und politischen Wahrnehmung hat seit rund zehn Jahren Fahrt aufgenommen:

Zunächst über Problemanzeigen aus den sozialen Diensten und Einrichtungen vor Ort sowie vereinzelt über kommunale Armutsberichte, dann über wissenschaftliche Studien mit stets ähnlichen Befunden und die mediale Verbreitung dieser eindeutigen Ergebnisse, bis schließlich zu einer Vielzahl von Fachtagungen, Seminaren oder Workshops im universitären, verbandlichen oder Praxisbereich. Damit einher ging eine stärker werdende politische Diskussion in Parlamenten, Gremien oder Parteien auf kommunaler, Landes- und Bundesebene. Kurz, aus einer Insider- wurde eine Massendiskussion.

Doch dabei ist es nicht geblieben: Die Wahrnehmung und Problematisierung des Armutsphänomens bei Kindern und seinen Folgen zog die Beschäftigung mit der Frage nach dem Umgang mit der Problematik und den Handlungsmöglichkeiten nach sich. Auch hier ist das Spektrum gegenwärtig vorfindbarer Bemühungen groß, vom eher karitativ geprägten Engagement Einzelner und vieler Gruppen über sich ausweitende neue Angebote durch soziale Dienste und Einrichtungen bis hin zum Beginn einer grundsätzlichen Neuausrichtung sozialer Infrastruktur, ganz besonders auf kommunaler Ebene. Kurz, es kam zur inhaltlichen Akzentverschiebung – weg von der reinen Situationsbeschreibung, hin zur Entwicklung lösungsorientierter Konzepte.

Heute stehen wir am Anfang einer Diskussion – sowohl im Theoretischen wie Praktischen – über wirkungsvolle Ansätze zur sozialen Gegensteuerung, bei der es um Inhalte, Schwerpunkte, Ebenen und Strukturen einer „Armutsprävention für Kinder" geht. Besondere Charakteristiken dieses gesamten Prozesses sind:

- Der Impuls zur Auseinandersetzung mit der Problematik „Kinderarmut" kam aus der Mitte der Gesellschaft.
- Den Weg zu einer versachlichenden Auseinandersetzung prägten die Praxis sozialer Arbeit (d.h. Fachkräfte, Verbandsvertreter/-innen) und die empirische, lebenslageorientierte Forschung (z.B. zur Lebenslage insgesamt oder zu Bildungs-, Gesundheits-, Integrationsfragen).
- Die Ansatzpunkte zum wirkungsvollen Handeln finden sich aktuell bei den Kommunen, verbunden mit einem gemeinsamen Engagement vieler Akteure vor Ort, sowie der Dienste und Einrichtungen des Sozial-, Bildungs-, Gesundheitswesen usw. Sie machen gleichzeitig deutlich, dass Armutsprävention als soziale Gegensteuerung eine staatliche Pflichtaufgabe ist und entsprechende Rahmensetzungen auf allen Staatsebenen erfordert – ressort-, institutions- und professionsübergreifend.

Wir haben es mit einem Prozess zu tun, der sich aus dem Lebensalltag der Betroffenen und dem Arbeitsalltag in Diensten, Einrichtungen, Verwaltungen u.a. speist. Damit ist verbunden, dass sich die Handlungslogiken, einzelne Prozessschritte und Schwerpunktsetzungen oder auch (Miss-)Erfolge erst im Nachhinein empirisch differenziert erfassen lassen und zur Grundlage theoretischer Konzeptüberlegungen werden können. Praxisgeprägte Entwicklung erfordert jedoch eine Systematisierung, eine konzeptionelle Verortung und Zuordnung sowie ein theoretisches Weiterdenken.

Und genau das soll mit unserer Publikation umgesetzt werden: Gegebenes Wissen anhand ausgewählter Themenfelder zusammenführen, konzeptionelle Grundlagen vorstellen, zentrale Ansatzpunkte zur kindbezogenen Armutsprävention aus der Praxis der Sozialen Arbeit für die politische und die fachliche Praxis benennen. Daraus ergeben sich Handlungsempfehlungen, denn beide entscheiden wechselseitig bedingt, wie die Zukunft von Kindern gestaltet und die Chancen von armutsbetroffenen – sprich sozial benachteiligten – Jungen und Mädchen gesichert werden.

Dementsprechend beginnt der Band mit einer Beschreibung von „Armut als mehrdimensionales Phänomen" unter Berücksichtigung der individuellen und der gesellschaftlichen Perspektive. Die Beiträge über die Langzeitwirkungen von Armut oder die Folgen für den Gesundheits- und Bildungsstatus zeigen deutlich, dass Lebenslage und Teilhabechancen von heute über die Entwicklungschancen für morgen entscheiden. Am Beispiel der Hilfen zur Erziehung wird außerdem sichtbar, wie sehr die Armut von Kindern die Aufgaben der Kinder- und Jugendhilfe prägt. Die Vorstellung der empirischen Daten wird von allen Autorinnen und Autoren mit Handlungsvorschlägen für die Politik verknüpft.

Das Kapitel „Armutsprävention für Kinder – Ansätze auf zwei Ebenen" ist der Prävention von Armut bei Kindern auf individueller und struktureller Ebene gewidmet. Die Notwendigkeit eines Wechsels von der Defizit- zur Ressourcenperspektive wird erläutert, und es werden Ergebnisse verschiedenster (Langzeit-)Studien u. a. aus der Resilienzforschung analysiert. Hier werden die Konturen eines Konzeptes der kindbezogenen Armutsprävention theoretisch entwickelt und als anwendungsorientierter Handlungsansatz skizziert.

Den Vorgaben dieses Denkprozesses folgend werden im Kapitel „Präventionskonzepte in Umsetzung" Handlungsalternativen vorgestellt, die für eine ressourcenorientierte Armutsprävention – insbesondere auf lokaler Ebene – leitend sind. Die Beiträge der Autorinnen und Autoren handeln davon, wie Bedürfnisse und Bedarfe beteiligungsorientiert ermittelt werden können, wie Menschen zur Entdeckung der eigenen Stärken ermutigt werden, sowie von einer konsequenten Lebensweltorientierung als kommunaler Strategie zur Armutsprävention. Partizipation ernsthaft umsetzen, Eigenkräfte stärken, Zugangsgerechtigkeit herstellen, Bildungsteilhabe ermöglichen – abschließend wird dargestellt, wie dies in den Bereichen der sozialen Teilhabe, der Bildung, der gesundheitlichen Versorgung etc. auf kommunaler Ebene verwirklicht werden kann. In einer Handlungsanleitung zur kindbezogenen Armutsprävention für Praxis und Politik werden diese und weitere Ideen und Konzepte von uns noch einmal zusammenfassend präsentiert. Damit soll der Anstoß zur raschen, aber stets auf die jeweiligen Gegebenheiten einer Kommune angepassten Übertragung gegeben werden.

Kinderarmut ist eine bundesweite Realität – Maßnahmen zur kindbezogenen Armutsprävention müssen ebenso zur bundesweiten Realität werden.

Die Herausgeberinnen schulden den Autorinnen und Autoren großen Dank für die gute Zusammenarbeit und die sorgfältige Bearbeitung des Themas. Herzlichen Dank für das Engagement und die Geduld. Bedanken möchten wir uns außerdem bei Pia Theil, die uns mit kritischem Blick und ihren konstruktiven Rückmeldungen redaktionell unterstützt hat.

Nun hoffen wir, dass der Band zahlreiche Leserinnen und Leser findet, die mit uns gemeinsam für die Umsetzung einer kindorientierten Armutsprävention in naher Zukunft eintreten. Wir hoffen ebenso, dass der Band impulsgebend für eine verstärkte wissenschaftliche Diskussion ist, die mit Blick auf Lösungen erst begonnen hat.

Frankfurt am Main und Oldenburg, im Januar 2010
Gerda Holz und Antje Richter-Kornweitz

Armut bei Kindern –
Ein mehrdimensionales Phänomen

I   Lebenslage und Teilhabechancen – Heute für morgen

1   Was brauchen Kinder? – Lebens- und Entwicklungsbedürfnisse von Kindern

Von Hans Weiß

1.1   Bedeutung und Probleme der Bestimmung kindlicher Lebens- und Entwicklungsbedürfnisse

Es wäre verhängnisvoll, Kindern, die in Armutslagen aufwachsen, neben allen möglichen Etiketten per se noch das weitere Etikett des entwicklungsgefährdeten und daher „besonders förderungsbedürftigen" Kindes anzuheften. Andererseits besteht die große Gefahr, dass der spezielle Hilfe- und Förderbedarf von Kindern in armutsbedingter Deprivation nicht oder viel zu spät erkannt wird. Daher bedarf es genauer Differenzierungskriterien, deren Festlegung wiederum von der grundlegenden Frage abhängt, was Kinder für ihre gedeihliche Entwicklung benötigen, welche Lebens- und Entwicklungsbedürfnisse für sie notwendig sind.

Diese Frage ist jedoch keineswegs leicht zu beantworten, da die Vorstellungen darüber, was ein Kind zu seiner Entwicklung braucht, gesellschafts- und kulturabhängig und damit geschichtlichen Wandlungen unterworfen sind (Schone et al. 1997, 25).

Mit der gesellschaftlich-kulturell beeinflussten Bestimmung kindlicher Entwicklungsbedürfnisse hängen auch die jeweiligen Antworten auf die Frage zusammen, welche Aufgaben auf die familiären Bezugspersonen der Kinder zukommen und wie sie diese erfüllen. So war das Bild einer „guten Mutter" in deutschsprachigen Ländern – im Unterschied z.B. zu Frankreich und nach dem 2. Weltkrieg mit Ausnahme der ehemaligen DDR – lange Zeit davon geprägt, dass Kinder in den ersten sechs Lebensjahren auf ihre Mutter als Hauptverantwortliche ihrer Sozialisation und Erziehung vorwiegend im häuslichen Kontext angewiesen waren (BMFSFJ 2006, 17). Erst als durch die Bildungsexpansion für Mädchen die Berufstätigkeit von Frauen und Müttern zu einem „normalen" Lebensentwurf wird, bricht diese Vorstellung auch im Westen Deutschlands zunehmend auf. Die Unterstützung der Verzahnung von familialer und öffentlicher Erziehung bereits in den ersten Lebensjahren von Kindern ist damit – wie in Frankreich schon seit Beginn des 20. Jahrhunderts – auch in Deutschland Teil der Familienpolitik geworden (BMFSFJ 2006).

Deutliche Änderungsprozesse zeigen sich ferner in den Einschätzungen der Bedeutung der Väter für die Entwicklung ihrer Kinder. Wurde der Vater mindestens bis in die 1960er Jahre primär bis ausschließlich in der „Ernährer-Rolle" gesehen, ist – im Kontext der geschlechtsrollenspezifischen Gleichberechtigungsdiskurse – zunehmend mehr auch seine „Erzieher-Rolle" in das Blickfeld gerückt. Vor diesem Hintergrund erkannte die neuere entwicklungspsychologische Forschung die responsive Kompetenz auch der Väter, die feinfühlig und erfolgreich auf das Ausdrucksverhalten von Säuglingen und Kleinkindern eingehen können (Petzold 2005). Der Vater ist damit neben der Mutter eine bedeutende Bindungsfigur des Kindes. Er vermag dazu beizutragen, die Mutter-Kind-Dyade zu entlasten und zur Triade zu erweitern und darin besonders die spezifische Rolle als herausfordernd-anregender (Spiel-)Partner des Kindes zu übernehmen.

Dass die Beurteilungskriterien dessen, was kindliche Entwicklungsbedürfnisse sind, und wie sie von Müttern und Vätern erfüllt werden sollen, von gesellschaftlich-kulturellen Wert- und Erziehungsvorstellungen abhängig und damit relativ sind, wird besonders bei der Frage nach (noch) angemessenen Aufwuchs- und Erziehungsbedingungen in sozioökonomisch und -kulturell benachteiligten Familien virulent. So ist die Gefahr groß, dass aus der gesellschaftlichen Perspektive einer mittelschicht-bürgerlichen Beurteilungsperson mögliche positive Momente und Stärken eines soziokulturell „fremden" Lebens- und Erziehungsmilieus übersehen werden.

Gleichwohl machen die massenmedial verbreiteten Todesfälle von Kindern, bedingt vor allem durch Existenz gefährdende Verwahrlosung, in erschreckender Weise deutlich, dass – jenseits kultureller Differenzen – kleine Kinder für ihren existenziellen Schutz und ein Mindestmaß an gedeihlicher Entwicklung bestimmte Grundbedürfnisse nach Pflege und Ernährung, Versorgung und Zuwendung haben. Unterhalb dieses Mindestmaßes ist ein auch nur halbwegs adäquates Aufwachsen des Kindes nicht mehr möglich, vielmehr muss mit deutlichen Entwicklungsgefährdungen gerechnet werden (Schone et al. 1997). Im Folgenden sollen grundlegende Entwicklungsbedürfnisse von Kindern vorgestellt werden, ohne sie an einer Untergrenze festmachen zu wollen.

1.2   Kindliche Lebens- und Entwicklungsbedürfnisse im Kontext verschiedener Theorien

Zieht man verschiedene Ansätze und Theorien der Entwicklungspsychologie und -psychopathologie heran, so besteht auf den ersten Blick ein relativer Konsens in Hinblick auf die Frage, was Kinder für ihre Entwicklung

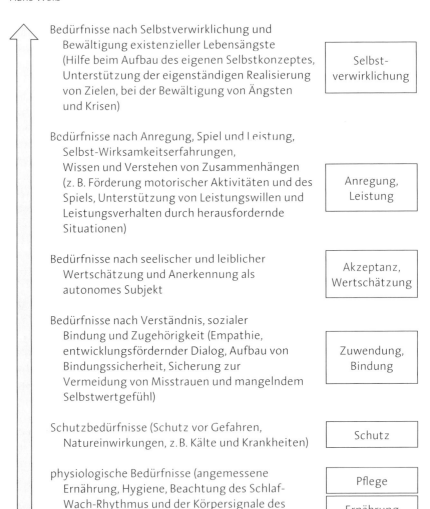

Abb. 1: Grundbedürfnisse der kindlichen Entwicklung (modifiziert in Anlehnung an Schmidtchen 1989, 106)

brauchen. Bei der Gewichtung einzelner Bedürfnisse hinsichtlich ihrer Bedeutung für die kindliche Entwicklung zeigen sich jedoch zum Teil Unterschiede. Ein relativ umfassendes, hierarchisch angelegtes System von Grundbedürfnissen einer gesunden körperlichen, seelischen und geistigen Entwicklung legte Maslow (1999) vor. In diesem Modell (Abb. 1) bauen Bedürfnisse auf verschiedenen, letztlich nicht eindeutig trennbaren Ebenen aufeinander auf. In dem Maße, in dem Bedürfnisse auf den unteren Ebenen

„hinreichend" befriedigt sind, entstehen bei den Kindern Bedürfnisse auf höheren Ebenen. Bedürfnisse auf den untersten Ebenen sind in einem unmittelbaren Sinn existenzbedeutsam, werden sie nicht erfüllt, entsteht Gefahr für Leib und Leben.

Die Auswirkungen einer längerfristigen mangelhaften Befriedigung physiologischer Bedürfnisse, z. B. durch Fehlernährung, speziell einen Mangel an Nahrung, Vitaminen oder Spurenelementen, zeigen sich oftmals als Krankheitserscheinungen wie Rachitis und Gedeihstörungen mit unzureichender Größen- und Gewichtszunahme. Eine Dystrophie kann jedoch auch Folge einer unzureichenden Befriedigung emotionaler Bedürfnisse sein, wie sie sich beim „psychosozialen Kleinwuchs", einer reversiblen Wachstumsverzögerung (Neuhäuser 2000, 44), zeigt. Die Tatsache, dass körperliche Entwicklungsstörungen durch die unzureichende Befriedigung sowohl physiologischer als auch emotionaler Bedürfnisse bedingt sein können, weist auf den inneren Zusammenhang der Grundbedürfnisse im Bereich von Pflege, Ernährung, Schutz und emotionaler Zuwendung hin.

Die Bedeutung einer hinreichend guten Bedürfnisbefriedigung auf der dritten (Zuwendung, Bindung) und vierten Ebene (Akzeptanz, Wertschätzung) ist vor allem durch die Bindungstheorie und -forschung überzeugend belegt worden. Danach sind Kinder von Beginn ihres Lebens an auf verlässliche Bindungserfahrungen zu festen Bezugspersonen angewiesen, die ihnen eine „sichere Basis" (Bowlby 2008) bieten, auf der sie Neugierde entwickeln und ihre Mitwelt und Umwelt explorierend erkunden können. Die Qualität der Interaktions- und Bindungserfahrungen von Kindern in ihren Herkunftsfamilien, speziell zur primären Bindungsperson, hat frühen und nachhaltigen Einfluss auf unterschiedliche Entwicklungsaspekte wie die sozialkognitive Entwicklung, die psychische Sicherheit im Erwachsenenalter sowie die Beziehungsgestaltung und den Umgang mit den eigenen Partnern und Kindern (Grossmann 2005, 61f). Allerdings ist es Menschen im Erwachsenenalter – evtl. mit Hilfe Dritter – durchaus noch möglich, ihre frühen Bindungserfahrungen zu bearbeiten und zu verändern (Kissgen/Suess 2005, 14).

Dabei darf der Blick nicht nur auf die Mutter-Kind-Beziehung fokussiert werden. Gerade bei Kindern mit wenig Unterstützung in der Familie ist auf die Resilienzforschung zu verweisen. Danach bilden förderliche Beziehungen zu anderen verlässlichen, akzeptierenden, verständnisvollen und kompetenten Erwachsenen aus dem weiteren Umfeld des Kindes (Verwandten- und Bekanntenkreis, Nachbarschaft, professionelle Erziehungspersonen etc.) einen bedeutsamen Schutzfaktor und haben damit eine wichtige kompensatorische Funktion bei unzureichender Befriedigung von Zuwendung, Einfühlung und Wertschätzung in der Eltern-Kind-Beziehung. Emmy Werner, eine Pionierin der Resilienzforschung, hat dies eindrucksvoll zum Ausdruck gebracht:

> „Die Lebensgeschichten der widerstandsfähigen Kinder in unserer
> Längsschnittstudie lehren uns, dass sich Kompetenz, Vertrauen und
> Fürsorge auch unter sehr ungünstigen Lebensbedingungen entwickeln
> können, wenn sie Erwachsene treffen, die ihnen eine sichere Basis bieten,
> auf der sie Vertrauen, Autonomie und Initiative entwickeln können."
> (Werner 1997, 202)

Auch im Hinblick auf die fünfte Bedürfnisebene nach Maslow (Anregung, Leistung) hat die Familie eine primäre Aufgabe: Unter hinreichend guten Bedingungen stiften Eltern durch ihre Beziehung und gemeinsamen Aktivitäten mit dem Kind einen Handlungs- und Orientierungsrahmen, der ihm Sicherheit und explorierendes Tun ermöglicht. Schon in den regelmäßigen Versorgungshandlungen des Essens und Trinkens und der Pflege ebenso wie in den spielerischen Alltagshandlungen ermöglichen Eltern dem Kind, sich in erste *soziale*, *normative*, *gegenständliche* und *zeitliche* Zusammenhänge einzuüben, grundlegende Einsichten in derartige Strukturen zu gewinnen und sich als Subjekt zu erleben, dessen (Mit-)Handeln in Alltags- und Versorgungssituationen beachtet und geachtet wird. Dadurch kann das Kind Selbst-Wertschätzung und Selbst-Wirksamkeit als wichtige Bedingungen seiner (Identitäts-)Entwicklung (Dornes 1997) erfahren: Basale Bildungsprozesse werden ihm so ermöglicht.

In diesem vertrauten Rahmen bieten Eltern – idealtypisch betrachtet – in gemeinsamen Verständigungs- und Aushandlungsprozessen mit ihrem Kind Orientierung, Stabilität und feste Regeln, setzen Grenzen und sind bereit, sich in Konflikte einzulassen, weil sie ihr Kind als autonomes Subjekt anerkennen (vgl. Bedürfnisebene Akzeptanz und Wertschätzung) und in seiner Eigenaktivität bestärken. Darin wird der paradoxe Charakter von Erziehung zwischen „Unterstützen" und „Gegenwirken" (Schleiermacher 1826/1983) deutlich. Der Wissenschaftliche Beirat für Familienfragen (2005, 56f) schlägt dafür das Prinzip „Freiheit in Grenzen" vor und nennt dazu drei zentrale Merkmale für das elterliche „Beziehungs- und Erziehungsverhalten":

1) „Elterliche Wertschätzung"
2) „Fordern und Grenzensetzen"
3) „Gewährung und Förderung von Eigenständigkeit"

Anregung und Förderung, die Ermöglichung von Bildungsprozessen erfolgen über die Familie hinaus in frühkindlichen Betreuungs- und Bildungseinrichtungen wie Krippen und Kindergärten. Kinder in prekären Lebenslagen brauchen sie besonders, ohne den Stellenwert der Familie auch in ihrer Situation vernachlässigen zu dürfen; denn Familien und außerfamiliäre Bildungseinrichtungen sind als komplementäre Lebensbereiche zu verstehen. Auch dazu liefert die Bindungsforschung wertvolle Erkenntnisse.

So zeigen sich im Falle hinreichend positiver Eltern-Kind-Beziehungen bereits zwischen der Mutter-Kind- und der Vater-Kind-Bindungsbeziehung gewisse Unterschiede: Väter betonen mehr als Mütter in der Komplexität ihrer Beziehungs- und Interaktionsangebote zwischen akzeptierender, sensibler und herausfordernder Unterstützung besonders die herausfordernde Rolle, indem sie z. B. beim explorierenden Spiel des Kindes dessen Erkundungsbedürfnis ermutigen und unterstützen (Grossmann 2005, 62). Auch die Erzieherinnen-Kind-Beziehungen sind durch die Komponenten Zuwendung, Sicherheit, Stressreduktion, Assistenz und Explorationsunterstützung charakterisiert, wobei mit zunehmendem Alter der Kinder Sicherheit gebende und Stress reduzierende Momente gegenüber den anderen Aspekten in den Hintergrund treten (Ahnert 2007, 62).

Die Bedürfnisse von Kindern nach Anregung, Leistung, Wissen und Verstehen von Zusammenhängen, nach Unterstützung bei der Bewältigung altersentsprechender Entwicklungsaufgaben sowie nach Selbstverwirklichung als oberster Ebene des Maslow'schen Bedürfnismodells spielen auch in der Schule und in außerschulischen Einrichtungen eine wichtige Rolle. Schule sollte durch eine Kultur des respektvollen Miteinanders von Schülerinnen und Schülern sowie Lehrpersonen gekennzeichnet sein, die Erfahrungen der Anerkennung, des Gebrauchtwerdens in sozial anerkannten Rollen und der eigenen Wirksamkeit in leistungsbezogenen Bereichen ermöglicht. Darauf sind gerade jene Schüler/-innen aus den unteren Statusgruppen angewiesen, die oftmals schon früh und durchgängig erfahren müssen, in dieser Gesellschaft nicht gebraucht und nicht mit Respekt behandelt, sondern ausgegrenzt zu werden. Damit sich ihre Vorerwartungen, einmal vor eingeschränkten oder verschlossenen Zugängen auf Selbstverwirklichungsmöglichkeiten in gesellschaftlich anerkannten Rollen insbesondere von Arbeit und Beruf zu stehen, möglichst nicht habituell verfestigen, brauchen sie besonders auch im schulischen Kontext die „nützliche Erfahrung, nützlich zu sein" (v. Hentig 2006).

Die Bedürfnisse auf den jeweils niederen Ebenen des Hierarchiemodells von Maslow werden von jenen auf den höheren Ebenen überlagert, bleiben aber weiterhin bedeutsam. Sie sind somit nicht in einer strengen zeitlichen Abfolge, sondern in einem komplexeren Zusammenhang zu sehen. Schone et al. (1997, 25) stellen zu Recht fest, dass „Bedürfnisverzicht auf niedrigen Ebenen auch dann leichter verkraftet werden bzw. ohne bleibenden Schaden überwunden werden [kann], wenn auf höheren Bedürfnisebenen maximale Befriedigung erzielt werden kann". Ungeachtet der Frage, ob hier nicht „maximal" durch „optimal" ersetzt werden müsste, liegen darin ermutigende kompensatorische Möglichkeiten der Entwicklungsförderung von benachteiligten Kindern in Kindertagesstätten und Schulen, die oft nicht hinreichend genutzt werden.

1.3   Ausblick

Resümierend lässt sich festhalten: Gute Entwicklungschancen haben Kinder dann, wenn drei Bedingungen erfüllt werden, die Daniel/Wassell (2002, 86) als „Resilienz-Bausteine" bezeichnen. Aus der Perspektive der Kinder können sie so charakterisiert werden:

- ICH HABE: „Ich habe Menschen, die mich gern haben, und Menschen, die mir helfen." (sichere Basis)
- ICH BIN: „Ich bin eine liebenswerte Person und respektvoll mir und anderen gegenüber." (Selbst-Wertschätzung)
- ICH KANN: „Ich kann Wege finden, Probleme zu lösen und mich selbst zu steuern." (Selbst-Wirksamkeit)

Grundlegende Erfahrungen in dieser Richtung machen Kinder bereits frühzeitig unter hinreichend guten Bedingungen in ihren Familien. Diese „hinreichend guten Bedingungen" sind jedoch in psychosozial hoch belasteten Familien häufig nicht gegeben. Gefangen in Alltagsproblemen und Konflikten, bedrängt von hoher existenzieller Unsicherheit, abgeschnitten von Zukunftsperspektiven, die Aktivitätspotenziale induzieren könnten, haben Eltern oftmals nicht (mehr) die äußere und innere Kraft, um den Aufgaben der Pflege und Erziehung ihrer Kinder hinreichend nachzukommen, deren grundlegende Bedürfnisse zu erkennen und halbwegs angemessen darauf einzugehen.

Die Zugangswege der Hilfe und Förderung für Kinder und Eltern in prekären Lebenslagen sind immer noch eng und oftmals blockiert, weil in Deutschland bislang kein umfassendes, diesen Personenkreis einschließendes Präventions-, Förder- und Unterstützungssystem für Kinder von Geburt an besteht. Gleichwohl gibt es vielversprechende Ansätze, z.B. niedrigschwellige, nicht sozial selektive Familienbegegnungsstätten nach dem Vorbild der englischen „early excellence centres" (Weiß 2007). Es ist dringend geboten, diese Ansätze zu einem flächendeckenden Netz der Hilfe und Förderung unter Einbezug der interdisziplinären Frühförderung auszubauen. Erleben sich Eltern in ihren eigenen lebensweltlichen Bedürfnissen und Sorgen wahrgenommen, respektiert und anerkannt, werden sie auch die Bedürfnisse ihrer Kinder besser wahrnehmen und ihnen gerecht(er) werden können.

Literatur

Ahnert, L. (2007): Herausforderungen und Risiken in der frühen Bildungsvermittlung. Frühförderung interdisziplinär 26, 58–65

BMFSFJ (Bundesministerium für Familie, Senioren, Frauen und Jugend) (Hrsg.) (2006): Familie zwischen Flexibilität und Verlässlichkeit. Perspektiven für eine lebenslaufbezogene Familienpolitik. Siebter Familienbericht. Eigenverlag, Berlin

Bowlby, J. (2008): Bindung als sichere Basis. Grundlagen und Anwendung der Bindungstheorie. Ernst Reinhardt, München/Basel

Daniel, B., Wassell, S. (2002): The Early Years. Assessing and Promoting Resilience in Vulnerable Children 1. Jessica Kingsley Publishers, London/Philadelphia

Dornes, M. (1997): Die frühe Kindheit. Entwicklungspsychologie der ersten Lebensjahre. Fischer, Frankfurt/M.

Grossmann, K. (2005): Frühe Bindungen und psychische Gesundheit bis ins junge Erwachsenenalter. Frühförderung interdisziplinär 24, 55–64

Hentig, H. v. (2006): Bewährung. Von der nützlichen Erfahrung, nützlich zu sein. Hanser, München/Wien

Kissgen, R., Suess, G. J. (2005): Bindung in Hoch-Risiko-Familien. Ergebnisse aus dem Minnesota Parent Child Project. Frühförderung interdisziplinär 24, 10–18

Maslow, A. H. (1999): Motivation und Persönlichkeit. Rowohlt, Reinbek b. Hamburg

Neuhäuser, G. (2000): Kindliche Entwicklungsgefährdungen im Kontext von Armut, sozialer Benachteiligung und familiärer Vernachlässigung. In: Weiß, H. (Hrsg.): Frühförderung mit Kindern und Familien in Armutslagen. Ernst Reinhardt, München/Basel, 34–49

Petzold, M. (2005): Vaterschaft heute. In: Das Familienhandbuch des Staatsinstituts für Frühpädagogik (IFP). In: www.familienhandbuch.de/cmain/f_Aktuelles/a_Elternschaft/s_830.html, 09.01.2010

Schleiermacher, F. (1826/1983): Pädagogische Schriften I. Die Vorlesungen aus dem Jahre 1826. Ullstein, Frankfurt/M.

Schmidtchen, S. (1989): Kinderpsychotherapie. Grundlagen, Ziele, Methoden. Kohlhammer, Stuttgart/Berlin/Köln

Schone, R., Gintzel, U., Jordan, E., Kalscheuer, M., Münder, J. (1997): Kinder in Not. Vernachlässigung im frühen Kindesalter und Perspektiven sozialer Arbeit. Votum, Münster

Werner, E. (1997): Gefährdete Kindheit in der Moderne: Protektive Faktoren. Vierteljahresschrift für Heilpädagogik und ihre Nachbargebiete 66, 192–203

Weiß, H. (2007): Was brauchen kleine Kinder und ihre Familien? Frühförderung interdisziplinär 26, 78–86

Wissenschaftlicher Beirat für Familienfragen (2005): Familiale Erziehungskompetenzen. Beziehungsklima und Erziehungsleistungen in der Familie als Problem und Aufgabe. Juventa, Weinheim/München

2 (Kinder-)Armut – Als Faktum und als Herausforderung in unserer Gesellschaft

Von Roland Merten

2.1 Problemaufriss

Die Bundesrepublik Deutschland ist ein Sozialstaat, wie in den Artikeln 20 und 28 des Grundgesetzes im Verfassungsrang verankert ist. Inhaltlich bedeutet dies, dass immer dann, wenn das soziokulturelle Existenzminimum eines Menschen nicht (mehr) gewährleistet ist, sozialstaatliche Sicherungsleistungen greifen, weil ansonsten eine der Würde des Menschen entsprechende Lebensführung – wie durch Artikel 1 GG gefordert – nicht möglich ist. Die staatliche *Mindest*sicherung umfasst also genau das soziokulturelle Existenzminimum, das seit dem 1. Juli 2009 bei 359 Euro (zuzüglich angemessene Miete und Heizung) für einen Haushaltsvorstand liegt. Sofern also eine Person das ihr zustehende Existenzminimum erhält, ist sie *definitionsgemäß* nicht mehr arm.

Armut in dieser Form in einem der reichsten Länder der Erde zu thematisieren, ist ein zweischneidiges Unterfangen. Denn lässt man sich unbesehen auf diese Definition ein, so ist zugleich mehr anerkannt. Zunächst wird unhinterfragt vorausgesetzt, dass Armut allein oder doch primär über das Verfügen bzw. Nicht-Verfügen von Einkommen bestimmt werden kann. Darüber hinaus wird wie selbstverständlich davon ausgegangen, dass die staatlicherseits festgelegte Höhe des soziokulturellen Existenzminimums zur Sicherung einer menschenwürdigen Lebensführung in unserer Gesellschaft ausreicht. Stellt man diese beiden zentralen Arbeitsprämissen jedoch begründet in Frage, dann werden mit der Thematisierung von Armut einerseits schwerwiegende Funktionsmängel des sozialen Sicherungssystems markiert und andererseits die Legitimation des Sozialstaates in Frage stellt (Hanesch 2008, 102).

Mit Blick auf das Thema Kinderarmut ist jedoch noch ein anderer Gesichtspunkt angesprochen, der in den öffentlichen Diskussionen kaum Aufmerksamkeit erhält. Indem bestimmte Teile der nachwachsenden Generation von Armut betroffen sind, ist ein fundamentales Prinzip des modernen Sozialstaats infrage gestellt: der Generationenvertrag. Dieser beruht auf der Voraussetzung, dass die heute im Arbeitsleben stehende Generation der nachfolgenden Generation eine hinreichende materielle Absicherung sowie eine bestmögliche Qualifikation ermöglicht, damit diese dann bei Eintritt in das Erwerbsleben über ihre Rentenversicherungsbeiträge die Renten der dann aus dem Arbeitsleben ausscheidenden bzw. ausgeschiedenen Personen im Umlageverfahren finanzieren.

Diese soeben angesprochenen drei Probleme gilt es im Folgenden genauer zu untersuchen.

2.2 Anerkennung(-sverweigerung) der Armut – moralisch

In den zurückliegenden Jahren hat sich die fachliche und öffentliche Diskussion um das Thema Armut verstärkt. Insbesondere seit Beginn der 1990er Jahre wird nicht mehr ernsthaft bestritten, dass es Armut in Deutschland gibt, wohl aber, dass das, war wir unter dem *Begriff* Armut diskutieren, auch dem *Phänomen* Armut entspricht. Es wurde und wird darauf abgehoben, dass Armut nur ein relativer Begriff sei, der die Lebenssituation der von ihr Betroffenen nicht (mehr) angemessen zum Ausdruck bringe: „Der Staat kann nicht Armut beseitigen, sondern nur vitale Not, weil Armut ein relativer Begriff ist. Arm ist, wessen Mittel in einem Missverhältnis zu seinen Bedürfnissen und Ansprüchen stehen." (Koslowski 1990, 56) Mit anderen Worten: Armut ist nur deshalb ein Problem in der (post-)modernen Gesellschaft, weil die Ansprüche derer, die als arm gelten, im Verhältnis zu ihren Möglichkeiten zu groß sind. Alles, was staatlicherseits zu gewähren ist, sind die Mittel zur Vermeidung von „vitaler Not". Und in dieser Hinsicht hat Deutschland mit seinem gut ausgebauten, gestuften Netz sozialer Sicherung keinen Grund, sich für das Erreichte und das bereitgestellte Sicherungsniveau zu schämen; im internationalen Vergleich lässt sich von den Leistungen des deutschen Wohlfahrtsstaates gut leben. Ja mehr noch: „Der Wohlfahrtsstaat ist nicht legitimierbar in Gesellschaften, in denen die Übereinkunft über den Inhalt von Wohlfahrt nicht zu den Bedingungen des Überlebens der Gesellschaft und ihrer Bürger mehr gehört." (Sass 1990, 79)

Es ist unschwer zu erkennen, dass sich die Debatte um eine sogenannte relative Armut in eine grundsätzliche Diskussion um die Legitimität von sozialstaatlichen Leistungen und deren Höhe insgesamt verkehrt hat. Damit hat sich jedoch zugleich eine folgenschwere Veränderung des sozialpolitischen Klimas sowie der Berechtigung öffentlicher Unterstützungsleistungen für bedürftige Personen vollzogen.

> „Deutschland ist ein reiches Land – und trotzdem gibt es viel Armut in Deutschland. Sicherlich: Es stimmt, dass die deutschen Armen Krösusse wären in Kalkutta, Lagos, Khartum und Dhaka. Aber sie leben nicht dort, sondern sie leben hier. Sie sind relativ arm. Armut ist hierzulande selten eine Kalorienfrage. Daraus ergibt sich aber das Bittere für die Bedürftigen hierzulande. Sie haben die Anerkennung ihrer Bedürftigkeit verloren."
> (Prantl 2009, 7)

Mit der Politik der so genannten Agenda 2010 und den sie ausgestaltenden Sozialgesetzgebungen hat das in weiten Teilen der Gesellschaft schwelende Vorurteil der „faulen Arbeitslosen, die ihr Dasein in der sozialen Hängematte auf Kosten der arbeitenden Bevölkerung fristen", eine offizielle Legitimation erhalten (BMWA 2005). Diese Verweigerung der Anerkennung von Armut hat für die davon Betroffenen zur Folge, dass ihnen eine *andere* soziale Integration in diese Gesellschaft als die über die Integration in den ersten Arbeitsmarkt verweigert wird (Wagner 2008). „Die Menschen am Fuß der sozialen Schichtung dürfen nicht länger erwarten, unter annähernd gleiche Lebensumstände wie die über ihnen Stehenden versetzt zu werden; worauf sie ein Anrecht besitzen, ist, in ihrer gedrückten Lage respektiert zu werden." (Engler 2005, 282) Nun wäre es indes fatal, die komparative Logik eines Wohlfahrtsvergleiches in die falsche Richtung unreflektiert weiter zu schreiben, ohne dass sich daraus konkrete Veränderungen für die Lebenssituation der benachteiligten (armen) Bevölkerung ergeben. Denn: „Das Übel, dass manche Menschen ein schlechtes Leben führen, entsteht nicht dadurch, dass andere Menschen ein besseres Leben führen. Das Übel liegt einfach in der unverkennbaren Tatsache, dass schlechte Leben schlecht sind." (Frankfurt 2000, 41)

Es kann deshalb nicht darum gehen, die Anerkennung für problematische Lebensverhältnisse zu gewähren, um diese Menschen in den entsprechenden Lebensverhältnissen zurück zu lassen, sondern es geht um die doppelte Perspektive einer angemessenen *finanziellen Ausstattung* sowie um die Gewährung *sozialstaatlicher Dienstleistungen*, die zu einem *eigenständigen* und *von öffentlicher Hilfe unabhängigen Leben* befähigen (vgl. ausführlich Brumlik 1990, 203ff, insbes. 220). Damit ist ein klares Wohlfahrtskriterium benannt, das mit einer relativen Bestimmung von Armut kompatibel ist: „Es kommt darauf an, ob Menschen ein gutes Leben führen und nicht, wie deren Leben relativ zu dem Leben anderer steht." (Frankfurt 2000, 41)

Der Zustand vorenthaltener (moralischer und finanzieller) Anerkennung mag für die von einer solchen Verweigerung betroffenen Erwachsenen schon unerträglich sein, für die mit betroffenen Kinder als Familienangehörige bedeutet diese Situation zugleich die Verweigerung einer *eigenständigen Lebensperspektive* und damit die gesellschaftliche Verweigerung als *eigenständige Persönlichkeiten*. Der „Verzicht" eines eigenständigen Rechtsanspruchs auf sozialstaatliche Unterstützungsleistungen im SGB II – diesseits des Rechtsanspruchs über die Zugehörigkeit zu einer Bedarfsgemeinschaft – ist beredter Ausdruck dieses höchst problematischen Sachverhaltes. Die Rechtsposition von Kindern hat sich ab dem 1. Januar 2005 gegenüber der Vorgängerregelung des BSHG (als subsidiäre staatliche Sicherungsleistung) deutlich verschlechtert, ohne dass dieser Umstand bis dato den notwendigen kritischen Diskussionen unterzogen wurde: Kinder sind eigenständige (Rechts-)Subjekte, und die Anerkennung bleibt ihnen im SGB II verwehrt.

2.3   Anerkennung(-sverweigerung) der Armut – funktional

Jenseits der moralischen bzw. rechtlichen öffentlichen Verweigerung von Bedürftigkeit darf nicht darüber hinweggesehen werden, dass es schon eine ungleich länger dauernde *funktionale* Verweigerung der Anerkennung von Armut bei Kindern gibt. Bereits zum Zeitpunkt der Gültigkeit des Bundessozialhilfegesetzes wurden die für Kinder typischen Bedarfe sowie die spezifischen Bedürfnisse von Kindern öffentlich nicht anerkannt. Denn mit der Einführung von Regelsätzen zur Bestimmung der Höhe und der inhaltlichen Ausgestaltung des Existenzminimums eines Erwachsenen (sog. Haushaltsvorstand) (Martens 2009, 111f) wurde darauf verzichtet, die spezifischen Bedarfe für Kinder unterschiedlichen Alters zu ermitteln. Aber selbst mit Blick auf Erwachsene war die normative Fixierung eines Existenzminimums insofern problematisch, als damit unterstellt wurde, es gäbe eine reale, empirisch abgesicherte Deckung zwischen geleistetem Regelsatz und realem Bedarf des (damaligen) Sozialhilfeberechtigten. Mit anderen Worten:

> „Regel*bedarf* und Regel*satz* werden in der Praxis der Hilfegewährung gleichgesetzt … Es ist jedoch zu beachten, dass der Regelsatz eine feste, *normative Größe* ist, während der Regelbedarf nach der Gesetzessystematik das ist, *was der Mensch zu einem menschenwürdigen Leben laufend benötigt.* Anders ausgedrückt: Die Gleichsetzung von Regelbedarf und Regelsatz kann verschleiern, dass der Regelsatz den Regelbedarf möglicherweise nicht deckt, sondern vielmehr tatsächlich darunter liegt."
> (Roscher 1998, 351, Rz. 2)

Dass der Regelsatz tatsächlich unterhalb des soziokulturellen Existenzminimums liegt, auf diesen Sachverhalt ist bereits vielfach hingewiesen worden (Paritätischer Wohlfahrtsverband/Martens 2006; Merten 2009a).

Es wurde und wird auch weiterhin davon ausgegangen, dass Kindern ein abgeleiteter Bedarf des Existenzminimums eines Erwachsenen zustehe; insofern begnügt man sich damit, Kindern einen prozentualen Anteil des Erwachsenenregelsatzes zuzuerkennen. „Mit anderen Worten: Der Gesetzgeber überprüft mit diesem Verfahren ausdrücklich nicht das Verbrauchsverhalten bzw. die spezifischen Bedürfnisse von Kindern, vielmehr verlässt er sich darauf, dass die normativ abgeleiteten Regelsatzhöhen bedarfsdeckend sind." (Martens 2009, 112) Was sich bereits hinsichtlich der Existenzminimumsbestimmung von Erwachsenen als problematisch erwiesen hat, wird im Zusammenhang mit Kindern und Jugendlichen gänzlich unreflektiert weitergeführt und durch die praktizierte Ableitungslogik sogar noch verschärft. Exemplarisch und insofern zugespitzt zeigt sich dies an den (physiologischen) Ernährungsnotwendigkeiten junger Menschen, die gerade nicht angemessen berücksichtigt werden (Kersting/Clausen 2007).

Tab. 1: Ausgestaltung des Regelsatzes für Kinder nach unterschiedlichen Altersstufen (Stand: 01.07.2009)

Warenkorb	Unter 6-Jährige (60% des Regelsatzes)		Kinder: 6. bis 14. Lebensjahr (70% des Regelsatzes)		Kinder: 15. bis 24. Lebensjahr (80% des Regelsatzes)	
	monatlich	täglich	monatlich	täglich	monatlich	täglich
Nahrung, Getränke, Tabakwaren	79,55 €	**2,65 €**	92,87 €	**3,10 €**	106,19 €	**3,54 €**
Bekleidung, Schuhe	21,50 €	**0,72 €**	25,10 €	**0,84 €**	28,70 €	**0,96 €**
Wohnung (ohne Miete), Strom	17,20 €	**0,57 €**	20,08 €	**0,67 €**	22,96 €	**0,77 €**
Möbel, Apparate, Hausgeräte	15,05 €	**0,50 €**	17,57 €	**0,59 €**	20,09 €	**0,67 €**
Gesundheitspflege	8,60 €	**0,29 €**	10,04 €	**0,33 €**	11,48 €	**0,38 €**
Verkehr	8,60 €	**0,29 €**	10,04 €	**0,33 €**	11,48 €	**0,38 €**
Telefon, Fax	19,35 €	**0,65 €**	22,59 €	**0,75 €**	25,83 €	**0,86 €**
Freizeit, Kultur	23,65 €	**0,79 €**	27,61 €	**0,92 €**	31,57 €	**1,05 €**
Beherbergungs- u. Gaststättenleistungen	4,30 €	**0,14 €**	5,02 €	**0,17 €**	5,74 €	**0,19 €**
Sonstige Waren- u. Dienstleistungen	17,20 €	**0,57 €**	20,08 €	**0,67 €**	22,96 €	**0,77 €**
	215 €	**7,17 €**	**251 €**	**8,37 €**	**287 €**	**9,57 €**

In der vorausgehenden Tabelle wird dargestellt, wie sich der kindspezifische Regelsatz mit Blick auf die jeweiligen Verbrauchspositionen aus der Perspektive der Bundesregierung darstellt. Dabei wird deutlich, dass durch die Ableitungslogik vom Erwachsenenregelsatz kindspezifische Bedarfe gerade nicht adäquat abgebildet werden. Die Suche nach Ausgaben für Bildung, die in dieser Lebensphase auch mit Blick auf langfristige gesellschaftliche Partizipationsmöglichkeiten von herausragender Bedeutung sind, verläuft ergebnislos. Insofern ist auch in der Ausgestaltung des Regelsatzes für Kinder bereits eine der ursächlichen Bedingungen für die Weitergabe von Armutsrisiken über die Generationengrenzen innerhalb einer Familie zu finden.

Inzwischen ist an diesen Regelsätzen für Kinder mehrfach deutliche Kritik geübt worden (BJK 2009, 25f; Martens 2009). Darüber hinaus hat sich zwischenzeitlich auch eine Rechtsprechung herausgebildet, die die Regelsätze für Kinder kritisch hinterfragt. Dies geschieht allerdings nicht bezogen auf die Höhe, sondern nur auf die Begründungen ihres Zustandekommens (Hessisches Landessozialgericht L 6 AS 336/07; Bundessozialgericht B 14 AS 5/08 R). Es bleibt zu hoffen, dass durch diese Rechtsprechung nun endlich die notwendige Diskussion einer sachangemessenen Ausgestaltung der Regelsätze für Kinder angestoßen wird.

2.4 Familienarmut – Kinderarmut

Kinder leben normalerweise in Familien und insofern scheint es berechtigt, von Familienarmut als dem zentralen konstellativen Faktor für das Aufwachsen von Kindern in Armut auszugehen. Und ferner ist hier in Erinnerung zu rufen, dass Familie als soziales Phänomen in den letzten fünfzig Jahren einem erheblichen Wandel unterworfen war, so dass es heute legitim erscheint, in der modernen Gesellschaft nur noch von Familie im Plural zu sprechen.

So existiert längst nicht mehr nur die klassische Kleinfamilie von miteinander Verheirateten und den aus dieser Ehe hervorgegangenen Kindern, sondern es haben sich viele andere, zumeist zeitlich begrenzte Formen herausgebildet: Ein-Eltern-Familien, Scheidungsfamilien, Regenbogenfamilien, Stieffamilien usw. Diese Familienformen wechseln zudem in zeitlicher Reihenfolge aufeinander, so dass sich das Bild noch wesentlich bunter gestaltet.

> „Zwar wächst immer noch der größte Teil der Kinder in Paarhaushalten auf, allerdings gewinnen staatlich weniger abgesicherte alternative Familienformen wie nicht eheliche Lebensgemeinschaften oder Einelternfamilien an Bedeutung. Im Westen der Bundesrepublik leben circa 77 % aller Familien mit Kindern als Ehepaar zusammen, 17 % als Alleinerziehende und 6 % in nicht ehelichen Lebensgemeinschaften; im Osten bilden Ehepaare 58 %, die Alleinerziehenden 25 % und die nicht ehelichen Lebensgemeinschaften 17 %. Der Anteil der Kinder, die in Familien mit Ehepaaren leben, ging im Westen seit 1996 um 5 % und im Osten um 14 % zurück." (BJK 2009, 15)

Während die Bedingungen eines „glücklichen Aufwachsens" heute ebenso wie vor hundert Jahren relativ leicht zu beschreiben sind (gute Absicherung in materieller, sozialer, kultureller Hinsicht), sind die Formen der sozialen Benachteiligung ebenso unterschiedlich wie die Lebenslagen möglicher Benachteiligung. Oder, um es in der klassischen Formulierung Tolstois auf den Punkt zu bringen: „Alle glücklichen Familien ähneln einander; jede unglückliche aber ist auf ihre eigene Art unglücklich." (Tolstoi 2008, 7) Glück und Unglück hängen nicht von der spezifischen Form der Familien ab, sondern wesentlich von ihren inneren und äußeren Ressourcen.

So überzeugend das Pluralitätsargument bei genauerer Betrachtung auch ist und so eindeutig die Antwort auf die Frage des möglichen unglücklichen Aufwachsens von Kindern auch zu sein scheint, mit ihnen ist jedoch ein wesentlicher Gesichtspunkt verdeckt: „Es gibt keine einfachen Zusammenhänge zwischen materieller Lage und Einschränkungen in den Entfaltungsräumen von Kindern. Entscheidend ist, auf welche Ressourcen und Bewältigungsformen Eltern und Kinder zurückgreifen können." (BJK 2009, 10) Kinder sind nicht nur Gefangene ihrer materiellen Herkunftssituation. Es lassen sich trotz widriger äußerer Bedingungen Möglichkeiten und Chancen eines positiven Aufwachsens für Kinder entwickeln und realisieren (Merten 2009a); Armut determiniert nicht die Entwicklung von Kindern. Hierauf verweisen nicht zuletzt auch die Ergebnisse der Resilienzforschung (Wustmann 2004; Opp/Fingerle 2007; Fröhlich-Gildhoff/Rönnau-Böse 2009).

Insofern ist es zwar sachlich angemessen, Kinderarmut im Zusammenhang mit der Armut von Familien zu thematisieren, damit ist jedoch weder dem Phänomen inhaltlich hinreichend Rechnung getragen, noch geht Kinderarmut in Familienarmut auf. „Obwohl Kinderarmut eng mit Elternarmut verknüpft ist, ist sie ein eigenes Phänomen. Sie unterscheidet sich (…) von der Eltern- und Erwachsenenarmut erheblich sowohl im Ausmaß als auch in der Qualität, da Kinder besondere Bedürfnisse und Handlungsziele haben." (BT-Drs. 13/11368, 88) Nur dann, wenn die Armut von Kindern mehrdimensional erfasst wird, lässt sich einerseits ein angemessenes Bild zeichnen, andererseits werden zudem die verschiedenen Dimensionen möglicher pädagogischer und sozialpolitischer Interventionen deutlich (Fertig/Tamm 2007; Bertram 2008). Denn mit der differenzierten Erfassung ist es zugleich möglich, (Hoch-)Risikogruppen zu identifizieren, die in besonderem Maße von Armut bzw. von Verarmung bedroht sind. Damit wird auch deutlich, inwiefern sich Familienarmut und Kinderarmut unterscheiden, denn nicht jeder Familientypus ist mit dem gleichen Risikofaktor behaftet.

2.5 Kinderarmut – statistisch erfasst

Von Armut betroffen sind heute im Wesentlichen drei Gruppen von Kindern in Deutschland (Bertram 2008; Merten 2009b; Martens 2009):

1) Kinder von Einelternfamilien
2) Kinder mit drei und mehr Geschwistern
3) Kinder mit Migrationshintergrund

Dies ist ein erster Befund, der zudem weitestgehend unstrittig ist. Strittig ist hingegen ein zentraler Befund der empirischen (Kinder-)Armutsforschung, nämlich der Umstand, dass Kinder häufiger von Armut betroffen sind als die Erwachsenenpopulation (BT-Drs. 16/9915, 143ff).

Von Winston Churchill soll der Ausspruch stammen „Es gibt kleine Lügen, es gibt große Lügen und es gibt Statistik". Diese „Wahrheit" lässt sich im Umgang mit dem Thema Kinderarmut wieder entdecken. Während, wie bereits dargestellt, immer wieder auf die Relativität von Armut in öffentlichen Debatten abgehoben wird, um die Anerkennung von Bedürftigkeit zu relativieren, so wird auch an der Datenbasis so lange gearbeitet, bis die Probleme in einem weniger problematischen Licht erscheinen. So wurde bereits in den 1990er Jahren die statistische Erfassung der auf Sozialhilfe angewiesenen Bevölkerung in der Weise verändert, dass nur noch Stichtagserhebungen zum 31. Dezember eines jeden Jahres vorgenommen wurden. D.h., es wurden nur diejenigen Personen statistisch erfasst, die genau an diesem Tag Sozialhilfeleistungen erhielten, nicht mehr aber diejenigen Personen, die insgesamt im Laufe eines Jahres auf den Bezug von Sozialhilfe angewiesen waren. Dadurch wurde die Zahl der sozialhilfebedürftigen Population „klein gerechnet". Neuerlich geschieht dies im Dritten Armuts- und Reichtumsbericht der Bundesregierung dadurch, dass die Basis der statistischen Erfassung verändert wird. Wurden bis dato die Daten des Sozio-oekonomischen Panels zur Bestimmung des Armutsausmaßes in der Bevölkerung herangezogen, so rekurriert der Dritte Armuts- und Reichtumsbericht auf den EU-SILC, den European Survey on Income and Living Conditions.

„Der EU-SILC weist eine verhältnismäßig geringere Armutsbetroffenheit von Kindern auf (12% der Kinder bis 15 Jahre und 13% der Gesamtbevölkerung; Bezugsjahr 2005). Kritische Analysen zeigen, dass die Untererfassung der Kinderarmut durch den EU-SILC auf Probleme der Datenqualität zurückgeht. (…) Bestimmte, von Einkommensarmut besonders betroffene Bevölkerungsgruppen (insbesondere Personen aus den klassischen Gastarbeiterländern wie der Türkei, schlecht integrierte und oftmals überproportional von Armut betroffene Haushalte sowie Haushalte mit kleinen Kindern) sind in diesem Datensatz unterrepräsentiert, während

Tab. 2: Kinder in Armut (Unterstes soziales Sicherungsniveau; eigene Berechnungen)

Bezugsjahr	2005		2007	
	Absolut	%	Absolut	%
Sozialgeld (SGB II)	1.813.748	15,57	1.854.022	16,43
Sozialhilfe (SGB XII)	14.132	0,12	10.867	0,10
Kinderzuschlag (§ 6a BKGG)	40.861	0,35	32.043	0,28
Asylbewerberleistungsgesetz	64.458	0,55	45.299	0,40
Zusammen	1.933.199	16,59	1.942.231	17,22
Einwohner insgesamt (0 bis 15 Jahre)	11.649.872	100,00	11.281.696	100,00

Erwerbstätige mit höherer Schulbildung – eine Gruppe mit vergleichsweise geringer Armutsgefährdung – überrepräsentiert sind."
(BJK 2009, 8f)

Legt man demgegenüber den Wert derjenigen Kinder an, die auf dem untersten sozialen Sicherungsniveau leben müssen (Sozialgeld, Sozialhilfe, Asyl-
bewerber, Kinderzuschlag; Bezugsjahr 2005), dann zeigt sich eine erheblich
höhere Belastungsziffer für Kinder, die in Armut aufwachsen (Tab. 2).

Die Werte der Armutsbetroffenheit sind im Dritten Armuts- und Reichtumsbericht zwar noch enthalten, aber der Rekurs auf das Thema Kinderarmut erfolgt nur noch über den Bezug auf den EU-SILC. Inwiefern sich die
Wahrnehmung von Kinderarmut verändert, wird durch eine vergleichende
Darstellung deutlich (Abb. 2).

Obwohl sich also in der sozialen Realität nichts verändert hat, wird über
die veränderte statistische Erfassungsbasis das Problem Kinderarmut „klein
gerechnet".

2.6   Gerechtigkeit

So lange in Deutschland das Thema Kinderarmut nicht ernst genommen
wird, so lange kann von sozialer Gerechtigkeit keine Rede sein.

„Denn durch Armut sind nicht nur fundamentale Rechte der Kinder
verletzt, sondern darüber hinaus sind auch die Teilhabechancen am

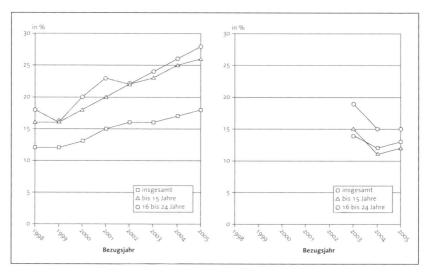

Abb. 2: Armutsrisikoquote bezogen auf 60 % des Medianeinkommens; Armutsrisikoquote bezogen auf EU-SILC

gesellschaftlichen Leben sowie die Entwicklungs- und Entfaltungschancen dieser Kinder eingeschränkt. Ein Leben unter Armutsbedingungen verschlechtert die Chancen auf eine erfolgreiche schulische Bildungskarriere. Verminderte Berufs- und Verdienstchancen erhöhen das Risiko einer Vererbung von Armut und sozialer Benachteiligung." (BJK 2009, 5)

Dabei gilt es jedoch, von einem Missverständnis Abstand zu nehmen. Weder ist materielle Gleichheit an sich ein unabhängiger Wert (Frankfurt 2000), noch ist die Tatsache, dass Menschen in bestimmte, auch benachteiligte Lebensumstände hineingeboren werden, unter gerechtigkeitstheoretischen Gesichtspunkten als Ungerechtigkeit zu beurteilen. „Die natürliche Verteilung ist weder gerecht noch ungerecht; es ist auch nicht ungerecht, dass die Menschen in eine bestimmte Position der Gesellschaft hineingeboren werden. Das sind einfach natürliche Tatsachen. Gerecht oder ungerecht ist die Art, wie sich die Institutionen angesichts dieser Tatsachen verhalten." (Rawls 1988, 123) Es kommt also darauf an, institutionelle Maßnahmen zu schaffen, damit aus *benachteiligten* Lebensbedingungen nicht *benachteiligende* Lebensbedingungen werden. In der modernen Gesellschaft wird diese Art des notwendigen Ausgleichs über entsprechende institutionelle Arrangements hergestellt und nicht in erster Linie über Verteilungseffekte. Selbstverständlich sind staatliche Transferleistungen zur existenziellen Absicherung notwendige Bedingungen für eine gerechte Gesellschaft, aber sie reichen nicht aus. Hinreichende Voraussetzungen sozialer Gerechtigkeit sind diejenigen institutionellen Arrangements, die aus Chancen individuelle Wirklichkeit werden lassen. „Gerechtigkeit in der demokratischen Massengesellschaft ist im Kern *institutionelle* Gerechtigkeit." (Engler 2005, 287) Eine solche Institution ist für Kinder die Schule, allerdings nur dann, wenn sie Chancen unabhängig von sozialer Herkunft und nur nach den individuellen Leistungsmöglichkeiten der Kinder vergibt. (Wobei nicht erst seit PISA bekannt ist, dass die deutschen Schulen das gerade nicht leisten.) Aber die Chancengerechtigkeit darf nicht erst mit der Schule einsetzen, sondern (spätestens) mit der Geburt eines Kindes. Dabei kommt es im Sinne einer kompensatorischen Logik darauf an, diejenigen, die am stärksten benachteiligt sind, am nachhaltigsten zu fördern. „‚Den Ungleichen Ungleiches‘, noch vor dem ersten Schultag: das ist das Geheimnis der substanziellen Gleichheit am Start." (Engler 2005, 269) Hier ist in Deutschland noch viel zu leisten, bevor von einer gerechten Gesellschaft die Rede sein kann.

Literatur

Bertram, H. (Hrsg.) (2008): Mittelmaß für Kinder. Der UNICEF-Bericht zur Lage der Kinder in Deutschland. Beck, München

BJK (Bundesjugendkuratorium) (2009): Kinderarmut in Deutschland: Eine drängende Handlungsanforderung an die Politik. Stellungnahme des Bundesjugendkuratoriums. Eigenverlag, Berlin

BMWA (Bundesministerium für Wirtschaft und Arbeit) (2005): Vorrang für die Anständigen. Gegen Missbrauch, „Abzocke" und Selbstbedienung im Sozialstaat. Eigenverlag, Berlin

Brumlik, M. (1990): Sind soziale Dienste legitimierbar? Zur ethischen Begründung pädagogischer Intervention. In: Sachße, C., Engelhardt, H. T. (Hrsg.): Sicherheit und Freiheit. Zur Ethik des Wohlfahrtsstaates. Suhrkamp, Frankfurt/M., 203–227

BT-Drs. 13/11368 (Deutscher Bundestag: Drucksache vom 25.08.1998): Bericht über die Lebenssituation von Kindern und die Leistungen der Kinderhilfen in Deutschland – Zehnter Kinder- und Jugendbericht – mit der Stellungnahme der Bundesregierung. Eigenverlag, Berlin

BT-Drs. 16/9915 (Deutscher Bundestag: Drucksache vom 30.06.2008): Lebenslagen in Deutschland – Dritter Armuts- und Reichtumsbericht. Eigenverlag, Berlin

Engler, W. (2005): Bürger, ohne Arbeit. Für eine radikale Neugestaltung der Gesellschaft. Aufbau, Berlin

Fertig, M., Tamm, M. (2007): Kinderarmut im internationalen Vergleich. In: Deutsches Kinderhilfswerk (Hrsg.): Kinderreport Deutschland 2007. Daten, Fakten, Hintergründe. Velber, Freiburg/Br., 31–41

Frankfurt, H. (2000): Gleichheit und Achtung. In: Krebs, A. (Hrsg.): Gleichheit oder Gerechtigkeit. Texte der neuen Egalitarismusforschung. Suhrkamp, Frankfurt/M., 38–49

Fröhlich-Gildhoff, K., Rönnau-Böse, M. (2007): Resilienz. Ernst Reinhardt, München/Basel

Groenemeyer, A. (1999): Armut. In: Albrecht, G., Groenemeyer, A., Stallberg, F. W. (Hrsg.): Handbuch soziale Probleme. Westdeutscher Verlag, Wiesbaden, 270–318

Hanesch, W. (2008): Armut. In: Kreft, D., Mielenz, I. (Hrsg.): Wörterbuch Soziale Arbeit. Aufgaben, Praxisfelder, Begriffe und Methoden der Sozialarbeit und Sozialpädagogik. 6. Aufl. Juventa, Weinheim/München, 102–108

Kersting, M., Clausen, K. (2007): Wie teuer ist eine gesunde Ernährung für Kinder und Jugendliche? Die Lebensmittelkosten der Optimierten Mischkost als Referenz für sozialpolitische Regelleistungen. Ernährungs-Umschau 9, 508–513

Koslowski, P. (1990): Der soziale Staat der Postmoderne. Ethische Grundlagen der Sozialpolitik und Reform der Sozialversicherung. In: Sachße, C., Engelhardt, H. T. (Hrsg.): Sicherheit und Freiheit. Zur Ethik des Wohlfahrtsstaates. Suhrkamp, Frankfurt/M., 28–70

Martens, R. (2009): Angemessene Lebensbedingungen für Kinder: Wie hoch muss ein auskömmliches Existenzminimum für Kinder in Deutschland sein? In: Deutsches Kinderhilfswerk (Hrsg.): Kinderreport Deutschland 2010. Daten, Fakten, Hintergründe. Family Media, Freiburg/Br., 103–120

Merten, R. (2009a): Kinderarmut in Familien und die Folgen für die Kinder. In: Mertens, G., Obermaier, M., Krone, W. (Hrsg.). Handbuch der Erziehungswissenschaft. Band III/1: Familie – Kindheit – Jugend – Gender. Schöningh, Paderborn, 493–510

– (2009b): Kindheit und Jugend in Armut. In: Friedrich-Ebert-Stiftung, Landesbüro Sachsen-Anhalt, Der Paritätische Sachsen-Anhalt (Hrsg.): Kinderarmut in einem reichen Land. 2. Aufl. FES Eigenverlag, Magdeburg, 35–53

Opp, G., Fingerle, M. (Hrsg.) (2007): Was Kinder stärkt. Erziehung zwischen Risiko und Resilienz. 2. Aufl. Ernst Reinhardt, München/Basel

Paritätischer Wohlfahrtsverband-Gesamtverband/Martens, R. (2006): Neue Regelsatzberechnung 2006. Zu den Vorschlägen des Paritätischen Wohlfahrtsverbandes und der Bundesregierung. Soziale Sicherheit 6, 182–194

Prantl, H. (2009): Vorwort. In: Friedrichs, J., Müller, E., Baumholt, B.: Deutschland Dritter Klasse. Leben in der Unterschicht. Hoffmann und Campe, Hamburg, 7–11

Rawls, J. (1988): Eine Theorie der Gerechtigkeit. Suhrkamp, Frankfurt/M.

Roscher, F. (1998): § 22 Regelbedarf. In: Birk, U.-A., Brühl, A., Conradis, W.: Bundessozialhilfegesetz. Lehr- und Praxiskommentar (LPK-BSHG) mit einer Kommentierung zum Asylbewerberleistungsgesetz. 5. Aufl. Nomos, Baden-Baden, 347–377

Sass, H.-M. (1990): Zielkonflikte im Wohlfahrtsstaat. In: Sachße, C., Engelhardt, H. T. (Hrsg.): Sicherheit und Freiheit. Zur Ethik des Wohlfahrtsstaates. Suhrkamp, Frankfurt/M., 71–84

Tolstoi, L. (2008): Anna Karenina. dtv, München

Wagner, T. (2008): Draußen – Leben mit Hartz IV. Eine Herausforderung für die Kirche und ihre Caritas. Lambertus, Freiburg/Br.

Wustmann, C. (2004): Resilienz. Widerstandsfähigkeit von Kindern in Tageseinrichtungen fördern. Beltz, Weinheim/Basel

3 Kinderarmut – Definition, Konzepte und Befunde

Von Gerda Holz

3.1 Wie wird Armut definiert?

Armut ist zunächst einmal ein mehrdimensionales gesellschaftliches Phänomen, das nicht zuletzt wegen seiner normativen Setzungen nur schwer fassbar ist. „Armut hängt von den sozialen und politischen Rahmendaten ab, die gesellschaftlich und politisch gestaltet werden." (Huster et al. 2008, 16) Eine einheitliche Definition gibt es nicht (BMAS 2008), doch wird innerhalb der EU von einem allgemeinen Verständnis ausgegangen. Grundlage ist der Beschluss des Ministerrates der Europäischen Gemeinschaft vom 19. Dezember 1984. Danach sind diejenigen Menschen als arm zu bezeichnen, „die über so geringe materielle, kulturelle und soziale Mittel verfügen, dass sie von der Lebensweise ausgeschlossen sind, die in dem Mitgliedsstaat, in dem sie leben, als Minimum annehmbar ist" (Kommission der Europäischen Gemeinschaft 1991, 4).

Armut stellt demnach eine durch die jeweiligen gesellschaftlichen Rahmenbedingungen bestimmte individuelle Lebenslage dar, die sich vor allem durch folgende Merkmale auszeichnet:

- Relative Einkommensarmut: Die Person verfügt über zu wenig Einkommen, um am allgemeinen Lebensstandard einer Gesellschaft angemessen teilhaben zu können. Messgröße ist dabei die EU-Armutsdefinition.
- Defizitäre Lebenslage: Die Lebens-, Handlungs- und Entscheidungsspielräume der Person sind begrenzt; sie erfährt eine Unterversorgung mit materiellen wie immateriellen Gütern in den vier zentralen Dimensionen (Grundversorgung, Gesundheit, Bildung, Soziales). Der gegenwärtige Mangel führt wiederum zu verengten Zukunftschancen.
- Soziale Ausgrenzung: Die für das soziale Wesen „Mensch" existenziell notwendige Teilnahme am sozialen Austausch wird eingeschränkt und die Partizipation – aktive Beteiligung und Mitgestaltung – an gesellschaftlichen Prozessen wird begrenzt.

Armut ist folglich mehr, als nur wenig Geld zu haben. Sie beraubt Menschen ihrer materiellen Unabhängigkeit und damit der Fähigkeit, über existenzielle Fragen, über ihr „Schicksal" selbst zu entscheiden.

Tab. 3: Armutsrisikogrenze in Euro für unterschiedliche Haushaltskonstellationen (Datenbasis der Statistischen Ämter des Bundes und der Länder; DPWV 2009, 7)

Jahr	Allein-lebende Person	Paar ohne Kinder	Paar mit Kindern			Alleinerziehende	
			Mit 1 Kind	Mit 2 Kindern	Mit 3 Kindern	Mit 1 Kind	Mit 2 Kindern
2005	736	1.104	1.325	1.546	1.766	957	1.178
2006	746	1.119	1.343	1.567	1.790	970	1.194
2007	764	1.146	1.375	1.604	1.834	993	1.222

3.2   Wie wird Armut gemessen?

Zu dieser Frage finden sich unterschiedliche Messgrößen in Wissenschaft und Politik. Maßgeblich ist zunehmend die Messung anhand der EU-Armutsrisikogrenze. Als arm gilt ein Haushalt, wenn er über weniger als 60 % des mittleren bedarfsgewichteten Nettoeinkommens (Median) verfügen kann. Der bundesweite Grenzwert – ermittelt auf der Basis des Mikrozensus – lag im Jahr 2007 für einen Ein-Personen-Haushalt bei 764 Euro (Tab. 3).

Berechnet wird die Armutsrisikogrenze wie folgt:
Der Median ist der Wert einer Verteilung, der bei aufsteigender Sortierung aller Einheiten (z.B. Sortierung aller Personen nach ihrem Einkommen) derjenigen Einheit entspricht, die genau in der Mitte liegt. D.h., der Median markiert den Wert, an dem eine Hälfte der Population darüber, die andere darunter liegt.

Äquivalenzeinkommen werden vor allem für die Analyse von Einkommensverteilung, Einkommensungleichheit und Armutsgefährdung verwendet. Beim Äquivalenzeinkommen handelt es sich um eine fiktive Rechengröße, um das Einkommen von Personen vergleichbar zu machen, die in Haushalten mit unterschiedlicher Größe und Zusammensetzung leben. Mit Hilfe einer Äquivalenzskala werden die Einkommen nach Haushaltsgröße und Zusammensetzung gewichtet. Dazu wird die „modifizierte OECD-Skala" verwendet, nach der die erste erwachsene Person das Gewicht 1 erhält, weitere Erwachsene sowie Kinder ab 14 Jahren das Gewicht 0,5 und Kinder unter 14 Jahren das Gewicht 0,3. Grund dafür ist, dass in größeren Haushalten Einspareffekte eintreten (z.B. durch gemeinsame Nutzung von Wohnraum oder Haushaltsgeräten). Unter der Annahme, dass sämtliche Einkommen unter allen Haushaltsmitgliedern gleichmäßig ge-

teilt werden, werden alle Einkommen des Haushalts addiert und anschlie-
ßend gewichtet den einzelnen Haushaltsmitgliedern zugerechnet, wobei
jedes Haushaltsmitglied dasselbe Äquivalenzeinkommen zugewiesen be-
kommt.

Als Nettoeinkommen gelten alle Einkünfte aus selbstständiger und
nicht selbstständiger Arbeit sowie aus Vermögen zuzüglich Mietwert
selbstgenutzten Wohneigentums abzüglich Steuern und Pflichtbeiträgen
zu Sozialversicherungen.

Das monatliche Nettoäquivalenzeinkommen bezeichnet den nach obi-
ger Gewichtung pro Kopf in einem Monat verfügbaren Geldbetrag.

3.3   Wie hoch ist die Betroffenheit?

Hierzulande gelten rund 14,3 % der Bevölkerung als arm. Die Spreizung
der Quoten reicht – festgemacht am Bundesmedian – von 10 % (Baden-
Württemberg) bis 24,3 % (Mecklenburg-Vorpommern). Auch die Berech-
nung der länderbezogenen Mediane gibt eine Spreizung, wenn auch weitaus geringer, wieder (Tab. 4).

Typisch ist eine Dreiteilung des Bundesgebietes mit einem Ost-West-Ge-
fälle (die östlichen Bundesländer weisen höhere Armutsquoten auf), einem
Nord-Süd-Gefälle (die norddeutschen Länder sind stärker betroffen) sowie einem Stadt-Land-Gefälle (in Städten höhere Quoten als in ländlichen
Regionen).

Neben der EU-Messgröße kommt in Deutschland hilfsweise eine zweite
Bezugsgröße zur Anwendung: Die Zahlen und Quoten zum Bezug von
Sozialtransfers in Form von Arbeitslosengeld II und Sozialgeld (kurz:
Hartz IV) bzw. Sozialhilfe. Auch hier finden sich die beschriebenen Struk-
turmuster wieder.

3.4   Welche Ursachen und Risiken sind bedeutsam?

Als Ursachen von Armut bei Erwachsenen gelten (Langzeit-)Erwerbs-
losigkeit und in den letzten Jahren massiv zunehmend Erwerbstätigkeit auf
niedrigem Zeitniveau und/oder mit Niedriglohn. So lag 2006 der Anteil der
Vollerwerbstätigen mit Niedrigeinkommen (Working Poor) von allen Er-
werbstätigen bei 22 % (Rhein 2009, 6). Weiterhin sind Trennung und Scheidung sowie Überschuldung zu nennen. Zu selten wird noch – und wenn
dann mit Bezug zur Problematik „Frauenarmut" – die nicht oder nur gering entlohnte Haus-, Pflege-, Erziehungs- und Sorgearbeit diskutiert.

Dem Armutsrisiko unterliegen die verschiedenen gesellschaftlichen Grup-

Tab. 4: Armutsgefährdungsquoten der Bundesländer 2007 (Statistisches Bundesamt Deutschland 2009)

Bundesländer	Armutsgefährdungsquote*	
	gemessen am Bundesmedian	gemessen am jeweiligen Landesmedian/ regionalen Median
Mecklenburg-Vorpommern	24,3 %	13,6 %
Sachsen-Anhalt	21,5 %	13,9 %
Sachsen	19,6 %	13,6 %
Bremen	19,1 %	15,2 %
Thüringen	18,9 %	12,9 %
Brandenburg	17,5 %	13,7 %
Berlin	17,5 %	13,9 %
Saarland	16,8 %	14,0 %
Niedersachen	15,5 %	14,7 %
Nordrhein-Westfalen	14,6 %	14,5 %
Bundesrepublik Deutschland	14,3 %	14,3 %
Hamburg	14,1 %	16,8 %
Rheinland-Pfalz	13,5 %	14,7 %
Schleswig-Holstein	12,5 %	13,9 %
Hessen	12,0 %	14,9 %
Bayern	11,0 %	13,6 %
Baden-Württemberg	10,0 %	13,0 %

*Anteil der Personen mit einem Einkommen von weniger als 60 % des Median der Äquivalenzeinkommen der Bevölkerung in Privathaushalten am Ort der Hauptwohnung. Das Äquivalenzeinkommen wird auf Basis der neuen OECD-Skala berechnet. Ergebnisse des Mikrozensus, Berechnungen durch den Landesbetrieb „Information und Technik Nordrhein Westfalen" (IT.NRW).

pen unterschiedlich. Einige Beispiele: Der Altersgruppenvergleich zeigt für Kinder und Jugendliche die höchsten Risikoquoten an. Der Gendervergleich belegt, dass Frauen spätestens ab dem jungen Erwachsenenalter und danach kontinuierlich bis ins hohe Alter stärker armutsbetroffen sind. Bei Differenzierung nach Erwerbsgruppen sind es (Langzeit-)Erwerbslose und Erwerbstätige im Niedriglohnbereich, bei einer Differenzierung nach Bildungshintergrund sind die niedrig Qualifizierten armutsgefährdet.

Kinder sind vor allem dann risikogefährdet, wenn sie in einer Familie mit einem oder mehreren der folgenden fünf soziale Merkmale aufwachsen: alleinerziehend, bildungsfern, Migrationshintergrund, mehr als zwei Geschwister, Lebensort ist ein sozial belastetes Quartier. Besteht eine Merkmalskombination, potenziert sich die Gefährdung um ein Vielfaches. Ein Beispiel: Alleinerziehende und Lebensgemeinschaften mit Kindern haben ein geringeres Einkommen als verheiratete Paare mit Kindern. Mit Abstand verfügen Alleinerziehende über das niedrigste Einkommen, ihr Nettoeinkommen lag 2006 bei 880 Euro im Monat. Ein Beispiel: Alleinerziehende bzw. Lebensgemeinschaften mit Kindern und einem Einkommen haben einen geringeren Betrag zur Verfügung als verheiratete Paare mit Kindern und ebenfalls nur einem Einkommen. Mit Abstand verfügen Alleinerziehende über die geringste Summe, ihr Nettoeinkommen lag 2006 bei 880 Euro im Monat (BMFSFJ 2009, 47).

3.5   Wie viele Kinder sind betroffen?

Je nach Definition, Betrachtungsperspektive und Ansatz der Messung finden sich in den fachlichen und öffentlichen Diskussionen unterschiedliche Angaben. Hier nur einige Anhaltswerte: 2007 weist das BMFSFJ 2,4 Mio. Kinder und Jugendliche in 1,4 Mio. Haushalten als arm aus (Datenbasis Sozial-ökonomisches Panel SOEP, 60 %-EU-Armutsgrenze). Die Armutsrisikoquote der unter 18-Jährigen wird mit 17,7 % angegeben (BMFSFJ 2009, 63). Schließlich bezogen im April 2009 rund 3,57 Mio. Bedarfsgemeinschaften/Haushalte SGB–II-Leistungen. In mehr als jeder dritten Bedarfsgemeinschaft lebten Kinder unter 15 Jahren. Rund 1,75 Mio. der unter 15-Jährigen oder jedes sechste Kind war zu diesem Zeitpunkt von Hartz IV abhängig (BA 11/2008 und 08/2009; Schröder 2008).

Über das Bundesgebiet verteilt offenbaren sich auch in Bezug auf armutsbetroffene Kinder immense Unterschiede auf Bundes-, Länder- und kommunaler Ebene (Tab. 5). Ein Beispiel: Bayern weist unter den Bundesländern zwar die geringste Quote auf und doch reicht selbst hier das Spektrum von 23,9 % (Stadt Hof) bis 2,5 % (Kreis Eichstätt).

Aufwachsen heute bedeutet, dass die Lebenswelten von armen und nichtarmen Kindern immer weniger miteinander zu tun haben. Alle Befunde zeugen von einem hohen Maß sozialer Ungleichheit oder anders formuliert *„ungleicher Kindheit"* (Alt 2008; Holz et al. 2006; Zander 2008; APuZ 2009).

3.6 Gibt es ein spezifisches Kindergesicht der Armut?

Kinderarmut ist ein Terminus, der abkürzend die Folgen von Armut für Kinder meint. Die AWO-ISS-Langzeitstudie (Holz et al. 2006) formuliert den theoretischen Rahmen und die operativen Bedingungen, um das Kindergesicht der Armut in seiner Mehrdimensionalität greifbar werden zu lassen.

Zur Bewertung der Entwicklungsbedingungen bzw. -möglichkeiten armer Kinder im oben verstandenen Sinn – vor allem im Vergleich zu ökonomisch besser gestellten Kindern – sind folgende *Lebenslagedimensionen* zu berücksichtigen:

Für die Abgrenzung „armer Kinder" bedeutet das: Von Armut wird immer und nur dann gesprochen, wenn familiäre Einkommensarmut unterhalb der oben skizzierten EU-Armutsrisikogrenze liegt. Mädchen und Jungen, bei denen zwar Einschränkungen bzw. eine Unterversorgung in den zuvor genannten Lebenslagedimensionen (2–5) festzustellen sind, jedoch keine familiäre Armut vorliegt, sind zwar als „arm dran" oder als benachteiligt zu bezeichnen, nicht jedoch als „arm".

Um einen umfassenden Blick auf die kindliche Lebenssituation zu erhalten, lassen sich die genannten vier Dimensionen in einem *Lebenslageindex*

Tab. 5: Lebenslagedimensionen von Kindern (Hock et al. 2006: 28)

(1) Materielle Situation des Haushaltes (**„familiäre Armut"**)	
(2–5) **Dimensionen der Lebenslage des Kindes**	
(2) **Materielle** Versorgung des Kindes	Grundversorgung (z. B. Wohnen, Nahrung, Kleidung)
(3) „Versorgung" im **kulturellen** Bereich	Bildung (z. B. Arbeits-, Spiel- und Sprachverhalten)
(4) Situation im **sozialen** Bereich	soziale Integration (z. B. Kontakte, soziale Kompetenzen)
(5) **Psychische** und **physische** Lage	Gesundheit (z. B. Gesundheitszustand, körperliche Entwicklung)

zusammenführen. Dieser umfasst die drei *Lebenslagetypen* „Wohlergehen", „Benachteiligung" und „multiple Deprivation":

- Von *Wohlergehen* wird dann gesprochen, wenn in Bezug auf die zentralen (Lebenslage-)Dimensionen aktuell keine „Auffälligkeiten" festzustellen sind, das Kindeswohl also gewährleistet ist.
- Eine *Benachteiligung* liegt gemäß Definition dann vor, wenn in einigen wenigen Bereichen aktuell „Auffälligkeiten" festzustellen sind. Das betroffene Kind kann in Bezug auf seine weitere Entwicklung als eingeschränkt beziehungsweise benachteiligt betrachtet werden.
- Von *multipler Deprivation* schließlich ist dann die Rede, wenn das Kind in mehreren zentralen Lebens- und Entwicklungsbereichen „auffällig" ist. Das Kind entbehrt in mehreren wichtigen Bereichen die notwendigen Ressourcen, die eine positive Entwicklung wahrscheinlich machen.

Dergestalt theoretisch entwickelt, und beispielsweise durch die AWO-ISS-Langzeitstudie empirisch erprobt, lässt sich Kinderarmut wie folgt definieren. Wird von Armut bei Kindern gesprochen, dann gilt:

- Ausgangspunkt ist die Einkommensarmut.
- Das Kind lebt in einer einkommensarmen Familie.
- Es zeigen sich kindspezifische Armutsformen in Gestalt von materieller, kultureller, gesundheitlicher und sozialer Unterversorgung.
- Die Entwicklungsbedingungen des Kindes sind beeinträchtigt, wobei dies ein Aufwachsen mit Benachteiligungen oder in multipler Deprivation bedeuten kann.
- Die Zukunftsperspektiven des Kindes sind eingeschränkt.

3.7   Wie zeigt sich Kinderarmut im Vorschulalter?

Arme Kinder sind bereits im Alter von sechs Jahren erkennbar belastet, wie die Zahlen belegen (Tab. 6).

Was sich hinter den Zahlen verbirgt soll anhand von zwei Lebenslagedimensionen näher erläutert werden.

- Zur materiellen Grundversorgung: Rund 40% der armen Kinder weisen Defizite in der materiellen Grundversorgung auf, aber nur knapp 15% der nicht-armen Kinder. Am deutlichsten äußerte sich familiäre Armut im verspäteten und unregelmäßigen Zahlen von Essensgeld und sonstigen Beiträgen für Aktivitäten in der KiTa. Häufiger kamen arme Kinder hungrig in die Einrichtung und/oder dem Kind fehlte die körperliche Pflege. Relativ selten dagegen zeigte sich ein Mangel an notwendiger Kleidung.

Tab. 6: Anteil der Vorschulkinder mit Einschränkungen in den vier zentralen Lebenslagedimensionen und Armut – 1999 (Hock et al. 2000, 33–38)

Dimension	Arme Kinder	Nicht-arme Kinder
Materielle Grundversorgung	40,0 %	14,5 %
Kultureller Bereich	36,0 %	17,0 %
Sozialer Bereich	35,6 %	17,6 %
Gesundheitliche Lage	30,7 %	19,7 %

Lesehilfe: 40 % der armen und „nur" 14,5 % der nicht-armen Kinder weisen Mängel in der Grundversorgung auf. N = 893

- Zum kulturellen Bereich: Mehr als die Hälfte der armen Mädchen und Jungen waren im Hinblick auf ihr Spiel- und Sprachverhalten auffällig, knapp die Hälfte hinsichtlich ihres Arbeitsverhaltens. Arme Kinder wurden nicht nur insgesamt häufiger als nicht-arme Kinder vom Schulbesuch zurückgestellt, sondern auch bei vergleichbarer Ausgangslage bzw. dem gleichen Maß an „Auffälligkeiten" hatten sie geringere Chancen für einen regulären Übertritt in die Regelschule als nicht-arme Kinder.

Die Lebenssituation und die Möglichkeiten der Kinder insgesamt sind bereits im Vorschulalter deutlich unterschiedlich. Arme Mädchen und Jungen wachsen weitaus weniger im Wohlergehen und weitaus häufiger in multipler Deprivation auf. Es zeigt sich aber ebenso, dass Armut nicht zwangsläufig zu Beeinträchtigungen führt: Etwa ein Viertel der erforschten armen

Tab. 7: Kindspezifische Lebenslagen von Vorschulkindern – 1999 (Hock et al. 2000, 77)

Lebenslagetyp	Arme Kinder	Nicht-arme Kinder	Zusammen
Wohlergehen	23,6 %	46,4 %	40,2 %
Benachteiligung	40,3 %	39,8 %	40,0 %
Multiple Deprivation	36,1 %	13,7 %	19,8 %
Gesamt	100,0 %	100,0 %	100,0 %

Lesehilfe: 23,6 % der armen und 46,4 der nicht-armen Kinder wachsen im Wohlergehen, d. h. ohne Mängel auf (N = 893).

Kinder lebte im Wohlergehen (23,6 %), war also in keiner der zentralen Lebenslagedimensionen eingeschränkt. Jedoch zählten prozentual doppelt so viele nicht-arme wie arme Kinder zum Typ „Wohlergehen" (Tab. 7).

3.8   Wie wirkt Armut bis zum Ende der Grundschulzeit?

Je gefestigter die finanzielle Situation der Familie desto sicherer sind die Lebens- und Entwicklungsbedingungen für die Mädchen und Jungen (Tab. 8). Während hier mehr als jedes zweite arme Kind Einschränkungen erfährt, ist davon kein Kind in „gesichertem Wohlstand" (> 100 % des Durchschnittsäquivalenzeinkommens) betroffen. Umgekehrt gilt, dass je früher, je schutzloser und je länger Kinder einer Armutssituation ausgesetzt sind, desto gravierender sind die Auswirkungen, denn die sich im Vorschulalter herausbildenden Einschränkungen verfestigen sich massiv in der Grundschulzeit.

Auch die Befragung von 2003/04 verweist, wie auch schon vier Jahre zuvor, auf die enormen Unterschiede im materiellen Bereich, von denen vor

Tab. 8: Anteil der 10-jährigen Kinder mit Einschränkungen in den Lebenslage-dimensionen und Armut – 2003/04 (Holz et al. 2006, 66)

Lebenslage-dimension	Arme Kinder	Nicht-arme Kinder		
		Prekärer Wohlstand	Unterer Durchschnitt	Oberer Durchschnitt
	(< 50 %)	(50 %– 75 %)	(75 %– 100 %)	(> 100 %)
Materielle Lage/ Grundversorgung	51,6 %	9,2 %	5,3 %	0,0 %
Kulturelle Lage	37,7 %	19,0 %	9,5 %	3,6 %
Soziale Lage	34,6 %	16,0 %	15,8 %	3,6 %
Gesundheitliche Lage	25,8 %	23,3 %	21,1 %	8,4 %
N = 500	159	163	95	83

Lesehilfe: 51,5 % der armen 10-Jährigen haben Mängel in der Grundversorgung, dagegen „nur" noch 5,3 % der Kinder, die in einer nicht-armen Familie mit einem Einkommen knapp unter dem durchschnittlichen Haushaltsnettoeinkommen aufwachsen allem Kinder mit Migrationshintergrund überdurchschnittlich betroffen sind. Ausdruck der Mangellage bei den 10-Jährigen ist z. B. kein eigenes Zimmer zu haben und Einschränkungen bei der Kleidung und/oder beim Spielzeug hinnehmen zu müssen. Große Differenzen zwischen Arm und Nicht-arm sind ebenso im kulturellen Bereich festzustellen. Arme Mädchen und Jungen haben weitaus weniger allgemeine und altersgemäße Lern- und Erfahrungsmöglichkeiten; z. B. durch Vereinsmitgliedschaft, Teilnahme an freiwilligen Kursen inner- und außerhalb der Schule. Auch in der sozialen Lebenslage greifen beträchtliche Unterschiede: Arme erhalten nicht nur einen begrenzten Raum zur sozialen Integration, ihnen wird zugleich die Möglichkeit zum breiten Erwerb sozialer Kompetenzen vorenthalten. Entsprechend zeigen sich erste Ansätze sozialer Devianz. Dennoch: In den AWO-ISS-Studien sind zwischen 85 % und 95 % der Mädchen und Jungen, je nach Fragestellungen, nicht sozial auffällig. Das gilt auch für arme Kinder.

Insgesamt finden sich stark divergierende Lebens- und Entwicklungsverläufe: Unter den armen Mädchen und Jungen überwiegen negative Verläufe, d. h. Zunahme von Auffälligkeiten in den Lebenslagen und Wechsel des Lebenslagetyps, z. B. von Benachteiligung nach multipler Deprivation. Bei den nicht-armen Kindern dominiert eine gefestigte positive Entwicklung, also z. B. Verbleib im Wohlergehen. Gleichzeitig ist eine hohe Dynamik zu konstatieren: Mehr als die Hälfte der Mädchen und Jungen wechselte zwischen 1999 und 2003/04 den Lebenslagetyp. Genauso wenig wie „einmal arm – immer arm" gilt, gilt aber auch nicht „einmal multipel depriviert – immer multipel depriviert". Die Chancen und Risiken sind aber klar verteilt.

3.9 Ist Armut für Kinder eher eine einmalige Episode oder dauerhaft?

Armut ist meist kein einmaliges Ereignis, sondern umfasst Lebensphasen oder kann ein Leben lang gegeben sein (Kap. 4). Das belegen die Auswertung des SOEP von Fertig/Tamm (2008) zur Verweildauer von Kindern in Armut wie auch die AWO-ISS-Langzeitstudie. Sie erfasste rund 17 % der zwischen 1999 und 2003/04 erforschten Kinder als dauerhaft arm. Dauerhafte familiäre Armut lässt immer weniger ein Aufwachsen im Wohlergehen und ohne Benachteiligungen zu (Holz et al. 2006, 127).

Literatur

Alt, Chr. (Hrsg.)(2008): Kinderleben – Individuelle Entwicklungen in sozialen Kontexten. Bd. 5. VS Verlag für Sozialwissenschaften, Wiesbaden

APuZ (Aus Politik und Zeitgeschichte)(2009): Ungleiche Kindheit. Heft 17, Bonn. In: www.bpb.de/files/54JFER.pdf, 19.6.2010

BA (Bundesagentur für Arbeit) (2008/09): Arbeitsmarkt in Zahlen. Statistik der Grundsicherung für Arbeitsuchende: SGB II- Bedarfsgemeinschaften und ihre Mitglieder nach drei Monaten Wartezeit. Eigenverlag, Nürnberg. In: www.pub. arbeitsagentur.de/hst/services/statistik/detail/l.html, 19.6.2010

BMAS (Bundesministerium für Arbeit und Soziales) (2008): Lebenslagen in Deutschland. Der Dritte Armuts- und Reichtumsbericht. Eigenverlag, Berlin. In: www.bmas.de/coremedia/generator/26742/property=pdf/dritter__armuts__ und__reichtumsbericht.pdf, 19.6.2010

BMFSFJ (Bundesministerium für Familie, Senioren, Frauen und Jugend) (2009): Familienreport 2009. Leistungen. Wirkungen. Trends, Berlin. In: www.bmfsfj.de/ bmfsfj/generator/BMFSFJ/familie,did=120168.html, 19.6.2010

DPWV (Der Paritätische Wohlfahrtsverband) (2009): Unter unseren Verhältnissen. Der erste Armutsbericht für Regionen in Deutschland. Eigenverlag, Berlin

Borchard, M., Henry-Huthmacher, Chr., Merkle, T., Wippermann, C. (2009): Eltern unter Druck. Selbstverständnisse, Befindlichkeiten und Bedürfnisse von Eltern in verschiedenen Lebenswelten. Lucius & Lucius, Berlin

Fertig, M., Tamm, M. (2008): Die Verweildauer von Kindern in prekären Lebenslagen. In: Bertram, H. (Hrsg.): Mittelmaß für Kinder. Der UNICEF-Bericht zur Lage der Kinder in Deutschland. Eigenverlag, München, 152–155.

Hock, B., Holz, G., Wüstendörfer, W. (2000): Frühe Folgen – langfristige Konsequenzen? Armut und Benachteiligung im Vorschulalter. ISS-Pontifex, Frankfurt/M.

Holz, G., Richter, A., Wüstendörfer, W., Giering, D. (2006): Zukunftschancen von armen Kindern. ISS-Pontifex, Frankfurt/M.

Huster, E.-U., Boeckh, J., Mogge-Grotjahn, H. (Hrsg.) (2008): Handbuch Armut und Soziale Ausgrenzung. VS Verlag für Sozialwissenschaften, Wiesbaden

Kommission der Europäischen Gemeinschaft (1991): Schlussbericht des Zweiten Europäischen Programms zur Bekämpfung von Armut 1985–1989. KOM(91)29 endg., 13.02.1991. Eigenverlag, Brüssel/Luxemburg

Rhein, Th. (2009): „Working poor" in Deutschland und den USA. Arbeit und Armut im transatlantischen Vergleich. IAB Kurzbericht 1, 1

Schröder, P. M. (2008): Kinder unter 15 im SGB II-Bedarfsgemeinschaften. In: www.erwerbslose.verdi.de/arbeitsmarktdaten_1/data/sgb2-kinder-062008rev. pdf, 19.6.2010

Statistisches Bundesamt Deutschland (o.J.): Armutsgefährdungsquoten nach Bundesländern 2007. In: www.destatis.de/jetspeed/portal/cms/Sites/destatis/Internet/DE/Content/Publikationen/STATmagazin/Sozialleistungen/2009__06/Reg ionaleArmut,templateId=renderPrint.psml, 19.6.2010

Zander, M. (2008): Armes Kind – starkes Kind. Die Chance der Resilienz. VS Verlag für Sozialwissenschaften, Wiesbaden

II Wirkung von Armut bei Kindern – Ein Leben lang

4 Langzeitwirkungen von Armut – Konzepte und Befunde

Von Antje Richter-Kornweitz

Wie wirken sich deprivierte Lebenslagen auf die physische, intellektuelle und sozio-emotionale Entwicklung von Kindern aus? Wer fragt, wie es Kindern geht, die in Armut aufwachsen, ist wohl zunächst an ihrem Wohlbefinden im „Hier und Jetzt" interessiert. In der Frage nach der Entwicklung von Kindern verbirgt sich jedoch eine Prozessperspektive, die den Lebensverlauf in den Blick nehmen möchte. Komplexe Erkenntnisse, die die Auswirkungen von Armutslagen auf die Entwicklung von Kindern betreffen, lassen sich kaum anhand einer punktuellen Messung, sondern eher über einen längeren Zeitraum und mehrere Messzeitpunkte hinweg erfassen.

4.1 Perspektivische Methoden in der Armutsforschung

Perspektivische Methoden haben in der allgemeinen deutschen Armutsforschung keine lange Tradition. Viel Aufmerksamkeit erhielt zu seiner Zeit daher das Bremer Forschungsprojekt „Sozialhilfekarrieren". Die Bremer Längsschnittbetrachtung, bekannt als „dynamische" Armutsforschung, räumte mit der Vorstellung auf, dass es sich bei den Armen um eine feste Gruppe handelt, deren Zusammensetzung zeitlich gesehen unverändert bestehen bleibt. Man unterschätzt mit einer Querschnittserhebung deutlich, so die Bremer Sichtweise, wie weit verbreitet das Armutsrisiko ist. Armut rage vielfach in mittlere Schichten hinein und ist zunehmend sozial entgrenzt, d. h. betrifft nicht allein soziale Randgruppen. Neben der zeitlichen Perspektive der Verweildauer in Armut führten die Bremer noch die „Handlungsdimension" ein, d. h. es wurden auch Möglichkeiten zur Beeinflussung von Verlauf, Dauer und zum Ausstieg aus der Armut thematisiert (Leibfried/Leisering 1995, Buhr 1998).

Den Bremer Forscher/-innen wurden u. a. mangelnde Repräsentativität sowie „Verharmlosung" der Langzeitarbeitslosigkeit und Individualisie-

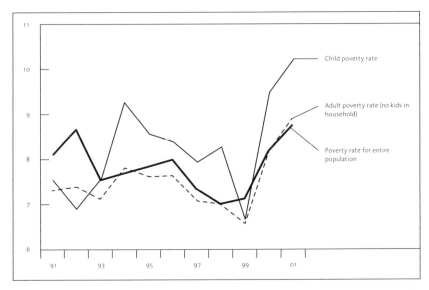

Abb. 3: Kinderarmutsraten in Relation zur Gesamtbevölkerung bzw. zu Erwachsenenhaushalten ohne Kinder von 1991–2001 in Prozent (Corak et al. 2005)

rung im Sinne einer Selbstverschuldung der Armutslage vorgeworfen, die den Anschein erzeugt, dass ein Ausstieg aus der Armut prinzipiell ohne Weiteres möglich ist (Busch-Geertsema/Ruhstrat 1992, Gerstenberger 1997, Butterwegge 2003). Nach Butterwegge (2003) verweisen die Bremer Wissenschaftler/-innen zwar zu Recht auf die wachsende Bedeutung des Zeitfaktors z. B. in der Entwicklung von Strukturen der sozialen Ungleichheit, verkürzen das Problem jedoch auf den Lebensverlauf und biografische Besonderheiten. Sie vernachlässigen dabei die intergenerative Dimension, d. h. sich über längere Zeiträume erstreckende und strukturell verfestigende Prozesse. Seiner Ansicht nach werden individuelle Armutsursachen von ökonomischen und sozialen Entstehungszusammenhängen überlagert.

Auf Basis des Sozio-Ökonomischen Panels (SOEP) stellten Corak et al. (2005) die Entwicklung von Kinderarmut über die Zeit hinweg dar. Bemerkenswert am Anstieg der Kinderarmut ist, dass er nicht von einer allgemeinen Zunahme der Armut in der Gesamtgesellschaft begleitet wird, d. h., das Phänomen betrifft vor allem Kinder bzw. Familien mit Kindern (vgl. Abb. 3).

Fertig und Tamm (2007, 2008) belegten in einer Fortschreibung dieser Analysen eine anhaltende Steigerung der Kinderarmutsquoten seit dem Jahr 2000 (auf 13,3 % in 2004). Vor allem aber untersuchten sie anhand des Sozio-Ökonomischen Panels die Verweildauer von Kindern in Armut und bildeten die Höhe sowie An- und Abstiege der (Kinder-)Armutsquoten je nach Haushaltstypen und Nationalität ab. Im Ergebnis sind signifikante Unterschiede zwischen Haushaltstypen und Nationalität zu finden. Wie in den Jahren zuvor gehören insbesondere Kinder Alleinerziehender zu den Armutsrisikogruppen (35–40 % im beobachteten Zeitraum). Bei Kindern in Paarhaushalten sind es nach ihren Berechnungen nur ca. 5 %, doch der weitere Anstieg der Kinderarmutsquoten seit 2000 betrifft hauptsächlich Kinder in Paarhaushalten (Fertig/Tamm 2008, 156). Auch die Lage der Kinder aus Zuwandererfamilien hat sich seit Mitte der 1990er Jahre verschlechtert. Sie sind nun deutlich häufiger von Armut betroffen als Kinder ohne Migrationshintergrund.

Darüber hinaus untersuchten Fertig und Tamm (2007, 2008) die Dynamik der Übergänge zwischen Armut und Nicht-Armut, u. a. in Abhängigkeit von ausgewählten Haushaltscharakteristika. Es zeigt sich wiederum, dass besonders Kinder von Alleinerziehenden stark von (dauerhafter) Armut betroffen sind, wesentlich häufiger in Armut hineingeboren werden, länger in Armut verweilen und nach einem Ausstieg schneller wieder in Armut einsteigen. Eine günstigere Entwicklung nehmen Kinder Alleinerziehender, wenn der Haushaltsvorstand vollzeitbeschäftigt ist und über eine hohe Schul- und Berufsausbildung verfügt. Mehr als die Nationalität beeinflussen die Armutserfahrung nach ihren Berechnungen die Unterschiede in anderen Haushaltscharakteristika, wie z. B. die Teilhabe des Haushaltsvorstands am Arbeitsmarkt. Fertig und Tamm fordern, dem Aspekt der Dauerhaftigkeit von Armut in der Berichterstattung künftig mehr Gewicht einzuräumen. Sie empfehlen daher, weitere Indikatoren wie die Arbeitslosenquote von Erwachsenen mit Kindern, Indikatoren zum Umfang der Arbeitszeit, Veränderungen bei der Scheidungsquote und der Anzahl der Ein-Eltern-Familien zu berücksichtigen.

Diese Analyse bestätigt die „vertikale Rigidität" (Hagen/Hock 1994), mit der insbesondere Personen mit niedrigen Bildungsabschlüssen kämpfen. Sie geraten wiederholt und schneller in Armut. Nach Geißler (2004) treffen Langzeitarbeitslosigkeit und überdauernde Armutslagen vor allem den Teil der Bevölkerung, der aus benachteiligten Elternhäusern stammt. Die intergenerative Verstetigung von Armutslagen und Rigidität sozialer Ungleichheit stellt nach wie vor die Realität dar.

Die bisherigen Ausführungen sind für die Frage, wie sich Armut auf Kinder und Jugendliche über einen längeren Zeitraum auswirkt, grundlegend. Armutsfolgen werden entscheidend vom Befinden im Hier und Jetzt, dem Zeitfaktor (Langzeitarmut? intergenerative Verstetigung? etc.) sowie der Verfügbarkeit über Handlungsalternativen geprägt. Zudem kann die gesamte Diskussion nicht abgehoben vom gesellschaftlichen Kontext stattfinden. Die Frage nach den Auswirkungen eines Aufwachsens in Armut zieht im zweiten Schritt nicht nur Fragen nach der Bewältigung von Armut auf der individuellen Ebene, sondern auch nach dem gesellschaftlichen Makrosystem und den notwendigen politischen Schritten nach sich, die einen dauerhaften Ausstieg aus der Armut begünstigen.

Diese Aspekte sind vor allem dann bedeutsam, wenn es um die Entwicklung von Präventionskonzepten geht. Werden sie nicht einbezogen, geraten alle Präventionsanstrengungen zu rein kompensatorischen Bemühungen ohne nachhaltige Erfolge.

4.2   Die Langzeitperspektive der AWO-ISS-Studie

Die Forschungsgrundlage, auf die man in Deutschland zurückgreifen kann, ist sehr schmal. Das gilt vor allem, wenn man die Forderungen der hier noch jungen Tradition der Kinderarmutsforschung einbezieht, Armuts- und Kindheitsforschung zu verknüpfen, konsequent die „Kindperspektive" einzunehmen, lebenslageorientiert vorzugehen und die individuelle Lebenslage möglichst vergleichend zu den jeweiligen Standards in der Gesellschaft in Beziehung zu setzen, um auch Aussagen über soziale Ungleichheiten machen zu können. Schritte in diese Richtung wurden mit der AWO-ISS-Studie unternommen.

In dieser Studie wurde das „Aufwachsen in Armut" zwischen Kindergartenzeit und Übergang von der Grundschule zur weiterführenden Schule untersucht, mittels der (wechselnden) Befragung von Erziehern/-innen, Eltern und Kindern im Alter von sechs, acht und zehn bzw. elf Jahren zu drei Messzeitpunkten (1999, 2001 und 2003/04). Die Methodik der Studie umfasste eine Querschnittsperspektive sowie eine Langzeitbeobachtung, anhand derer konkrete Beschränkungen in der Bildungsbeteiligung armer Kinder nachgewiesen werden konnten. Danach erhöht sowohl dauerhafte Armut wie auch ein Abstieg zuvor nicht-armer Kinder in die materielle Armut das Risiko, nicht versetzt zu werden. Neben der Bildungsbeteiligung wurden in den Befragungen die kulturelle, soziale und gesundheitliche Situation der Kinder, aber auch ihr familiärer Kontext sowie die Bewältigung der Armutslage durch die Kinder und der Zugang zu sozialen Diensten analysiert. Die Vertiefungsstudie im Jahr 2001 widmete sich besonders den individuellen Erscheinungsformen von Kinderarmut und deren Bewältigung.

Kennzeichnend für die AWO-ISS-Studie sind die Beachtung der Zeitperspektive und Handlungsoptionen sowie die Formulierung von Forderungen an die Politik. Im Verlauf der Studie wird ein kindbezogenes Armutskonzept entwickelt, das sich explizit auf die Lebenssituation und Lebenslage von Kindern bezieht und neben der materiellen Situation des Familienhaushalts die kulturelle, soziale und gesundheitliche Situation des Kindes berücksichtigt. Die Auswirkungen von Armut in dieser Lebensspanne werden in vier Dimensionen (materielle Grundversorgung, soziale,

Tab. 9: Dynamik von Armut und Wohlstand in den Familien von 1999–2003/04 (Holz et al. 2006: 121)

Familiäre Einkommenslage 1999 N– 500	Familiäres Einkommensniveau 2003/04				
	Armut <50%	Prekärer Wohlstand 50–75%	Unterer Durchschnitt 75–100%	Oberer Durchschnitt >100%	Gesamt
arm (N=116)	73,3%	17,2%	9,5%	0,0%	100,0%
nicht-arm (N=384)	19,3%	37,2%	21,9%	21,6%	100,0%

kulturelle und gesundheitliche Lage) gemessen, und es wird nach drei möglichen Entwicklungsrichtungen, d. h. „Aufstieg", „Abstieg" und „Konstanz" sowie nach den Lebenslagetypen „Wohlergehen", „Benachteiligung" und „multiple Deprivation" differenziert (Kap. 3.6).

Die Langzeitbeobachtung der Armutslagen zeigt, dass 73,3 % der im Jahr 1999 bereits armen Familien auch 2003/04 in Armut leben. Einen Aufstieg in den prekären Wohlstand (d. h. 50–75 % des Durchschnittseinkommens) schaffen 17,2 % und ein Aufstieg in den gesicherten Wohlstand gelingt für 9,5 %, wobei ihr Einkommensniveau weiterhin im unteren Durchschnitt liegt (Tab. 9).

Ein besonders hohes Risiko für ein „Aufwachsen in dauerhafter Armut" tragen Kinder aus Familien mit Migrationshintergrund (28,1 %), aus Ein-Eltern-Familien (33,7 %) und aus Familien mit mehr als drei Kindern (36,3 %). Im Gegensatz dazu haben 40,5 % der Kinder in Migrationsfamilien, 33,7 % der Kinder in Ein-Eltern-Familien und 37,6 % der Kinder mit mehr als zwei Geschwistern zu keinem der Messzeitpunkte Armutserfahrungen gemacht (Holz et al. 2006).

Die Dynamik in der Entwicklung der Kinder zwischen den beiden Untersuchungszeitpunkten ist nicht zu übersehen. Mehr als jedes zweite Kind wechselt den Lebenslagetypus. Unter den armen Kindern überwiegen die negativen Entwicklungen – d. h. Abstieg – während bei den nicht-armen Kindern der Aufstieg oder auch ein konstanter Verbleib im günstigeren Lebenslagetypus dominiert. Damit ergibt die Dynamik in den Lebenslagetypen folgendes Muster:

- Bei jedem zweiten Kind verfestigt sich die bereits im Vorschulalter erkennbare günstige bzw. ungünstige Gesamtlebenslage dauerhaft.
- Jedes fünfte arme Kind ist multipel depriviert. Aus den nicht-armen Familien betrifft dies nur jedes fünfzigste Kind.

Tab. 10: Risiko für Aufwachsen in dauerhafter Armut nach Familientyp (Holz et al. 2006: 122)

Familiäre Einkommenslage 1999-2003/04 N-500	Familientypen		
	Migrations- hintergrund	Alleinerziehend	Mehr als zwei Kinder
Dauerhaft arm	28,1 %	34,1 %	36,3 %
Dauerhaft nicht-arm	40,5 %	45,5 %	37,6 %
Zeitweise arm	31,4 %	20,4 %	26,1 %

- Jedes vierte Kind erlebt als Konsequenz des Abstiegs in die Armut eine Verschlechterung der materiellen Grundversorgung.
- Aufstiege aus der multiplen Deprivation in „Benachteiligung" bzw. „Wohlergehen" finden sich eher bei nicht-armen Kindern.
- Abstiege aus „Wohlergehen" oder „Benachteiligung" finden sich eher bei armen Kindern und insbesondere bei Kindern mit Migrationshintergrund sowie aus Ein-Eltern-Familien.
- Arme Mädchen (58,2 %) wechseln häufiger den Lebenslagetyp als arme Jungen (46,3 %) sowie beide Geschlechter häufiger als ihre nicht-armen Geschlechtsgenossen. Der Verlauf ist bei armen Jungen wie Mädchen negativ, d. h., es überwiegt der Abstieg, bei Mädchen vor allem in der gesundheitlichen, bei Jungen in der sozialen Lage.

Dauerhafte Armut ist am stärksten mit konstanter Auffälligkeit in der kulturellen Lage, d. h. sowohl bei Lern- und Erfahrungsmöglichkeiten wie auch bei Lernkompetenzen und Schulerfolg, verknüpft, gefolgt von einer Auffälligkeit in der materiellen Grundversorgung. Die Beeinträchtigung der Lebenschancen über die Grundschulzeit hinaus ist also vorhersagbar. Der mit dauerhafter Armut einhergehende Schwund an materiellen Ressourcen in der Familie führt zu fortwährenden Einschränkungen vor allem in der materiellen Grundversorgung und bei den sozialen und kulturellen Ressourcen der Kinder, die sich zum Zeitpunkt des schulischen Übergangs im Freizeitbereich oder im schulischen Bereich manifestieren.

Es gibt jedoch auch Ressourcen, die einen Aufstieg der armen Kinder im Lebenslagetypus begünstigen können, wie eine Analyse der schützenden Faktoren zeigt. Im Gegensatz zu nicht-armen Kindern, die vor allem soziale Unterstützung innerhalb der Familie und ein eigenes soziales Netzwerk für den Aufstieg in einen höheren Lebenslagetypus nutzen konnten, liegen die Chancen für arme Kinder vorwiegend im Zugang zu kulturellen Ressourcen, etwa im schulischen Bereich. Kostenlose Hausaufgabenhilfe und Unterstützung bei der Entwicklung von Lern- und Sozialkompetenzen können dazu beitragen, den Abstieg zu vermeiden – ergänzt durch eine positive Gestaltung des schulischen Kontextes, gemeint sind Klassen- und Schulklima, die Integration fördert (Holz et al. 2006). Im Bereich der kindbezogenen Faktoren sind es primär soziale Kompetenzen, die diese Entwicklung begünstigen.

4.3 Kinderarmut – Familienarmut: Ein kurzer Forschungsüberblick

4.3.1 Das DJI-Kinderpanel

Kinderarmut wurde in Deutschland in der Forschung vor allem im Kontext von Familienarmut thematisiert. Zur Betrachtung als eigenständiges soziales Problem, eventuell noch unter dem Aspekt der Langzeitwirkungen, fehlten die notwendigen grundlegenden Daten. Erst in jüngerer Zeit sind Datenbanken wie der Familien- und Jugendsurvey des Deutschen Jugendinstituts (DJI) oder das Kinderpanel des DJI (2001 bis 2006) entstanden. Als Beitrag zur Sozialberichterstattung über Kinder gedacht, bietet es Einblicke in die Bedingungen des Aufwachsens aus Sicht der Kinder und nimmt dazu eine entwicklungsorientierte, längsschnittliche Perspektive ein, die auf den Ergebnissen von drei Erhebungswellen beruht; d.h. die Kinder werden im Zeitraum zwischen den Übergängen vom Kindergarten in die Grundschule bzw. von der Grundschule in die Sekundarstufe I untersucht. Dabei stehen die Sichtweisen von Kindern auf Familie, Gleichaltrige und Schule als zentrale Dimensionen des Lebens im Zentrum des Erkenntnisinteresses. Bezüglich der Folgen von Armut für die kindliche Entwicklung wurde festgestellt, dass primär die Dauer der Armut, dann die Bildung der Mutter und schließlich der Familientyp wirken. Bei Jungen sind im Wesentlichen die Faktoren Dauer der Armut und Familientyp entscheidend, bei Mädchen zusätzlich auch die Bildung der Mutter (Alt 2008). Es konnten u. a. signifikante Zusammenhänge zwischen Intensität und Dauer der Armut einerseits sowie Wohlbefinden und Schulleistungen der Kinder andererseits belegt werden. Weitere Beeinträchtigungen sind in den geringeren Selbstwirksamkeitserwartungen sowohl aus Sicht der Kinder wie auch der Mütter aus dauerhaft armen Familien zu sehen (Alt 2008). Vor allem starke Schwankungen in der wirtschaftlichen Situation einer Familie bei trotzdem anhaltender Armut führen anscheinend zu starkem Stress und damit zur Beeinträchtigung des Wohlbefindens von Kindern. Anhaltende Armut in der Grundschulzeit und auch das subjektive Erleben von Verarmung führten zur Beeinträchtigung der schulischen Leistungen. Nach dem Urteil der

Mütter starten die Kinder bei anhaltender Armut beim Eintritt in die Grundschule bereits mit Benachteiligungen, die u.a. zu Leseschwächen führen (Beisenherz 2007).

4.3.2 Meilensteine der internationalen Forschung

Britische und US-amerikanische Wissenschaftler/-innen können für ihre Studien bereits seit Jahrzehnten auf langjährige Datensammlungen zurückgreifen. In der amerikanischen Studie „Children of the Great Depression" wurden die Auswirkungen ökonomischer Deprivation und die Folgen in den Lebensverläufen betroffener Kinder und Jugendlicher untersucht. Dazu wurden Datenerhebungen genutzt, die schon zu Beginn der 1930er Jahre begonnen und bis in die 1960er Jahre fortgeführt wurden. Glen Elder hat diese Daten für seine Studie genutzt und zwei Kohorten untersucht, die zum Zeitpunkt der Wirtschaftskrise im Kindes- bzw. im Jugendalter waren. Dabei ist er zu äußerst interessanten Ergebnissen gekommen, die er konsequent immer wieder mit der gesellschaftlichen Historie in Verbindung gebracht hat. Er sieht die Armutslage als familiäres, gesellschaftlich bedingtes Krisenerleben mit Konsequenzen für die innerfamiliären Beziehungen und den Entwicklungsverlauf von Kindern. Zu den wesentlichen Befunden Elders gehört die Erkenntnis, dass materielle Armut und die Erfahrung eines sozialen Abstiegs das Familienklima, die Paarbeziehung, die Eltern-Kind-Beziehung und damit die gesamte kindliche Entwicklung negativ beeinflussen können. Dies gilt vor allem, wenn die Paar-Beziehung schon vor Eintritt dieser Krise beeinträchtigt war. Außerdem wirkten sich Armutserfahrungen unterschiedlich aus, je nach Geschlecht und Alter des Kindes. Auswirkungen äußerten sich bei Jungen im Kindesalter beispielsweise in negativen Selbstbildern in Form von persönlichen und sozialen Minderwertigkeitsgefühlen, Vermeidungstendenzen und selbstzerstörerischem Verhalten, die jedoch erst im Jugendalter wirklich sichtbar wurden (Elder/Caspi 1991). Diese Jungen zeigten als Jugendliche und junge Erwachsene auch geringere Bildungsaspirationen, obwohl sich ihre Intelligenz nicht von der Gleichaltriger unterschied.

Im Gegensatz dazu waren die Unterschiede zwischen Mädchen aus armen Familien zu nicht-armen gleichaltrigen Mädchen gering. Elder bietet als Erklärung die veränderte Rolle der Mutter in Haushalt und Familie an, deren Bedeutung nach dem Wegfall der Ernährerposition des Vaters zunahm und an der sich die Mädchen im Kindesalter orientieren konnten.

In Großbritannien hat Ingrid Schoon (2006) den Einfluss gesellschaftlicher Rahmenbedingungen und familiär erlebter sozialer Benachteiligung auf die individuellen Lebensverläufe von Kindern bis ins Erwachsenenalter hinein untersucht. Auch sie konnte sich dazu auf umfassende Datenerhebungen beziehen und nutzte sie, um die Entwicklungsverläufe von Kindern aus den Geburtsjahrgängen 1958 und 1970 zu vergleichen. Gleichzeitig stellt sie innerhalb der Kohorten die Lebensverläufe der Kinder unterschiedlicher sozialer Statusgruppen einander gegenüber und konzentrierte sich dabei vor allem auf Kinder, die seit frühester Kindheit in sozioökonomisch benachteiligten Familienverhältnissen lebten. Ihr besonderes Interesse richtete sich auf Resilienzprozesse in der Entwicklung der Kinder (Kap. 8) und den Zusammenhang von sozialer Benachteiligung, individueller Bewältigung und Entwicklung im Lebensverlauf, wobei ihre Ergebnisse vor allem die Schullaufbahn der Kinder sowie deren spätere berufliche Position und das Wohlbefinden im Erwachsenenalter betrafen. Im schulischen Bereich zeigten die Kinder beider Untersuchungsjahrgänge, die zu Beginn ihres Lebens sozioökonomisch benachteiligt waren, niedrigere Leistungen. Es gab jedoch auch innerhalb dieser Gruppe Unterschiede im schulischen Erfolg und Schoons Forschung liefert Belege dafür, dass die schulische Leistungsfähigkeit durch das familiale Umfeld, den weiteren sozialen Kontext sowie durch eine frühe Förderung psychosozialer Ressourcen trotz sozioökonomischer Benachteiligung wirksam beeinflusst werden kann. Die unterschiedlichen Auswirkungen dieser Benachteiligung je nach Geschlecht, konnte sie jedoch nicht für beide Kohorten bestätigen. Unterschiede zwischen beiden Geburtsjahrgängen führt sie ebenso wie Glen Elder auf den sozial-historischen Kontext zurück, in dem sich Mädchen und Jungen entwickelten.

Schoon nutzte die Datensammlungen außerdem zur Untersuchung von Wohlbefinden und Gesundheit im Lebensverlauf anhand von Faktoren wie Stressempfinden, Zufriedenheit und Kontrollüberzeugung und fand einen überdauernden Zusammenhang zwischen sozioökonomischer Benachteiligung im frühen Kindesalter und geringerem Wohlbefinden im mittleren Erwachsenenalter im Vergleich zu Kindern aus damals privilegierteren Familien. Zu ihren wesentlichen Ergebnissen gehört, dass die frühen Erfahrungen von sozialer Benachteiligung nicht völlig überwunden werden konnten und individuell erworbene Bewältigungsformen aus der frühen Kindheit im Lebensverlauf überdauern. Auch die frühe schulische Leistungsfähigkeit trotz sozioökonomischer Benachteiligung, die man z.B. als Prädiktor für Resilienz bezeichnen könnte, kann nicht helfen, diese Benachteiligung komplett zu überwinden.

> „The findings suggest that the experience of early social disadvantage has life-long consequences and that young people from relatively disadvantaged family backgrounds who showed early academic resilience are not able to completely overcome the impact of early socio-economic disadvantage." (Schoon 2006, 120)

In der längsschnittlichen Untersuchung von Edelstein et al. wurden multiple Benachteiligungen isländischer Kinder aus Armutsmilieus im Bereich der kognitiven Entwicklung und der schulischen Leistungsentwicklung im Bildungsverlauf bestätigt. Es zeigte sich dabei interessanterweise auch, dass dies im Vergleich zu den Kindern höherer Statusgruppen weniger die kognitive Entwicklung als die schulische Leistungsentwicklung betraf. Dieser Rückstand im schulischen Bereich trat bereits zu Beginn des Bildungsverlaufs ein und wird von den Forschern vor allem mit den Einflüssen der familiären Sozialisation erklärt (Grundmann 1998). Neuere Ausführungen Grundmanns gehen noch darüber hinaus und belegen, dass materielle Armut einen massiven Effekt auf den Bildungsverlauf hat und häufig auch unabhängig von der sozialen Herkunft oder von Faktoren wie Familienklima das Risiko erhöht, nicht über die Hauptschule hinaus zu gelangen (Groh-Samberg/Grundmann 2006).

4.4   Dauerhafte Spuren eines Aufwachsens in Armut

Der kurze Überblick über Studien zur Langzeitwirkung von Armut zeigt: Armut, vor allem ein Aufwachsen in dauerhafter Armut, verschärft jede Auffälligkeit und das bereits sehr früh. Bei jedem zweiten Kind verfestigt sich die schon im Vorschulalter erkennbare günstige/ungünstige Gesamtlebenslage dauerhaft. Bei anhaltender Armut starten die Kinder beim Eintritt in die Grundschule bereits mit Benachteiligungen. Die Lebenslage von Kindern mit Migrationshintergrund verschlechtert sich anhaltend gegenüber Kindern ohne Migrationshintergrund. Die Risiken betreffen die materielle Versorgung, den Bildungserfolg und den Zugang zu sozialer Unterstützung. Es kann sogar belegt werden, dass Armut dauerhafte Spuren hinterlässt, wie z. B. ein geringeres Wohlbefinden im Erwachsenenalter, die über Jahrzehnte verfolgt werden können. Kumulative Effekte entstehen durch ein Zusammenspiel mehrerer Risikofaktoren wie ein niedriger sozioökonomischer Status, ein ungünstiger Familienhintergrund, ein niedriger mütterlicher Bildungsstatus. Generell gilt jedoch auch für arme wie nicht-arme Kinder, dass eine höhere Anzahl schützender Faktoren einen Aufstieg in einen höheren Lebenslagetypus begünstigt. Wie die AWO-ISS-Studie belegen konnte, wirken familiale Schutzfaktoren, wie Unterstützung und Förderung durch die Eltern und Antizipation von Rückhalt in der Familie besonders förderlich. Die hier vorgestellten Studien liefern Hinweise und Ansatzpunkte für Intervention und Prävention in diesem Feld. Für eine längerfristige und gezielte Planung sind weitere, umfassende Daten notwendig und eine Berichterstattung, die Indikatoren aus verschiedenen Ressorts wie Bildung, Gesundheit, Soziales erfasst und ein zusammenhängendes Bild ergibt. Vor allem wird aber eine Politik gebraucht, die diese Ergebnisse nicht ignoriert.

Literatur

Alt, C. (Hrsg.) (2008): Kinderleben – Individuelle Entwicklungen in sozialen Kontexten, Bd. 5. VS Verlag, Wiesbaden

Beisenherz, G. H. (2007): Wohlbefinden und Schulleistung von Kindern armer Familien. In: Alt, C. (Hrsg.): Kinderleben – Start in die Grundschule, Bd. 3. VS Verlag, Wiesbaden, 189–210

Buhr, P. (1998): Übergangsphase oder Teufelskreis? Dauer und Folgen von Armutsphasen bei Kindern. In: Klocke, A., Hurrelmann, K.: Kinder und Jugendliche in Armut. Westdeutscher Verlag, Wiesbaden, 72–86

Busch-Geertsema, V., Ruhstrat, E.-U. (1992): Kein Schattendasein für Langzeitarme! Wider die Verharmlosung von Langzeitarmut im Zusammenhang mit der „dynamischen Armutsforschung". Nachrichtendienst des Deutschen Vereins für öffentliche und private Fürsorge 72, 366–370

Butterwegge, C. (2003): Globalisierung, Sozialstaatsentwicklung und Kinderarmut. In: www.gesundheitberlin.de/index.php4?request=themen&topic=766&type=infotext, 09.01.2010

Edelstein, W., Keller, M., Schröder, E. (1990): Child Development and Social Structure: A Longitudinal Study of Individual Differences. In: Baltes, P., Featherman, D., Lerner. R.: Life-Span Development and Behavior. Vol. 10, Hillsdale, New York, 152–185

Elder, G., Caspi, A. (1991): Lebensverläufe im Wandel der Gesellschaft: Soziologische und psychologische Perspektiven. In: Engfer, A., Minsel, B., Walper, S. (Hrsg.): Zeit für Kinder! Kinder in Familie und Gesellschaft. Beltz, Weinheim, 32–60

Corak, M., Fertig, M., Tamm, M. (2005): A Portrait of Child Poverty in Germany. RWI Discussion Papers No. 26. Rheinisch-Westfälisches Institut für Wirtschaftsforschung, Essen

Fertig, M., Tamm, M. (2008): Die Verweildauer von Kindern in prekären Lebenslagen. In: Bertram, H.: Mittelmaß für Kinder. Der UNICEF-Bericht zur Lage der Kinder in Deutschland. C. H. Beck, München, 152–166

–, – (2007): Always Poor or Never Poor and Nothing Between? Duration of Child Poverty in Germany. RWI Discussion Papers No. 56. Rheinisch-Westfälisches Institut für Wirtschaftsforschung, Essen.

Geißler, R. (2004): Armut in der Wohlstandsgesellschaft. In: Informationen zur politischen Bildung 269. In: http://www.bpb.de/publikationen/5EKME5,0,Armut_in_der_Wohlstandsgesellschaft.html, 21.06.2010

Gerstenberger, H. (1997): Die dynamische Armutsforschung und das Elend der Welt. In: Leviathan – Berliner Zeitschrift für Sozialwissenschaften 22, 7–16

Grundmann, M. (1998): Milieuspezifische Einflüsse familialer Sozialisation. In: Klocke, A., Hurrelmann, K.: Kinder und Jugendliche in Armut. Westdeutscher Verlag, Wiesbaden, 161–182

Groh-Samberg, O., Grundmann, M. (2006): Soziale Ungleichheit im Kindes- und Jugendalter. Aus Politik und Zeitgeschichte 26, 11–18

Hagen, C., Hock, B. (1994): Dynamik von Armut in einer hessischen Kleinstadt. Sozialhilfeverläufe und –Karrieren. Deutscher Verein für öffentliche und private Fürsorge. DDD 34. Frankfurt/M.

Holz, G., Richter, A., Wüstendorfer, W., Giering, D. (2006): Zukunftschancen für Kinder. ISS-Eigenverlag, Frankfurt/M.

Leibfried, S., Leisering, L. (1995): Die vielen Gesichter der Armut. Neue Praxis 3, 302–306

Schoon, I. (2006): Risk and Resilience. Adaptions in Changing Times. Cambridge Univ. Press, Cambridge

5   Armut bei Kindern und Gesundheitsfolgen

Von Thomas Lampert und Matthias Richter

Im heutigen Deutschland kommen die allermeisten Kinder gesund zur Welt und wachsen auch gesund auf. Durch die Verbesserung der allgemeinen Lebensbedingungen und der medizinischen Versorgung konnten im Laufe des 20. Jahrhunderts viele der gerade im Kindesalter folgenreichen Infektionskrankheiten zurückgedrängt und die Säuglings- und Kindersterblichkeit stark eingeschränkt werden. In den letzten Jahren ist es vor allem der Stärkung der Prävention und Gesundheitsförderung sowie der zunehmenden Ausrichtung auf das Kindes- und Jugendalter als in vielerlei Hinsicht prägender Lebensphase zu verdanken, dass sich die gesundheitliche Situation junger Menschen weiter verbessert hat.

Andererseits ist auch in Deutschland zu beobachten, dass Kinder und Jugendliche, die in Armut aufwachsen, deutlich schlechtere Gesundheitschancen haben (Klocke/Lampert 2005; Richter 2005). Armut bedeutet heute zwar zumeist keine existenzielle Bedrohung mehr, geht aber in vielen Bereichen mit einer Unterversorgung und verminderten Teilhabemöglichkeiten einher. Für Kinder und Jugendliche äußert sich dies z. B. darin, dass sie sich viele Konsumgüter und Freizeitaktivitäten, die für Gleichaltrige aus ökonomisch besser gestellten Familien selbstverständlich sind, nicht leisten können. Mit Blick auf die gesundheitliche Entwicklung noch wichtiger sind aber die negativen Auswirkungen auf das Familienleben, die für die Heranwachsenden in mangelnder Unterstützung und Anregung, häufigen Konflikten und Belastungen sowie einem autoritären Erziehungsstil der Eltern zum Ausdruck kommen. Ebenso nachhaltig machen sich Auswirkungen auf die Bildungschancen bemerkbar. Die PISA-Studien belegen regelmäßig, dass in Armut aufwachsende Kinder deutlich schlechtere schulische Leistungen erbringen und weitaus geringere Aussichten auf hochwertige Bildungsabschlüsse haben. Damit sinken die Möglichkeiten, sich eine eigene Lebensperspektive zu erschließen und der Armut zu entrinnen.

Welche Bedeutung einer Armutslage für die gesundheitliche Entwicklung von Kindern und Jugendlichen zukommt, lässt sich mit zahlreichen Forschungsergebnissen veranschaulichen. Nachfolgend wird dazu auf die Ergebnisse der Einschulungsuntersuchungen des Öffentlichen Gesundheitsdienstes, wissenschaftlicher Auswertungen von Krankenkassendaten sowie auf Befunde epidemiologischer Studien, insbesondere der von der

WHO koordinierten Studie „Health Behaviour in School-aged Children"
(HBSC) und des vom Robert Koch-Institut durchgeführten „Kinder- und
Jugendgesundheitssurveys" (KiGGS), zurückgegriffen.

5.1 Entwicklungsstörungen und Krankheiten

Die gesundheitlichen Konsequenzen von Armut zeichnen sich bereits im
Vorschulalter ab. Im Rahmen der Brandenburger Einschulungsuntersuchungen wurde im Jahr 2005 bei 56 % der Kinder aus Familien mit niedrigem Sozialstatus mindestens eine medizinisch relevante Entwicklungsver-
zögerung oder Gesundheitsstörung festgestellt. Bei Kindern aus Familien
mit mittlerem oder hohem Sozialstatus traf dies auf 44 % bzw. 39 % zu.
Eine ärztliche Empfehlung für eine weitere Diagnostik bzw. Behandlung
wurde gegenüber 10 % der Kinder aus der niedrigen im Vergleich zu 4 %
derjenigen aus der hohen Statusgruppe ausgesprochen. Besonders deutlich
kommen die statusspezifischen Unterschiede bei Sehstörungen, Sprach-,
Sprech- und Stimmstörungen, intellektuellen Entwicklungsverzögerungen, emotionalen und sozialen Störungen sowie psychiatrischen Auffälligkeiten zum Ausdruck (Abb. 4).

Auch für einige chronische Krankheiten konnte ein verstärktes Auftreten
bei Kindern aus Familien mit niedrigem Sozialstatus festgestellt werden, so
z. B. für Diabetes, Psoriasis, zerebrales Anfallsleiden, bronchitisches Syn-

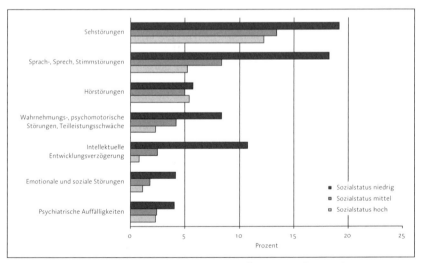

Abb. 4: Entwicklungsstörungen bei Einschülern/-innen nach Sozialstatus
(Datenbasis: Brandenburger Einschulungsuntersuchungen 2005; LGA 2005)

drom sowie Fehler und Erkrankungen des Herzens (LGA 2005). Atopische und allergische Erkrankungen hingegen betreffen häufiger Kinder aus der mittleren und hohen Statusgruppe. Sie stellen damit hinsichtlich ihres sozialen Verteilungsmusters unter den chronischen Krankheiten eine der wenigen Ausnahmen dar, und zwar nicht nur im Kindes- und Jugendalter, sondern auch im Erwachsenenalter.

Aussagen über akute Erkrankungen sind mit Daten der KiGGS-Studie, die in den Jahren 2003 bis 2006 erhoben wurden, möglich. Für die meisten Erkrankungen, darunter auch typische Kinderkrankheiten, konnte kein Zusammenhang zum sozialen Status festgestellt werden. Ausnahmen waren Erkältungen, Bindehautentzündungen, Windpocken und Scharlach, die etwas häufiger bei Kindern in den hohen Statusgruppen auftraten, sowie Angina und Masern, von denen die Heranwachsenden aus statusniedrigen Familien vermehrt betroffen waren (Schlaud et al. 2007).

5.2 Unfälle und Verletzungen

Unfälle und daraus resultierende Verletzungen stellen im Kindes- und Jugendalter den häufigsten Grund für eine Krankenhauseinweisung und die mit Abstand bedeutendste Todesursache dar (Robert Koch-Institut 2004). Mit Routinedaten der AOK-Mettmann aus den Jahren 1987 bis 1996 konnte gezeigt werden, dass Kinder von Eltern mit niedrigem beruflichen Status häufiger wegen einer Unfallverletzung in ein Krankenhaus eingewiesen und dort länger behandelt werden als Kinder von Eltern mit hohem Berufsstatus (Geyer/Peter 1998). Dass Kinder aus sozial benachteiligten Familien einem erhöhten Unfallrisiko unterliegen, wird auch durch die Brandenburger Einschulungsuntersuchungen bestätigt. Für die Jahre 2001 bis 2005 lässt sich zeigen, dass Kinder aus den niedrigen Statusgruppen etwa doppelt so häufig im Straßenverkehr verunglücken wie die Gleichaltrigen aus den hohen Statusgruppen. Auch für Verbrühungen wurde ein verstärktes Vorkommen in der niedrigsten Statusgruppe festgestellt (LGA 2005). In der KiGGS-Studie konnte dagegen kein Zusammenhang zwischen dem Unfallgeschehen und dem sozialen Status beobachtet werden, auch nicht bei differenzierter Betrachtung nach Unfallort und Unfallfolgen. Statusspezifische Unterschiede zeigen sich allerdings bei den ergriffenen Maßnahmen zum Schutz vor Unfällen. So tragen Kinder und Jugendliche aus Familien mit hohem Sozialstatus deutlich häufiger einen Helm beim Fahrradfahren und verwenden eher Protektoren beim Inlineskaten (Kahl et al. 2007).

5.3   Psychische und Verhaltensauffälligkeiten

Zu den Themenbereichen, in die die KiGGS-Studie neue Einblicke eröffnet, gehören psychische und Verhaltensauffälligkeiten (Hölling et al. 2007).
Unter Berücksichtigung von Informationen zu emotionalen Problemen,
Verhaltensproblemen, Hyperaktivität und Problemen mit Gleichaltrigen
zeigt sich, dass Kinder und Jugendliche aus statusniedrigen Familien deutlich häufiger psychisch und verhaltensauffällig sind als die sozial besser gestellten Gleichaltrigen (Tab. 11).

Mit den KiGGS-Daten lässt sich darüber hinaus ein Verdacht auf Essstörungen, insbesondere Bulimie und Magersucht, ermitteln (Hölling/Schlack
2007). Demnach finden sich bei 20 % der 11- bis 17-jährigen Jungen aus der
niedrigen Statusgruppe Hinweise auf ein essgestörtes Verhalten im Vergleich zu 9 % der gleichaltrigen Jungen aus der hohen Statusgruppe. Bei
Mädchen, die insgesamt häufiger betroffen sind als Jungen, betragen die
Vergleichswerte 36 % gegenüber 23 %.

Deutliche statusspezifische Unterschiede lassen sich auch in Bezug auf

Geschlecht/ Status	Emotionale Probleme	Verhaltens- probleme	Hyper- aktivität	Probleme mit Peers
Jungen				
Niedriger Sozialstatus	11,4	24,8	16,3	19,0
Mittlerer Sozialstatus	8,2	16,2	10,1	11,7
Hoher Sozialstatus	6,0	12,8	6,6	9,0
Mädchen				
Niedriger Sozialstatus	13,8	17,8	8,0	15,5
Mittlerer Sozialstatus	8,7	11,2	4,4	7,9
Hoher Sozialstatus	6,8	7,2	2,5	7,3

Tab. 11: Psychische und Verhaltensauffälligkeiten bei 3- bis 17-jährigen Jungen
und Mädchen nach Sozialstatus (in Prozent) (Datenbasis: Kinder- und Jugendgesundheitssurvey 2003–06)

Gewalterfahrungen ausmachen, die in der KiGGS-Studie sowohl aus der Täter- als auch der Opferperspektive beleuchtet wurden (Schlack/Hölling 2007). Jugendliche aus der niedrigen Statusgruppe waren nach eigener Angabe zu 12 % mindestens einmal im letzten Jahr Opfer von Gewalt im Vergleich zu 8 % der Gleichaltrigen aus der hohen Statusgruppe. Dass sie Gewalt ausgeübt haben, gaben 27 % der Jugendlichen aus statusniedrigen Familien an, in den statushohen Familien waren es 15 % der Jugendlichen. Noch stärkere Unterschiede nach dem sozialen Status lassen sich in Bezug auf die Rechtfertigung von Gewaltanwendung als Mittel, um eigene Interessen durchzusetzen oder auf Beleidigungen zu reagieren, beobachten.

5.4 Ernährung, Bewegung und Übergewicht

Eine defizitäre Ernährung und mangelnde körperliche bzw. sportliche Aktivität sind zentrale Ursachen für Übergewicht im Kindes- und Jugendalter sowie assoziierte Krankheiten und Gesundheitsprobleme im späteren Leben. Soziale Unterschiede in der Ernährung lassen sich mit den Ergebnissen der HBSC-Studie aus dem Jahr 2006 belegen. Demnach essen Jugendliche aus Familien mit niedrigem Wohlstand seltener Obst, konsumieren aber deutlich häufiger Süßigkeiten und Süßgetränke als die Gleichaltrigen aus den besser gestellten Wohlstandsgruppen (Richter 2005). Außerdem gehen sie an Schultagen häufiger ohne Frühstück aus dem Haus. Auch die Ergebnisse der KiGGS-Studie zeigen, dass Kinder und Jugendliche aus sozial benachteiligten Familien seltener Lebensmittel konsumieren, die aufgrund ihrer Nährstoffdichte als physiologisch hochwertig einzustufen sind, während sie Lebensmittel mit hoher Energiedichte, einem hohen Fettanteil und niedrigem Nährstoffgehalt häufiger verzehren (Mensink et al. 2007).

Bezüglich des Bewegungsverhaltens zeigen die Ergebnisse der KiGGS-Studie vor allem im Kindesalter deutlich soziale Unterschiede auf. Während ein Drittel der 3- bis 10-jährigen Jungen und Mädchen aus der unteren Statusgruppe weniger als einmal in der Woche Sport treibt, trifft dies in der hohen Statusgruppe lediglich auf ein Siebtel der Kinder zu. Die stärksten statusspezifischen Unterschiede finden sich beim Vereinssport. Im Jugendalter lässt sich nur ein schwacher Zusammenhang zwischen dem Bewegungsverhalten und dem sozialen Status feststellen. Dies gilt auch, wenn neben dem Sport zusätzlich die körperliche Betätigung in der Freizeit betrachtet wird (Lampert et al. 2007). Bestätigen lässt sich dies mit den Ergebnissen der HBSC-Studie aus dem Jahr 2006: Der Anteil der 11- bis 15-jährigen Jugendlichen, die jeden Tag körperlich-sportlich aktiv sind, betrug in allen Wohlstandsgruppen bei Jungen um die 20 % und bei Mädchen um die 14 %.

Die verlässlichste Basis zur Abschätzung der Verbreitung von Übergewicht in der heranwachsenden Generation wird zurzeit durch die KiGGS-
Studie bereitgestellt (Kurth/Schaffrath-Rosario 2007). Jungen und Mädchen
im Alter von drei bis 17 Jahren, die in Familien mit niedrigem Sozialstatus
aufwachsen, sind demnach zu 20% bzw. 22% übergewichtig. Die Vergleichswerte für Jungen und Mädchen aus Familien mit hohem Sozialstatus
betragen 10% bzw. 9%. Einen noch deutlicheren Ausdruck erfahren die
sozialen Differenzen, wenn Adipositas betrachtet wird: In der niedrigen
Statusgruppe sind 9% der Jungen und 11% der Mädchen betroffen, in den
hohen Statusgruppen hingegen nur 4% bzw. 3% der Gleichaltrigen (Abb. 5).

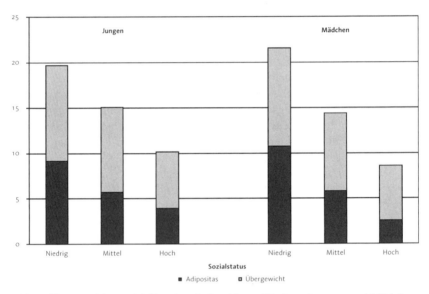

Abb. 5: Übergewicht und Adipositas bei 3- bis 17-jährigen Jungen und Mädchen
nach Sozialstatus (Datenbasis: Kinder- und Jugendgesundheitssurvey 2003–06)

5.5   Tabak-, Alkohol- und Drogenkonsum

Für den Tabak-, Alkohol- und Drogenkonsum kommt dem Jugendalter
entscheidende Bedeutung zu, weil in dieser Zeit die ersten Erfahrungen mit
diesen Substanzen gemacht werden und sich Einstellungen und Konsum-
muster ausbilden, die sich im weiteren Lebenslauf als überaus stabil erweisen. Soziale Unterschiede im Substanzgebrauch lassen sich den vorliegenden Forschungsergebnissen zufolge weniger am sozialen Status oder
familiären Wohlstand festmachen als an der von den Jugendlichen besuchten Schulform. So konnte im Rahmen der HBSC-Studie aus dem Jahr 2002

gezeigt werden, das 11- bis 15-jährige Jungen und Mädchen, die auf ein Gymnasium gehen, deutlich seltener rauchen als die Gleichaltrigen, die andere Schulformen besuchen (Tab. 12). In Bezug auf den Alkohol- und Cannabiskonsum hingegen konnten keine bedeutsamen Unterschiede nach der besuchten Schulform festgestellt werden.

Auch in der „Europäischen Schülerstudie zu Alkohol und anderen Drogen" (ESPAD) fanden sich die niedrigsten Raucherquoten bei Gymnasiasten und Gymnasiastinnen (BMGS 2004). Wenn sie rauchten, gehörten sie seltener zu den starken Rauchern, hatten später mit dem Rauchen begonnen und unterschätzten zu einem geringeren Anteil die mit dem Rauchen verbundenen Gesundheitsrisiken. Darüber hinaus zeigt die ESPAD-Studie, dass Jungen und Mädchen auf einem Gymnasium zwar ebenso häufig Alkohol konsumieren wie die Gleichaltrigen auf anderen Schulformen, sie fallen aber seltener durch riskante Trinkmuster auf und berichten seltener von Problemen infolge des Alkoholkonsums, wie z. B. Unfälle oder Auseinandersetzungen mit Gleichaltrigen. Neben der Schulform lassen sich eine Reihe anderer Faktoren identifizieren, die für den Tabak-, Alkohol- und Drogenkonsum von Bedeutung sind. Die Ergebnisse der KiGGS-Studie weisen diesbezüglich vor allem auf die Vorbildfunktion der Eltern und die Rolle der Peergroup hin (Lampert 2008). In der HBSC-Studie stellten sich auch schulbezogene Faktoren wie der Schulerfolg und die Unterrichtsqualität als relevant heraus (Richter/Lampert 2008).

Geschlecht/ Schulform	Tabakkonsum (wöchentlich)	Alkoholkonsum (wöchentlich)	Cannabiskonsum (im letzten Jahr)
Jungen			
Gymnasium	8,5	15,6	20,0
Andere Schulform	18,5	16,1	23,1
Mädchen			
Gymnasium	9,5	9,8	15,5
Andere Schulform	19,2	11,2	14,5

Tab. 12: Tabak-, Alkohol- und Cannabiskonsum bei 11- bis 15-jährigen Jungen und Mädchen nach besuchter Schulform (in Prozent) (Datenbasis: HBSC-Studie 2002; Richter/Hurrelmann 2004).

5.6   Ressourcen der Gesundheit

Armut und soziale Benachteiligung wirken sich nicht zwangsläufig auf die gesundheitliche Entwicklung von Kindern und Jugendlichen aus. Sehr viel hängt davon ab, über welche Ressourcen und Kompetenzen die Heranwachsenden verfügen können, um die aus einer benachteiligten Lebenslage resultierenden Belastungen und Anforderungen zu bewältigen. Besondere Bedeutung dürfte dabei der sozialen Einbindung, Teilhabe und Unterstützung zukommen, die in den letzten Jahren zunehmend unter dem Stichwort „soziales Kapital" diskutiert werden. In der HBSC-Studie wurden in diesem Zusammenhang auf Vertrauen und Unterstützung basierende Sozialbeziehungen in der Familie, im Freundeskreis, in der Nachbarschaft und in Institutionen wie Vereinen, Jugendclubs oder Jugendgruppen analysiert. Die Ergebnisse aus dem Jahr 2002 zeigten, dass Jugendliche, die über ein hohes soziales Kapital verfügen, einen besseren Gesundheitszustand haben und sich seltener gesundheitsriskant verhalten. Dieser positive Einfluss des Sozialkapitals ließ sich für alle Wohlstandsgruppen belegen, also auch für Jugendliche, die in einer Armutslage aufwachsen. Außerdem zeigten sich bei einer gleich guten Kapitalausstattung keine bedeutsamen Gesundheitsunterschiede zwischen den Heranwachsenden der verschiedenen Wohlstandsgruppen (Klocke/Becker 2003).

Ähnliche Ergebnisse liegen aus der KiGGS-Studie vor, in der die Gesundheitsrelevanz personaler, familiärer und sozialer Ressourcen untersucht wurde. Beispielsweise wiesen Jugendliche aus der unteren Statusgruppe, die über gute Ressourcen verfügten, deutlich seltener gesundheitliche Probleme auf als diejenigen, die auch in Bezug auf die Ressourcenverfügbarkeit benachteiligt waren. Neben einem positiven Familienklima und der Unterstützung der Eltern stellten sich insbesondere personale Ressourcen wie das Selbstwertgefühl und die Kontrollüberzeugungen der Heranwachsenden als relevant heraus (Lampert et al. 2009).

5.7   Fazit

Die Auseinanderentwicklung der Lebensverhältnisse in Deutschland, die sich u. a. an der hohen Armutsbetroffenheit und dem engen Zusammenhang zwischen der sozialen Herkunft und den Bildungschancen festmachen lässt, spiegelt sich in einer sozial ungleichen Verteilung der Gesundheitschancen von Kindern und Jugendlichen wider. Ein Aufwachsen in Armut erhöht u. a. das Risiko für frühe Entwicklungsstörungen, Defizite im Bewegungs- und Ernährungsverhalten, Übergewicht und Rauchen sowie psychischen und Verhaltensauffälligkeiten. Von Armut betroffene Kinder und Jugendliche sollten deshalb verstärkt im Mittelpunkt der Prävention und Gesundheitsförderung stehen. Den berichteten Ergebnissen zufolge ist neben der Familie vor allem die Schule ein wichtiger Ort der Gesundheitsförderung. Setting-bezogene Ansätze sollten aber auch auf weitere Lebensbereiche ausgerichtet werden, wie z. B. Kindertagesstätten, Vereine und die Nachbarschaft bzw. den Stadtteil. Eine wichtige Strategie stellt dabei die Stärkung der personalen und sozialen Ressourcen dar, um die Heranwachsenden und ihre Familien zu befähigen, mit den aus einer Armutslage resultierenden Problemen und Belastungen fertig zu werden. Durch das von der Bundeszentrale für gesundheitliche Aufklärung initiierte Projekt „Gesundheitsförderung für sozial Benachteiligte", in dem eine Bestandsaufnahme der vorhandenen Bemühungen vorgenommen und Beispiele guter Praxis identifiziert wurden, steht mittlerweile eine umfassende Handlungsgrundlage zur Verfügung. Eine Referenz wurde außerdem durch das europäische Projekt „Closing the Gap" geschaffen, das insbesondere auf den internationalen Erfahrungsaustausch angelegt war. Dieses Projekt konnte auch verdeutlichen, dass die Verringerung der sozialen Unterschiede im Gesundheitszustand von Kindern und Jugendlichen nicht alleinige Aufgabe der Gesundheitspolitik sein kann. So vielgestaltig die Problemlagen sind, so vielgestaltig müssen auch die auf diese bezogenen Interventionen sein. Nur durch gemeinsame und aufeinander abgestimmte Anstrengungen der Sozial-, Familien-, Bildungs-, Arbeitsmarkt-, Umwelt- und Gesundheitspolitik unter Einbeziehung der auf den verschiedenen gesellschaftlichen Ebenen relevanten Akteure erscheint ein sozialer Ausgleich der Gesundheitschancen von Kindern und Jugendlichen möglich.

Dragano et al. (2009) haben dazu in einer Expertise für den 13. Kinder- und Jugendbericht einen Katalog politischer Handlungsempfehlungen erarbeitet, der noch einmal die Verringerung der gesundheitlichen Ungleichheit als eine gesamtgesellschaftliche Aufgabe unterstreicht:

1) Unmittelbare Verbesserung der materiellen Lage armer Haushalte mit Kindern, unter besonderer Berücksichtigung der sozioökonomischen Lage Alleinerziehender, Arbeitsloser, Migrant/-innen.
2) Allgemeine Verbesserung der materiellen Lage von Haushalten mit Kindern, etwa mit Hilfe steuerpolitischer Instrumente.
3) Erhalt eines universellen Zugangs zum Gesundheitssystem für Eltern und Kinder, bei gleichzeitig verbessertem Zugang zu präventiven Leistungen für sozial benachteiligte Familien.
4) Schaffung gesundheitsförderlicher Wohnverhältnisse und Verbesserung des Unfallschutzes durch verkehrspolitische Maßnahmen, speziell in sozial benachteiligten Stadtvierteln.
5) Erhalt oder Aufbau kostenloser oder kostengünstiger Angebote der gesundheitsrelevanten Infrastruktur in den Gemeinden (Grünflächen, Sportanlagen, Freizeitangebote).
6) Ausbau von Betreuungsdiensten und Vorschuleinrichtungen für er-

werbstätige bzw. erwerbsmotivierte Eltern kleiner Kinder, um deren Einkommenssituation zu verbessern.

7) Verstärkte Nutzung vorhandener institutioneller Möglichkeiten des Erziehungssystems, z.B. Ganztagesbetreuung bzw. -schulen und den damit verbunden Möglichkeiten sozial benachteiligte Kinder speziell zu fördern (gesundes Mittagessen, zielgruppenspezifische Sportangebote).

8) Aufsuchende Dienste zur Unterstützung von Erziehung und Sozialisation der Kinder aus sozial benachteiligten Familien, von der Schwangerschaft bis zur Vorschulerziehung.

9) Verstärkung von Maßnahmen zur Eindämmung gesundheitsschädigender Verhaltensweisen von Schwangeren, jungen Eltern, heranwachsenden Kindern und Jugendlichen (Preispolitik, Werbeverbote, soziales Marketing, Förderung vitaminreicher Nahrungsmittelangebote, Gesundheitsförderprogramme in Kindertagesstätten und Schulen etc.).

Literatur

BMGS (Bundesministerium für Gesundheit und Soziale Sicherung) (2004): Europäische Schülerstudie zu Alkohol und anderen Drogen. Forschungsbericht 310, Bonn

Dragano, N., Lampert, T., Siegrist, J. (2009): Wie baut sich soziale Ungleichheit im Lebenslauf auf? In: Sachverständigenkommission des 13. Kinder- und Jugendberichts (Hrsg.): Materialien zum 13. Kinder- und Jugendbericht: Prävention und Gesundheitsförderung in der Kinder- und Jugendhilfe. Verlag Deutsches Jugendinstitut, München, 11–50

Geyer, S., Peter, R. (1998): Unfallbedingte Krankenhausaufnahmen von Kindern und Jugendlichen in Abhängigkeit von ihrem sozialen Status. Befunde mit Daten einer nordrhein-westfälischen AOK. Gesundheitswesen 60, 493–499

Hölling, H., Erhart, M., Ravens-Sieberer, U., Schlack, R. (2007): Verhaltensauffälligkeiten bei Kindern und Jugendlichen. Erste Ergebnisse aus dem Kinder- und Jugendgesundheitssurvey (KiGGS). Bundesgesundheitsblatt – Gesundheitsforschung – Gesundheitsschutz 50 (5–6), 784–793

–, Schlack, R. (2007): Essstörungen im Kindes- und Jugendalter. Erste Ergebnisse aus dem Kinder- und Jugendgesundheitssurvey (KiGGS). Bundesgesundheitsblatt – Gesundheitsforschung – Gesundheitsschutz 50 (5–6), 794–799

Kahl, H., Dortschy, R., Ellsäßer, G. (2007): Verletzungen bei Kindern und Jugendlichen (1–17 Jahre) und Umsetzung von persönlichen Schutzmaßnahmen. Ergebnisse des Kinder- und Jugendgesundheitssurvey (KiGGS). Bundesgesundheitsblatt – Gesundheitsforschung – Gesundheitsschutz 50 (5–6), 718–727

Klocke, A., Becker, U. (2003): Die Lebenswelt Familie und ihre Auswirkungen auf die Gesundheit von Jugendlichen. In: Hurrelmann, K., Klocke, A., Melzer, W., Ravens-Sieberer, U. (Hrsg.): Jugendgesundheitssurvey. Internationale Vergleichsstudie im Auftrag der WHO. Juventa, Weinheim/München, 183–239

–, Lampert, T. (2005): Armut bei Kindern und Jugendlichen. Gesundheitsberichterstattung des Bundes, Heft 4. Robert Koch-Institut, Berlin

Kurth, B.-M., Schaffrath-Rosario, A. (2007): Die Verbreitung von Übergewicht und Adipositas bei Kindern und Jugendlichen in Deutschland. Ergebnisse des bundesweiten Kinder- und Jugendgesundheitssurveys (KiGGS). Bundesgesundheitsblatt – Gesundheitsforschung – Gesundheitsschutz 50 (5–6), 736–743

Lampert, T. (2008): Tabakkonsum und Passivrauchbelastung von Jugendlichen – Ergebnisse des Kinder- und Jugendgesundheitssurveys (KiGGS). Deutsches Ärzteblatt 105 (15), 265–271

–, Hagen, C., Heizmann, B. (2009): Gesundheitliche Ungleichheit bei Kindern und Jugendlichen. Beiträge zur Gesundheitsberichterstattung des Bundes. Robert Koch-Institut, Berlin

–, Mensink, G. B. M., Romahn, N., Woll, A. (2007): Körperlich-sportliche Aktivität von Kindern und Jugendlichen in Deutschland. Ergebnisse des Kinder- und Jugendgesundheitssurvey (KiGGS). Bundesgesundheitsblatt – Gesundheitsforschung – Gesundheitsschutz 50 (5–6), 634–642

LGA (Landesgesundheitsamt Brandenburg) (2005): Schuleingangsuntersuchungen 2005 im Land Brandenburg. Landesergebnisse, Wünsdorf

Mensink, G. B. M., Kleiser, C., Richter, A. (2007): Lebensmittelverzehr bei Kindern und Jugendlichen in Deutschland. Ergebnisse des Kinder- und Jugendgesundheitssurvey (KiGGS). Bundesgesundheitsblatt – Gesundheitsforschung – Gesundheitsschutz 50 (5–6), 609–623

Richter, M. (2005): Gesundheit und Gesundheitsverhalten im Jugendalter. Der Einfluss sozialer Ungleichheit. VS Verlag, Wiesbaden

–, Hurrelmann, K. (2004): Sozioökonomische Unterschiede im Substanzkonsum von Jugendlichen. Sucht 50 (4), 258–268

–, Lampert, T. (2008): Adolescent Smoking Behaviour: The Role of Socioeconomic Status, Peer and School Context. Archives of Public Health 66, 69–87

Robert Koch-Institut (2004): Gesundheit von Kindern und Jugendlichen. Schwerpunktbericht der Gesundheitsberichterstattung des Bundes. Robert Koch-Institut, Berlin

Schlack, R., Hölling, H. (2007): Gewalterfahrungen von Kindern und Jugendlichen im subjektiven Selbstbericht. Erste Ergebnisse aus dem Kinder- und Jugendgesundheitssurvey (KiGGS). Bundesgesundheitsblatt – Gesundheitsforschung – Gesundheitsschutz 50 (5–6), 819–826

Schlaud, M., Atzpodien, K., Thierfelder, W. (2007): Allergische Erkrankungen. Ergebnisse des Kinder- und Jugendgesundheitssurvey (KiGGS). Bundesgesundheitsblatt – Gesundheitsforschung – Gesundheitsschutz 50 (5–6), 701–710

6 Armut bei Kindern – Bildungslaufbahn und Bildungserfolg

Von Roland Merten

In den letzten Jahren haben sich zwei Themen ins öffentliche Bewusstsein geschoben, die bis dahin ein eher randständiges Dasein geführt haben: Bildung und Armut. In kaum einem anderen OECD-Staat ist der Bildungserfolg konstant und überdauernd so sehr abhängig von der sozialen Herkunft wie in Deutschland (Schimpl-Neimanns 2000; Ackeren/Klemm 2009, 79ff). Im Folgenden kommt es darauf an, dieses Geflecht unterschiedlicher Faktoren (die schulunabhängigen Kontexte und nicht-schulischen Faktoren) zu entwirren und einzelne Stränge freizulegen.

Auch wenn der Sachverhalt bekannt ist, dass ein enger Zusammenhang zwischen den sozialen Bedingungen des Aufwachsens sowie den Bildungsmöglichkeiten und Lernerfolgen von Kindern besteht, so wird er bisher politisch weitestgehend ausgeblendet. Damit wird eine schlechte bildungspolitische Tradition fortgeführt, auf die Georg Picht bereits 1964 in seiner Schrift „Die deutsche Bildungskatastrophe" hingewiesen hat. „Daß Schulstatistik etwas mit Sozialpolitik zu tun haben soll, das will den Deutschen nur schwer in den Kopf. Unser sozialpolitisches Bewusstsein ist womöglich noch rückständiger als unser Bildungswesen." (Picht 1964, 31) Es scheint, dass die Bereitschaft, zusammenzudenken, was zusammengehört, in Deutschland erst mühsam erzeugt werden muss. Im Folgenden soll gezeigt werden, dass Bildung von ihren materiellen Voraussetzungen abhängig ist und dass sich dieser Zusammenhang durch alle Bildungsinstitutionen in Deutschland nachzeichnen lässt.

6.1 Erste Bildungserlebnisse: Familie

Bildung als lebenslanger Prozess beginnt nicht erst mit der Schule, er beginnt spätestens mit der Geburt. Kinder kommen mit unterschiedlichen individuellen und sozialen Voraussetzungen und Möglichkeiten zur Welt, insofern eröffnen sich ihnen ebenso unterschiedliche Möglichkeiten. Diese Tatsache ist unter Gerechtigkeitsgesichtspunkten zunächst irrelevant. Denn: „Die natürliche Verteilung ist weder gerecht noch ungerecht; es ist auch nicht ungerecht, daß die Menschen in eine bestimmte Position der Gesellschaft hineingeboren werden. Das sind einfach natürliche Tatsachen." (Rawls 1988, 123) Gerechtigkeitstheoretisch relevant wird diese natürliche

Verteilung erst dann, wenn sie durch gesellschaftliche Institutionen und Politik gestaltet wird.

Doch zunächst zu den familialen Ausgangsbedingungen, unter denen Kinder aufwachsen und durch die sich ihre Bildungserlebnisse vollziehen.

> „Familie kann nur das weitergeben und beim Kind initiieren, was innerhalb des Rahmens ihrer sozialen und kulturellen Ressourcen liegt. Der Bildungshintergrund der Eltern, die reale Lebenslage und die konkreten Lebensbedingungen haben einen stark modifizierenden Einfluss darauf, welche Chancen der Entwicklung und Bildung in ihrer familialen Umwelt zur Verfügung stehen. Aufgrund eines niedrigen Bildungsniveaus, verbunden mit sozial benachteiligten und prekären Lebenslagen sowie unter ungünstigen sozio-ökonomischen Bedingungen, gelingt es vielen Familien nicht, die Bedürfnisse ihrer Kinder zu erfüllen, ihnen genügend Zeit und Aufmerksamkeit zu widmen und ihnen anregungsreiche Bedingungen des Aufwachsens zu bieten." (BT-Drs. 15/6014, 130)

Die materiellen Lebensbedingungen haben einen direkten Einfluss auf die Entwicklung eines Kindes sowie indirekt auf die Möglichkeiten einer seinen Fähigkeiten entsprechenden (späteren) sozialen Platzierung. Die Bildungsmöglichkeiten eines Kindes werden folglich deutlich *vor Schuleintritt* durch seine *soziale Herkunft* nachhaltig beeinflusst; das Feld der *sozialen Vererbung* wird lange vor der Einschulung bereitet (Engler 2005, 305). Diese Einschätzungen werden auch durch die Ergebnisse einschlägiger Untersuchungen aus der Resilienzforschung bestätigt. „Der sozioökonomische Status bestimmt die intellektuelle Entwicklung weit mehr als sämtliche derzeit erfassbaren pränatalen und perinatalen Risikofaktoren." (Largo 1995, 15) Auf diese Weise werden in und durch Familien bestehende soziale Ungleichheiten tradiert und verfestigt sowie in der nächsten Generation reproduziert. Wenn also von (sozialer) Vererbung der Armut die Rede ist, dann ist damit genau dieser Mechanismus der familialen Weitergabe gemeint. Armut sozialisiert Kinder in Armutsbedingungen und formt so frühzeitig die Herausbildung eines Armutshabitus (Kuhlmann 2008; Friedrichs et al. 2009, 62).

6.2 Bildung in vorschulischen Einrichtungen

Frühkindliche Bildung, sofern sie in den entsprechenden Einrichtungen organisiert ist, findet in Kinderkrippen (normalerweise bis zum vollendeten dritten Lebensjahr) bzw. in Kindergärten (zwischen dem dritten Lebensjahr und der Einschulung) statt. Beide Institutionen sind *Bildung*seinrichtungen und dürfen nicht lediglich der Betreuung dienen. Mit der Betonung des Bildungscharakters wird zugleich eine *kindzentrierte* Perspektive eröffnet (Thüringer Kultusministerium 2008).

Hinsichtlich der Wirkung vorschulisch-außerfamilialer Bildungseinrichtungen lässt sich ebenso knapp wie eindeutig festhalten: „Eine institutionelle Betreuung und Förderung in den ersten Lebensjahren hat im Allgemeinen speziell bei Kindern aus armen und sozial benachteiligten Familien eine protektive Wirkung; sie kommt vor allem der kognitiven Entwicklung der Kinder zugute … .“ (Mayr 2000, 151) Dabei geht es nicht um eine Konkurrenz zur Familie, sondern um eine *komplementäre*, die familiale Bildung *ergänzende* und *erweiternde* Funktion. Außerfamilial-frühkindliche Bildungseinrichtungen stellen einen anderen Rahmen mit *eigenständigen* Bildungsanreizen dar. Dieser Bildungsanspruch muss für *alle* Kinder und (mindestens) in *gleichem Umfang* realisiert werden, sollen hier nicht Bildungs-Gerechtigkeitsdefizite fixiert werden. Ja mehr noch: Es kommt darauf an, mittels der im Kindergarten bereitgehaltenen Bildungsangebote diejenigen Kinder in besonderer Weise zu fördern, denen im familiären Umfeld solche pädagogischen Angebote – aus welchen Gründen auch immer – nicht unterbreitet werden (BT-Drs. 15/6014, 167ff), weil nur auf diese Weise dem „Aufwachsen in öffentlicher Verantwortung" (BT-Drs. 14/8181, 42ff) Rechnung getragen wird (Kratzmann/Schneider 2009, 17).

Der Kindergarten ist in seiner Bildungswirkung bisher völlig unterschätzt worden. So heißt es in der gemeinsam von der Initiative Neue Soziale Marktwirtschaft und dem Institut der deutschen Wirtschaft in Köln vorgelegten Studie „Nutzen und Kosten eines kostenlosen Kindergartens für alle Kinder zwischen 3 und 6": „Besonders früh geschaffene gleiche Bildungschancen haben positive Effekte auf Migrantenkinder und Kinder aus sonstigen bildungsfernen Schichten. Defizite, die in frühen Jahren entstehen, können später nur mit deutlich höherem Aufwand ausgeglichen werden." (INSW/IW 2006, 4) Dabei ist wesentlich auf ein qualitativ hochwertiges Angebot zu achten, weil nur dieses sicherstellt, dass die gewünschten positiven Effekte erzielt werden. Qualitativ hochwertig heißt mit Blick auf die Prozessqualität: kleine Gruppen, günstiger Erzieher/-innen-Kind-Schlüssel und gut qualifiziertes Personal. Bei einer solchen Ausstattung sind (langfristig) positive Bildungseffekte für alle Förderbereiche feststellbar, d. h. in emotionaler, kognitiver und sozialer Hinsicht (BT-Drs. 15/6014, 201f; Roßbach 2005). Dass und wie nachhaltig die frühe Bildung in Kindergärten wirkt, wurde durch eine vertiefte Analyse der PISA-Daten deutlich gemacht. Tabelle 13 zeigt die erkennbar positiven Auswirkungen eines frühen und umfangreichen Kindergartenbesuchs.

Der Kindergarten als *Bildungs*- und nicht lediglich *Betreuungs*institution nimmt offensichtlich einen nachhaltig positiven Einfluss auf die Kompetenzentwicklung von Kindern. Diese erwünschten Effekte zeigen sich insbesondere dann, wenn die pädagogische Wirkung des Kindergartens über längere Zeit professionell hergestellt wird (BT-Drs. 16/10206, 57). Besonders positiv ist der Effekt für Kinder aus sozial benachteiligten und bil-

Tab. 13: PISA-Ergebnisse und Kindergartenbesuch (Quelle: INSW/IW 2006, 5)

Kindergartenbesuch	Mathematik	Lesen	Naturwissenschaften
Nicht den Kindergarten besucht	449,8	432,5	443,8
Den Kindergarten ein Jahr oder weniger besucht	464,7	460,9	462,6
Den Kindergarten mehr als ein Jahr lang besucht	**523,1**	**513,1**	**524,2**

Lesehilfe: Schüler/-innen, die keinen Kindergarten besucht haben, erreichten in Mathematik den Durchschnittswert von 449,8 Punkten. Schüler/-innen, die den Kindergarten länger als ein Jahr besuchten, erzielten 523,1 Punkte.

dungsfernen Haushalten, wenn der Kindergartenbesuch drei Jahre (oder länger) andauert.

Nun lässt sich nicht unmittelbar vom Kindergartenbesuch auf die PISA-Ergebnisse (15-jährige Jugendliche) schließen, weil innerhalb der Bildungsbiografien von Kindern eine Vielzahl anderer Faktoren auf die Entwicklung von Kompetenzen einwirkt. Es lässt sich jedoch aus den Ergebnissen der INSW/IW-Untersuchung sowie von Kratzmann und Schneider (2009) erkennen, dass sich über den Besuch eines Kindergartens frühzeitig pädagogisch gestaltete Bildungsbiografien aufbauen, und dass insofern „der Kindergartenbesuch einen signifikanten Einfluss auf die Kompetenzen junger Menschen hat." (INSW/IW 2006, 5)

Wenn dieser Zusammenhang derart eindeutig ist, dann lässt sich daraus die begründete pädagogische Forderung ableiten, dass insbesondere Kindern aus sozial und materiell benachteiligten Familien in besonderer Weise dieses Förderangebot zugute kommen sollte. Empirisch lässt sich jedoch das genaue Gegenteil feststellen, d.h., dass die entsprechenden Eltern die Bildungsangebote nicht oder nur reduziert nutzen.

Kontrolliert man den Zusammenhang von sozialer Herkunft, frühem Kindergartenbesuch und Kompetenzentwicklung, dann zeigt sich mit Blick auf sozial benachteiligte Kinder ein höchst erfreulicher Effekt. So „deutet der Interaktionseffekt aus frühem Kindergartenbesuch und Bildungsstand der Familie darauf hin, dass gerade Kinder aus bildungsfernen Familien vom frühen Kindergartenbesuch profitieren, denn das Risiko der Rückstellung nach Bildungsabschluss der Eltern wird durch den frühen Kindergartenbesuch (fast) vollständig ausgeglichen." (Kratzmann/ Schneider 2009, 19) Die empirische Sachlage ist klar, es kommt nunmehr

Tab. 14: Kindertagesstättenbesuch nach sozialer Herkunft (Datenbasis: Statistisches Bundesamt, Mikrozensus 2004; eigene Zusammenstellung)

Bildungsabschluss der Bezugspersonen	Kinder besuchen eine Tageseinrichtung	Kinder besuchen keine Tageseinrichtung
	in %	in %
Abitur	85,9	14,1
Fachhochschulreife	86,8	13,2
POS-Abschluss	86,8	13,2
Mittlere Reife	84,0	16,0
Hauptschulabschluss	81,0	19,0
Kein allg. Schulabschluss	75,5	24,5

lediglich darauf an, die entsprechenden bildungspolitischen Entscheidungen abzuleiten. Aber genau das Gegenteil ist geschehen. In Anlehnung an das Thüringer Erziehungsgeld soll ab 2013 in Deutschland denjenigen Eltern ein (auf sonstige staatliche Transferleistungen anrechnungsfreies) Erziehungsgeld gezahlt werden, die ihr Kind *nicht* in eine frühpädagogische Einrichtung geben (§ 16 Abs. 4 SGB III[1]). Jenseits der erwähnten problematischen Steuerungswirkung, die mit solchen Zahlungen – insbesondere für Kinder aus finanziell benachteiligten Familien – erreicht wird, ist hier der Grundtenor problematisch, weil schon im Wortlaut des Gesetzes nicht auf Bildung, sondern lediglich auf Betreuung abgehoben wird. Für den Freistaat Thüringen, der diese Regelung für Kinder zwischen dem zweiten und dritten Lebensjahr eingeführt hat, bedeutet dies insbesondere in den Landkreisen mit deutlich erhöhter Kinderarmut einen erheblichen Rückgang der Kinderpopulation des entsprechenden Alters in den Kindergärten (Meiner et al. 2009, 53f). Auf diese Weise werden staatlicherseits finanzielle Anreize *gegen* einen (frühzeitigen) Kindergartenbesuch und insofern bildungspolitische Impulse in die falsche Richtung gegeben. Es ist vielmehr wichtig, Anreize zu schaffen, dass Kinder aus sozial benachteiligten Familien möglichst früh die pädagogischen Bildungsangebote des Kindergartens erhalten, denn die Bereitstellung allein reicht nicht aus, um eine entsprechende Nachfrage zu schaffen.

---

[1] „Ab 2013 soll für diejenigen Eltern, die ihre Kinder von ein bis drei Jahren nicht in Einrichtungen betreuen lassen wollen oder können, eine monatliche Zahlung (zum Beispiel Betreuungsgeld) eingeführt werden."

Hierzu bedarf es neuer Angebotsstrukturen vor Ort, die den Kindergarten zu einem Familienzentrum werden lassen.

6.3   Bildung in der Schule

„Bildung ist der Schlüssel zur heutigen Wissensgesellschaft und wer diesen nicht besitzt, bleibt vor der Tür. Bildungsarmut ist soziale Exklusion, die den gesamten Lebensverlauf bestimmt." (Allmendinger/Helbig 2008, 395) Die Einschätzung bringt kurz und prägnant die gesellschaftliche Bedeutung von Bildung auf den Punkt und lenkt mit dieser gesellschaftstheoretischen Fundierung den Blick wie selbstverständlich auf die Schule. Sie ist, und dies hat bereits 1956 Helmut Schelsky deutlich gemacht, die „… primäre, entscheidende und nahezu einzige soziale Dirigierungsstelle für Rang, Stellung und Lebens-Chancen des Einzelnen in unserer Gesellschaft: das scheint mir der Kern der ,sozialen Frage' der Schule heute zu sein" (Schelsky 1965, 137; Picht 1964, 31). Diese abstrakte Formulierung lässt sich auf das konkrete Problem der Herkunftsabhängigkeit von Bildungserfolgen und die daraus abzuleitende Lösungsformel der Entkoppelung von Bildung und sozialer Herkunft bringen. Das Thema ist bereits wesentlich in den bildungspolitisch ambitionierten 1960er und 1970er Jahren verhandelt und in Angriff genommen worden (Ackeren/Klemm 2009). Während die Fragestellungen in den 1980er und 1990er Jahren in den Hintergrund getreten sind, haben die Ergebnisse der ersten PISA-Studie sie mit Macht in die öffentliche und bildungspolitische Wahrnehmung zurück katapultiert.

Die Platzierungsfunktion schulischer Bildungsabschlüsse durfte bisher als Ergebnis individueller Leistungen betrachtet werden. Wenn jedoch wesentliche Momente der Schulabschlüsse nicht auf die Schule, sondern externen Faktoren (soziale Herkunft, Armut, etc.) zugerechnet werden müssen, dann stellt das grundsätzlich die Legitimität schulischer Abschlüsse in Frage. Denn mit diesen Abschlüssen wird ein schulisches Leistungsprofil suggeriert, das jedoch mit Schule nur eingeschränkt zu tun hat (BT-Drs. 15/6014, 103).

Diese notwendige Erkenntnis wird jedoch durch die unveränderte und ungebrochene Akzeptanz schulischer Leistungszertifikate konterkariert. Die Glaubwürdigkeit des deutschen Schulsystems hat trotz PISA, IGLU und anderer Leistungsstudien nicht gelitten; schulisch vermittelte Abschlüsse scheinen noch immer Ausdruck *individueller* Fähigkeiten und Leistungen zu sein, die ohne Einfluss sozialer Bedingungen zustande kommen. Insofern verkürzt bzw. verzerrt das Bildungssystem, insbesondere die Schule, den Blick auf die Wirklichkeit. „Es gelingt ihm nahezu perfekt, gesellschaftliche Ungleichheit in Bildungsungleichheit zu übersetzen und die Vererbung sozialer Privilegien zu legitimieren, indem Schulerfolg als Resultat individueller Leistung und Begabung erscheint." (Böttcher 2005, 7) Dies zeigt sich in einer doppelten Perspektive: Einerseits ist es Aufgabe des Bildungssystems, herkunftsbedingte Ungleichheiten durch individuelle Unterstützung auszugleichen, andererseits sollen gleiche Leistungen auch gleiche Schullaufbahnempfehlungen nach sich ziehen. IGLU (und PISA) testet beide Bereiche, d. h. einerseits die Ungleichheiten zwischen den Schüler/-innen, die sich in Kompetenzen feststellen lassen (*primäre Ungleichheiten*), während andererseits die Wahrscheinlichkeit eines weiterführenden Schulbesuchs angesichts gleicher Kompetenzen der Schüler/-innen aus unterschiedlichen sozialen Lagen (*sekundäre Ungleichheiten*) betrachtet wird. Wie gezeigt werden konnte, verfügen die Schüler/-innen aus den unteren sozialen Schichten über deutlich geringere Kompetenzen als die Gleichaltrigen höherer sozialer Schichten (*primäre Ungleichheiten*), d. h., die Schule hat die Benachteiligungen *nicht* ausgeglichen. „Auch im nationalen Bundesländervergleich der Schülerleistungen ist der familiäre Hintergrund von Schülerinnen und Schülern der stärkste Erklärungsfaktor für Bildungskompetenzen." (Allmendinger/Nikolai 2006, 34) Und anders als zu erwarten wäre, werden auch die *sekundären Ungleichheiten* nicht aufgebrochen, denn trotz gleicher oder sogar besserer schulischer Leistungen von Kindern aus unteren sozialen Schichten erfolgen seitens der Lehrer/-innen nicht die gleichen Schullaufbahnempfehlungen. Tabelle 15 (Lesehilfe siehe Erläuterung im folgenden Abschnitt) zeigt, wie hoch die schulischen Leistungsergebnisse im Bereich „Lesen" sein müssen, damit jeweils eine Gymnasialempfehlung – von den Lehrkräften und/oder von den Eltern – erfolgt.

Um eine Gymnasialempfehlung seitens der Lehrkräfte zu erhalten, muss ein Kind aus dem Haushalt eines an- bzw. ungelernten Arbeiters 77 Leistungspunkte (und damit mehr als eine Kompetenzstufe) mehr erreichen als ein Kind, dessen Eltern der oberen Dienstklasse angehören. Bei der elterlichen Einschätzung ist die Diskrepanz mit 108 Leistungspunkten noch wesentlich gravierender. Der gleiche Sachverhalt zeigt sich in einer anderen Darstellung, wenn nämlich bei identischen Leseleistungen und gleichen kognitiven Grundfertigkeiten Wahrscheinlichkeiten von Gymnasialempfehlungen nach sozialer Herkunft untersucht werden.

Ein Kind, dessen Eltern der oberen Dienstklasse angehören, hat also eine 2,64-fach höhere Chance gegenüber einem Kind aus einem Facharbeiterhaushalt, eine Gymnasialempfehlung durch seine Lehrer zu erhalten (Ackeren/Klemm 2009, 93). Von einem Ausgleich sozialer Ungleichheiten durch die Schule kann angesichts der hier referierten Daten nicht nur keine Rede sein, vielmehr muss vor diesem Hintergrund gesagt werden, dass die herkunftsbedingten Ungleichheiten durch die Schule sogar noch verschärft werden.

Tab. 15: Gymnasialpräferenzen nach sozialen Schichten (Arnold et al. 2007, 284)

Soziale Schicht	Gruppenspezifischer Standard für eine Gymnasialpräferenz der Lehrkräfte	Gruppenspezifischer Standard für eine Gymnasialpräferenz der Eltern
Obere Dienstklasse	537	498
Untere Dienstklasse	569	559
Routinedienstleistungen	582	578
Selbstständige	580	556
Facharbeiter und leitende Angestellte	592	583
Un- und angelernte Arbeiter, Landarbeiter	614	606
Gesamt	580	565

„Das deutsche Bildungswesen bewegt sich offenkundig in einem Teufelskreis. Die Selektion erzeugt das Problem, das sie lösen soll, indem sie den schwächeren Schülern Bildungsmöglichkeiten entzieht. Ihre Leistungsschwäche wird zum Anlass für zusätzliche Selektion." (Lenhardt 2002, 19)

Um diesen den gewünschten Erfolgen zuwiderlaufenden Prozess einer pädagogisch verantwortbaren Steuerung zuzuführen, bedarf es einer genaueren Problemanalyse. Dabei muss das Hauptaugenmerk auf die Stellen gelenkt werden, an denen Bildungsentscheidungen – also an den Übergängen zu weiterführenden Schulen – getroffen werden. Denn: „Die nachhaltigste Selektionswirkung geht nach wie vor von der ersten Bildungsschwelle aus." (Isserstedt et al. 2007, 66; Maaz et al. 2008, 221) Bildungssysteme, wie das deutsche, die frühzeitig solche Bildungsschwellen installieren und damit gleich zu Beginn der schulischen Bildung weitreichende Entscheidungen für den Verlauf der Bildungsmöglichkeiten von Kindern treffen, (re-)produzieren damit besonders scharf die Formen sozialer Ungleichheiten, die aus der bildungs- und haushaltsmäßigen Herkunftssituation der Kinder resultieren. Der schulische Einfluss wird dadurch zeitlich verkürzt und der familiäre Einfluss auf die erzielten Leistungen der Schüler/-innen erhöht.

> „Je früher solche Entscheidungen getroffen werden müssen, umso
> stärker schlagen die Einflüsse der familiären Herkunft durch. Da aber die
> Nutzung von Lerngelegenheiten sehr stark davon abhängig ist, welches
> Vorwissen jeweils erworben worden ist, tendieren die Qualifikationsun-
> terschiede während der Bildungskarriere dazu, sich ständig zu vergrö-
> ßern. Den Übergängen im Bildungssystem muss also eine besondere
> Aufmerksamkeit gewidmet werden." (vbw 2007, 13)

Insofern ist es sachangemessen, wenn sich inzwischen eine breite Diskussion über längeres gemeinsames Lernen entwickelt hat.

Aber mit der getroffenen Entscheidung an der ersten Schwelle sind die
weiteren Verläufe schulischer Entwicklung für viele Schüler noch nicht beendet. So lässt sich auch zu einem späteren Zeitpunkt immer noch ein Wechseln
von Schüler-/innen zwischen verschiedenen Schularten feststellen. Allerdings handelt es sich hier nicht um eine „Einbahnstraße" in Richtung höhere
Schulart. So zeigt sich, „… dass zwar viele Schüler bis zum 15. Lebensjahr die
Schulart wechseln (14,4 %), aber nur für 3,2 % führt dies zu einem Bildungs-
aufstieg…" (Allmendinger/Helbig 2008, 395) Dies ist nun eine besonders
problematische Erkenntnis, weil offensichtlich erhöhter Förderungsbedarf
seitens der Schüler/-innen mit Selektion („Querversetzungen") beantwortet
wird. Die pädagogische Verantwortung der Schule wird so in Form von
Herabstufungen auf einen Schultyp mit niedrigeren formalen Abschlüssen
delegiert – ohne dass Lehrer/-innen selbst in Bezug auf die von ihnen mit zu
verantwortenden Ergebnisse rechenschaftspflichtig sind.

Anstatt Schüler/-innen aus unteren sozialen Schichten durch eine harte
soziale Selektion von den Chancen höherer Bildungsabschlüsse fernzuhal-
ten, ist es Aufgabe der Schule, diesen erweiterte Möglichkeiten zu eröffnen – und zwar nicht nur, indem leistungsgerechte Beurteilungen und
Empfehlungen erfolgen, sondern indem das Interesse dieser Kinder an
weiterführender Bildung geweckt wird. Denn mit „der Nähe bzw. Ferne
zu (höherer) Bildung sind zumeist normative kulturelle Orientierungen
verbunden, die sich auch auf die Aspirationen für die Bildung der Kinder
erstrecken." (Isserstedt et al. 2007, 76f) Aber gerade diese Aufgabe, nämlich das bildungsorientierte Aspirationsniveau derjenigen Kinder zu erhöhen, die aufgrund ihrer sozialen Herkunft benachteiligt sind, wird durch
die Schule nicht erfüllt. Wie wichtig indes, jenseits der bereits generell ge-
stiegenen Bedeutung von Bildung in der modernen Gesellschaft, die Bereitschaft zum Erwerb höherer Bildungszertifikate ist, verdeutlicht der Blick in
die interne Verteilung. So zeigt sich im Zeitreihenvergleich, wie sich die
Schülerschaft in den letzten 50 Jahren verändert hat. Dominierte Anfang
der 1950er Jahre noch der Hauptschulabschluss, so strebt heute ein Drittel
aller Schüler/-innen das Abitur an, während nur noch 24 % eine Hauptschule besuchen. „Hauptschülerinnen und -schüler kommen zu etwa 45 %

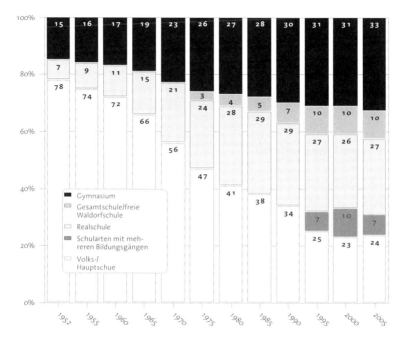

Abb. 6: Schüler/-innen im 8. Schuljahr nach Schularten in Deutschland 1952–2005 (Datenbasis: BMBF 2008, 25)

aus dem untersten ESCS-Quartil. Im Gymnasium stammt dagegen jeder Zweite (52,8 %) aus einer Familie, die in den obersten 25 % des ESCS-Index zu finden ist" (Maaz et al. 2008, 218). Es ist naheliegend, dass hier ein Verdrängungswettbewerb in den letzten 50 Jahren stattgefunden hat, der eindeutig zu Lasten des Hauptschulabschlusses und seiner Verwertungsmöglichkeiten auf dem ersten Arbeitsmarkt geführt hat.

Schulische Bildung kann in ihrer gesellschaftlichen Funktion kaum überschätzt werden. Angesichts der eingangs formulierten Funktion der Verteilung von Lebenschancen bleiben nunmehr, nachdem die einschlägigen Daten zur ungleichheitsstabilisierenden Wirkung von Schule vorgestellt worden sind, kritische Rückfragen. Werden armen Kindern durch die Schule Lebenschancen genommen? „Lebenschancen sind Möglichkeiten des individuellen Wachstums, der Realisierung von Fähigkeiten, Wünschen und Hoffnungen, und diese Möglichkeiten werden durch soziale Bedingungen bereitgestellt." (Dahrendorf 1979, 50) Schule ist eine solche, wenn nicht sogar *die* soziale Bedingung und sie wird den Kindern aus bildungsfernen und armen Haushalten ganz überwiegend nicht gerecht. Dies ist nach mehr als 50 Jahren Bildungsreform ein ernüchterndes Ergebnis. Auch wenn sich in der letzten PISA-Studie die Leistungsergebnisse im

Mittelbereich der OECD bewegen, so bleibt das Grundproblem der ungerechten, weil schulfernen Einflussfaktoren, unverändert bestehen (PISA-Konsortium Deutschland 2008, 322).

Bildung hört nicht mit der Schule auf, sondern ist ein lebenslanger Prozess; da aber die Altersphase „Kindheit" im Zentrum dieser Sammelpublikation steht, wird hier gewollt der Abschluss gesetzt.

6.4   Handlungsbedarf

Es ist deutlich geworden, dass die Themen Bildungsarmut und Einkommensarmut aufs Engste miteinander verbunden sind. Hier gezielt anzusetzen, um Benachteiligungen aufzubrechen und Kindern die ihnen zukommenden Chancen unabhängig von ihrer sozialen Herkunft zu eröffnen, ist eine gesamtgesellschaftliche Aufgabe, die die Bildungseinrichtungen allein nicht werden bewältigen können. Aber sie sind auch ein integraler Bestandteil, um Armut im Kindes- und Jugendalter zu überwinden. „Die Herausforderung besteht darin, die Wurzeln der sozialen Ungleichheit anzugreifen – und das erfordert vor allem eine auf die am stärksten gefährdeten Haushalte ausgerichtete Strategie mit dem Ziel, den gleichen Erwerb von Humankapital zu ermöglichen." (Esping-Andersen 2008, 340)

An dieser Stelle werden oft Einwände geltend gemacht, die sich auf die Legitimität solcher Interventionen beziehen. Ist es gerecht, dass diejenigen, die aufgrund ihrer sozialen Herkunft die öffentlichen Haushalte ohnehin schon überdurchschnittlich stark in Anspruch nehmen (z. B. durch Zahlung von Transferleistungen: ALG II, Sozialgeld, etc.), auch noch zusätzlich durch Sach-, Sozial- und Dienstleistungen unterstützt werden? Zur Legitimation einer *vorbeugenden Gerechtigkeit*, die bei der Entstehung und Verfestigung von Armut und Ausgrenzung frühzeitige Interventionen erfordert, wird auf das Prinzip der „gerechten Ungerechtigkeit" verwiesen.

> „Es nivelliert herkunftsbedingte Gefälle, *ehe* sie sich verfestigen und von einer Generation auf die nächste übertragen werden können ... Gerechtigkeit, in diesem Verständnis, beginnt bei Null, bald nach der Geburt, und gehorcht dem Grundsatz gerechter Ungerechtigkeit ...: Wer am wenigsten mitbringt, dem wird am meisten gegeben." (Engler 2005, 305)

Die Kehrseite, also das Ausbleiben einer solchen doppelten Intervention nach dem Grundsatz der gerechten Ungerechtigkeit, führt dazu, dass erkennbar neue Generationen von jungen Menschen heranwachsen, die künftig zur Sicherung ihres Lebensunterhalts wesentlich oder gar vollständig auf staatliche Transferleistungen angewiesen sein werden. Diese Entwicklung kann nur gestoppt werden, wenn Schule ihre Aufgabe erfüllt: wenn sie sich als effektive Dienstleistung für den Zweck erweist, für den sie eingerichtet worden ist, nämlich Kindern und Jugendlichen unabhängig von ihrer sozialen Herkunft eine bestmögliche Bildung zu vermitteln.

> „Die Schule als eine Dienstleistung zu definieren, würde bedeuten, dass die eigentliche Aufgabe von Schule, nämlich junge Menschen in Sachen Bildung auf das Leben vorzubereiten, unabhängig von der schulischen Infrastruktur, von Klassengröße und Schulformen geleistet werden kann." (Berlin-Institut 2009, 5)

Davon ist Schule, davon sind aber auch die außerschulischen und hochschulischen Einrichtungen in Deutschland offensichtlich noch weit entfernt. Trotz PISA, TIMMS, IGLU oder wie auch immer die Schulleistungsvergleichsstudien heißen mögen, der Weckruf, der mit den jeweiligen Ergebnissen verbunden war, ist in der bundesdeutschen Bildungspolitik bisher noch nicht gehört, geschweige denn angemessen aufgenommen worden: „Mittel- bis langfristig ist eine deutliche Verbesserung der Leistungsfähigkeit des Bildungssystems unabdingbar." (Sachverständigenrat 2007, 310) Verbesserung, das bedeutet zuerst, wenngleich nicht allein, den Zusammenhang zwischen sozialer Herkunft und Bildungschancen strikt zu entkoppeln. Es darf künftig nicht mit Selektion reagiert werden, wo Förderung nötig ist. Insofern muss mit einer schlechten deutschen Tradition gebrochen werden. „Aktivierung von Begabung und Motivation, kurz: Förderung statt Auslese, das ist die große Aufgabe einer sowohl effektiven wie gerechten Schule." (Edelstein 1966, 637) Das Ziel ist klar benannt – worauf es ankommt, ist die Suche nach guten Wegen. Aber hier muss das Rad nicht neu erfunden werden – ein Blick in die PISA-Gewinnerländer genügt, um sich kluge Anregungen zu holen. Bildungspolitik heißt dann, das für richtig Erkannte wirklich werden zu lassen. Die Beharrlichkeit des deutschen Bildungssystems zeigt, dass man hierzu einen langen Atem braucht:

> „Politik bedeutet ein starkes langsames Bohren von harten Brettern mit Leidenschaft und Augenmaß zugleich. Es ist ja durchaus richtig, und alle geschichtliche Erfahrung bestätigt es, dass man das Mögliche nicht erreichte, wenn nicht immer wieder in der Welt nach dem Unmöglichen gegriffen worden wäre." (Weber 1988, 560)

Bildungspolitik bildet von dieser Einsicht keine Ausnahme.

Literatur

Ackeren, I. v., Klemm, K. (2009): Entstehung, Struktur und Steuerung des deutschen Schulsystems. Eine Einführung. VS-Verlag, Wiesbaden

Allmendinger, J., Helbig, M. (2008): Zur Notwendigkeit von Bildungsreformen. WSI Mitteilungen 7, 394–399

–, Nikolai, R. (2006): Bildung und Herkunft. Aus Politik und Zeitgeschichte 44/45, 32–38

Arnold, K.-H., Bos, W., Richert, P., Stubbe, T. C. (2007): Schullaufbahnpräferenzen am Ende der vierten Klassenstufe. In: Bos, W., Hornberg, S., Arnold, K. H., Faust, G., Fried, L., Lankes, E. M. Schwippert, K., Valtin, R. (Hrsg.): IGLU 2006. Lesekompetenzen von Grundschulkindern in Deutschland im internationalen Vergleich. Waxmann, Münster u. a., 271–297

Berlin-Institut für Bevölkerung und Entwicklung (2009): Demografischer Wandel. Ein Politikvorschlag unter besonderer Berücksichtigung der Neuen Länder. Eigenverlag, Berlin

BMBF (Bundesministerium für Bildung und Forschung) (Hrsg.) (2008): Grund- und Strukturdaten 2007/2008. Daten zur Bildung in Deutschland. Eigenverlag, Bonn/Berlin

Böttcher, W. (2005): Soziale Auslese und Bildungsreform. Aus Politik und Zeitgeschichte 12, 7–13

BT-Drs. 14/8181 (Deutscher Bundestag: Drucksache vom 04.02.2002): Bericht über die Lebenssituation junger Menschen und die Leistungen der Kinder- und Jugendhilfe in Deutschland – Elfter Kinder- und Jugendbericht – mit der Stellungnahme der Bundesregierung. Eigenverlag, Berlin

BT-Drs. 15/6014 (Deutscher Bundestag: Drucksache vom 10.10.2005): Bericht über die Lebenssituation junger Menschen und die Leistungen der Kinder- und Jugendhilfe in Deutschland – Zwölfter Kinder- und Jugendbericht – und Stellungnahme der Bundesregierung. Eigenverlag, Berlin

BT-Drs. 16/10206 (Deutscher Bundestag: Drucksache vom 04.09.2008): Nationaler Bildungsbericht 2008 – Bildung in Deutschland und Stellungnahme der Bundesregierung. Eigenverlag, Berlin

Dahrendorf, R. (1979): Lebenschancen. Anläufe zur sozialen und politischen Theorie. Suhrkamp, Frankfurt/M.

Edelstein, W. (1966): Chancengleichheit ohne Schulreform? Kritische Bemerkungen zur Bildungswerbung. Neue Sammlung 6, 627–637

Engler, W. (2005): Bürger, ohne Arbeit. Für eine radikale Neugestaltung der Gesellschaft. Aufbau, Berlin

Esping-Andersen, G. (2008): Herkunft und Lebenschancen. Warum wir eine neue Politik gegen soziale Vererbung brauchen. In: Konföderation Caritas Luxembourg (Hrsg): Sozialalmanach 2008. Schwerpunkt: Kinderarmut und Bildung. Eigenverlag, Luxemburg, 335–355

Friedrichs, J., Müller, E., Baumholt, B. (2009): Deutschland dritter Klasse. Leben in der Unterschicht. Hoffmann und Campe, Hamburg

INSW/IW (Initiative Neue Soziale Marktwirtschaft/Institut der deutschen Wirtschaft Köln) (2006): Nutzen und Kosten eines kostenlosen Kindergartens für alle Kinder zwischen 3 und 6. Köln, Nov. 2006. In: www. insm.de/Downloads/Umfragen_Studien/Konzept_Finanzierung_Kostenloser_Kindergartenbesuch.pdf, 01.09.2010

Isserstedt, W. Middendorff, E., Fabian, G., Wolter, A. (2007): Die wirtschaftliche und soziale Lage der Studierenden in Deutschland 2006. 18. Sozialerhebung des Deutschen Studentenwerks durchgeführt durch HIS Hochschul-Informations-System. Hrsg. vom Bundesministerium für Bildung und Forschung. Eigenverlag, Bonn/Berlin

Kaufmann, F.-X. (1997): Herausforderungen des Sozialstaates. Suhrkamp, Frankfurt/M.

Kratzmann, J., Schneider, T. (2009): Soziale Ungleichheit beim Schulstart. Empirische Untersuchungen zur Bedeutung der sozialen Herkunft und des Kindergartenbesuchs auf den Zeitpunkt der Einschulung. Kölner Zeitschrift für Soziologie und Sozialpsychologie 1, 1–24

Kuhlmann, C. (2008): Bildungsarmut und die soziale „Vererbung" von Ungleichheiten. In: Huster, E.-U., Boeckh, J., Mogge-Grotjahn, H. (Hrsg.): Handbuch Armut und Soziale Ausgrenzung. VS-Verlag, Wiesbaden, 301–319

Largo, R. H. (1995): Kindliche Entwicklung und psychosoziale Umwelt. In: Schlack, H. G. (Hrsg.): Sozialpädiatrie. Gesundheit, Krankheit, Lebenswelten. Gustav Fischer, Stuttgart/Jena/New York, 7–22

Lenhardt, G. (2002): Die verspätete Entwicklung der deutschen Schule. Pädagogische Korrespondenz 29, 5–22

Maaz, K., Baumert, J., Cortina, K. S. (2008): Soziale und regionale Ungleichheit im deutschen Bildungssystem. In: Cortina, K. S. , Baumert, J., Leschinsky, A., Mayer, K. U., Trommer, L. (Hrsg.): Das Bildungswesen in der Bundesrepublik Deutschland. Strukturen und Entwicklungen im Überblick. Rowohlt, Reinbek, 205–243

Mayr, T. (2000): Entwicklungsrisiken bei armen und sozial benachteiligten Kindern und die Wirksamkeit früher Hilfen. In: Weiß, H. (Hrsg.): Frühförderung mit Kindern und Familien in Armutslagen. Ernst Reinhardt, München/Basel, 142–163

Meiner, C., Merten, R., Huth, C. (2009): Thüringer Kindersozialbericht. Erstellt im Auftrag der SPD-Landtagsfraktion Thüringen. Eigenverlag, Erfurt

Picht, G. (1964): Die deutsche Bildungskatastrophe. Analyse und Dokumentation. Walter, Olten/Freiburg/Br.

PISA-Konsortium Deutschland (Hrsg.) (2008): PISA 2006 in Deutschland. Die Kompetenzen der Jugendlichen im dritten Ländervergleich. Waxmann, Münster u.a.

Reemtsma Begabtenförderungswerk/Institut für Demoskopie Allensbach (2009): Chancengerechtigkeit? Studienfinanzierung als wichtiger Faktor der Entscheidungsfindung für die Aufnahme bzw. den Abbruch eines Hochschulstudiums. Eigenverlag, Hamburg

Roßbach, H.-G. (2005): Effekte qualitativ guter Betreuung, Bildung und Erziehung im frühen Kindesalter auf Kinder und Ihre Familien. In: Materialen zum Zwölften Kinder- und Jugendbericht; 1: Bildung, Betreuung und Erziehung von Kindern unter sechs Jahren. DJI Verlag, München, 55–174

Sachverständigenrat (Sachverständigenrat zur Begutachtung der gesamtwirtschaftlichen Entwicklung) (2004): Erfolge im Ausland – Herausforderungen im Inland. Jahresgutachten 2004/05. Eigenverlag, Wiesbaden

Sachverständigenrat (Sachverständigenrat zur Begutachtung der gesamtwirtschaftlichen Entwicklung) (2007): Das Erreichte nicht verspielen. Jahresgutachten 2007/08. Eigenverlag, Wiesbaden

Schelsky, H. (1965): Soziologische Bemerkungen zur Rolle der Schule in unserer Gesellschaftsverfassung. Eine Denkschrift (1956). In: Schelsky, H.: Auf der Suche nach Wirklichkeit. Gesammelte Aufsätze. Diederichs, Düsseldorf/Köln, 131–159

Schimpl-Neimanns, B. (2000): Soziale Herkunft und Bildungsbeteiligung. Empirische Analysen zu herkunftsspezifischen Bildungsungleichheiten zwischen 1950 und 1989. Kölner Zeitschrift für Soziologie und Sozialpsychologie 4, 636–669

Thüringer Kultusministerium (Hrsg.) (2008): Thüringer Bildungsplan für Kinder bis 10 Jahre. Verlag das Netz, Weimar/Berlin

vbw (Vereinigung der Bayerischen Wirtschaft) (Hrsg.) (2007): Bildungsgerechtigkeit. Jahresgutachten 2007. VS-Verlag, Wiesbaden

Weber, M. (1988): Politik als Beruf. In: Weber, M.: Gesammelte Politische Schriften. 5. Aufl. Mohr Siebeck, Tübingen, 505–560

7 Armut – Auch ein Thema für die Hilfen zur Erziehung! Empirische Befunde und Entwicklungsperspektiven

Von Heinz Müller

7.1 Die Hilfen zur Erziehung: zwischen „Nothilfe" und bedarfsgerechter Unterstützung für ein gerechtes Aufwachsen

Die Hilfen zur Erziehung (§§ 27 ff SGB VIII) stellen neben dem Kindertagesstättenbereich das zweitgrößte Leistungssegment der Kinder- und Jugendhilfe dar. Einen Rechtsanspruch auf eine erzieherische Hilfe haben Eltern, wenn eine dem Wohl des Kindes oder Jugendlichen entsprechende Erziehung nicht gewährleistet ist und eine Hilfe für seine Entwicklung als notwendig und geeignet erscheint. Seit der Einführung des Kinder- und Jugendhilfegesetzes (1990/1991) hat sich das Angebotsspektrum dieser Hilfen beachtlich verfachlicht und ausdifferenziert. Erzieherische Hilfen werden heute mehrheitlich in ambulanter Form (z. B. Sozialpädagogische Familienhilfe) oder in Tagesgruppen erbracht, umfassen aber auch die vorübergehende oder dauerhafte Unterbringung eines jungen Menschen in Pflegefamilien oder Heimen. Etwa 5 % aller jungen Menschen unter 21 Jahren haben 2007 eine erzieherische Hilfe in Anspruch genommen (Dortmunder Arbeitsstelle Kinder- u. Jugendhilfestatistik 2009, 2). Seit Anfang der 1990er Jahre steigt die Inanspruchnahmequote kontinuierlich an.

Wie sich die Bedingungen für Erziehung gestalten, hängt historisch wie aktuell mit den konkreten Lebenslagen, den gesellschaftlichen Anforderungen an eine „gute" Erziehung sowie der Verfügbarkeit öffentlicher Unterstützungsleistungen zusammen. Im Bereich der Hilfen zur Erziehung verdichten sich wie unter einem Brennglas die Folgen gesellschaftlicher Desintegrationsprozesse mit den entsprechenden Auswirkungen auf das Erziehungsgeschehen in Familien. Lebenslagenrisiken wie Arbeitslosigkeit und Armut, fehlende soziale Netze im Zusammenspiel mit individuellen Bewältigungsproblemen (z. B. Scheidung, psychische Erkrankung) erhöhen die Wahrscheinlichkeit, dass Erziehungsprozesse scheitern und daraus ein Hilfebedarf erwächst.

Historisch gesehen, bilden Armut, normabweichende Verhaltensweisen sowie Versorgungsnotwendigkeiten elternloser, ausgestoßener oder misshandelter Kinder die Ursprünge für die Entwicklung öffentlich verantworteter Erziehung in dafür eigens geschaffenen Einrichtungen. Bis weit in die 1960er Jahre hinein hatten die Erziehungshilfen die Funktion einer Nothilfe, die mit spezifischen ordnungsrechtlichen Vorstellungen und pädagogischen Konzepten zum Umgang mit normabweichendem Verhalten einherging (Kuhlmann/Schrapper 2001, 317). Erst mit dem Kinder- und Jugendhilfegesetz wurde ein einschneidender Paradigmenwechsel vollzogen. Die Hilfen zur Erziehung werden als eine sozialpädagogische Dienstleistung konzipiert, auf die bei Vorliegen der Leistungsvoraussetzungen ein individueller Rechtsanspruch besteht.

Prekäre Lebenslagen oder Armut stellen an sich keinen Leistungstatbestand dar, der die Gewährung einer Hilfe hinreichend legitimieren kann. Erst wenn aus Lebenslagenproblemen, familiären Krisen oder Konflikten Erziehungsprobleme resultieren, die eine dem Wohl des Kindes oder Jugendlichen entsprechende Erziehung in der Familie nicht mehr gewährleisten, kann eine erzieherische Hilfe eingeleitet werden. Möglicherweise liegt darin eine Erklärung, dass die Folgen einer deutlichen Zunahme von armen Kindern und Familien für die Hilfen zur Erziehung kaum diskutiert werden. Wenn auf die Kinder- und Jugendhilfe verwiesen wird, dann auf die Bedeutung von Kindertageseinrichtungen, die durch frühe Förderung zu mehr Chancengerechtigkeit beitragen sollen (BJK 2008). Zwar liegen mittlerweile einige Untersuchungen aus dem Bereich der Resilienzforschung vor, die aufzeigen, wie die Widerstandsfähigkeit von Kindern in belasteten und risikohaften Lebenssituationen gestärkt werden kann (Zander 2008, Chassé et al. 2007, Holz 2005); ein Übertrag auf die Hilfen zur Erziehung steht allerdings noch aus.

Insgesamt entsteht der Eindruck, als habe die Ausbreitung von Armut bei jungen Menschen und Familien nur wenig mit den Hilfen zur Erziehung zu tun. Daraus resultiert eine paradoxe Situation. Einerseits steigt der Hilfebedarf kontinuierlich an. Kostenintensive individuelle Hilfen übernehmen wie eh und je kompensatorische Funktionen zur Bearbeitung der Folgen gesellschaftlicher Desintegrationsprozesse. Durch ansteigende Fallzahlen und Ausgaben wächst der Legitimationsdruck für diese Hilfen, indem Nachweise für ihre Notwendigkeit und Wirksamkeit eingefordert werden. Statt offensiv auf die gesellschaftlichen Verursachungszusammenhänge bei der Genese von Hilfebedarf zu verweisen, wird andererseits nach Konzepten für eine wirkungsorientierte und effizientere Steuerung der Hilfen gesucht (ISA 2008), die letztlich zu Einsparungen führen sollen. Hinter dieser Dilemmasituation verbergen sich sehr grundlegende Fragen danach, wie gesamtgesellschaftlich mit armen Kindern und Familien umgegangen werden soll und welche Aufgaben und Leistungen die Hilfen zur Erziehung in öffentlicher Verantwortung erbringen sollen. Um hierzu mehr Klarheit zu schaffen, ist eine differenzierte Analyse der Auslöser und Anlässe für Hilfebedarfe erforderlich, die Erziehungsprobleme nicht nur als individuelles Fehlverhalten charakterisieren, sondern auch einen Rückbezug auf die gesellschaftlichen Rahmenbedingungen für Erziehung und

Sozialisation ermöglichen. Erst dann lassen sich die Kernaufgabenfelder der Hilfen zur Erziehung im Kontext von Armutslagen genauer beschreiben.

Deshalb soll im Folgenden der Frage nachgegangen werden, wie sich die Zielgruppe von Hilfe zur Erziehung entlang empirischer Befunde charakterisieren lässt und welche Bedeutung die soziostrukturellen Einflussfaktoren bei der Genese von Hilfebedarf einnehmen.

7.2　Was wissen wir über die Zielgruppe von Hilfen zur Erziehung?

Eine Hilfe zur Erziehung (§§ 29–35 SGB VIII) wird dann gewährt, wenn eine dem Wohl des Kindes angemessene Erziehung nicht gewährleistet ist, die Personensorgeberechtigten einen Antrag beim Jugendamt stellen bzw. aufgrund von Kindeswohlgefährdungen eine Inobhutnahme erfolgt. Da es sich um einen individuellen Rechtsanspruch handelt, lassen sich die Leistungsvoraussetzungen ebenso wenig standardisieren wie Zielgruppenmerkmale, die regelhaft auf einen Hilfebedarf verweisen. Mit Hilfe verschiedener Studien können jedoch Zielgruppen, Hilfeanlässe und Wirkungen genauer beschrieben werden. Vorliegende Untersuchungen kommen zu recht übereinstimmenden Ergebnissen, u.a. dass bestimmte Familienkonstellationen in den Hilfen zur Erziehung deutlich überrepräsentiert sind. In ca. einem Drittel aller Fälle handelt es sich um Familien, in denen beide leiblichen Eltern im Haushalt der Kinder leben. In ca. einem Fünftel der Fälle erhalten Stieffamilien eine erzieherische Hilfe und in etwa der Hälfte der Fälle sind es Alleinerziehende. In ca. 30–40 % werden Erziehungshilfen von Familien mit mehr als drei Kindern in Anspruch genommen (Hamburger et al. 1994; BMFSFJ 1998). Der Anteil kinderreicher Familien an allen Familien mit Kindern beträgt im Bundesdurchschnitt etwa 12 %; d.h., neben Alleinerziehenden sind auch kinderreiche Familien in den Hilfen zur Erziehung deutlich überrepräsentiert. Die Wahrscheinlichkeit eines Hilfebedarfs liegt bei Alleinerziehenden etwa 15-mal höher als bei zusammenlebenden leiblichen Eltern mit Kindern (KVJS 2008, 180).

Auch hinsichtlich der Altersstruktur lassen sich Schwerpunkte erkennen. Die Hauptnutzer/-innengruppe (mehr als 50 %) ist älter als zwölf Jahre. Je jünger die Kinder sind, desto geringer wird ihr Anteil an den Hilfebeziehenden. Nur noch 15 % sind jünger als sechs Jahre (MASGFF 2007, Schilling et al. 2008); d.h. erzieherische Hilfen kommen häufig erst dann zum Tragen, wenn normabweichende Verhaltensweisen oder Vernachlässigungen in der Öffentlichkeit (z.B. an Schulen) sichtbar werden und dadurch ein Anlass für eine Intervention und Hilfe gegeben ist.

Ebenso übereinstimmend sind die Ergebnisse zur sozialen Lage der Fa-

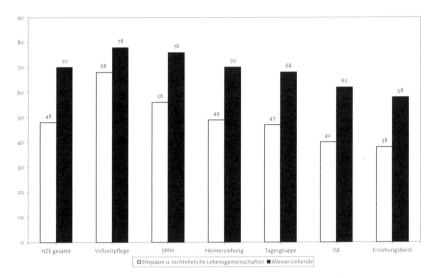

Abb. 7: Anteil der Familien mit Transferleistungen* bei der Gewährung von Hilfen zur Erziehung** (Deutschland 2007; in Prozent; Dortmunder Arbeitsstelle Kinder- u. Jugendhilfestatistik 2009, 10; StaBa: Statistiken der Kinder- und Jugendhilfe – Erzieherische Hilfen 2007; eigene Berechnungen) * Mit Transferleistungen sind gemeint: ALG II, Grundsicherung (Alter o. Erwerbsminderung), Sozialhilfe, Kinderzuschlag; ** Begonnene Hilfen einschl. Hilfen für junge Volljährige (ohne Erziehungsberatung) (Eigene Darstellung).

Lesebeispiel: 76 % aller Alleinerziehendenfamilien, die eine sozialpädagogische Familienhilfe (SPFH) in Anspruch nehmen, sind ganz oder teilweise auf Transferleistungen angewiesen. Bei den Ehepaaren und nichtehelichen Lebensgemeinschaften beträgt dieser Anteil 56 %.

milie. Zwischen 30 % und 40 % der Personensorgeberechtigten bestreiten ihren Lebensunterhalt durch eigenes Einkommen. Die Mehrheit der Familien in Hilfe zur Erziehung (50–70 %) ist auf staatliche Transferleistungen angewiesen. Die ausgewerteten Untersuchungen weisen hier eine HLU-Bezugsquote zwischen 30 % und 46 % aus: ein eindeutiger Indikator für Armutslagen (KVJS 2008, 183). D. h., die Wahrscheinlichkeit von Hilfebedarf liegt bei Familien in materiell prekären Lebenslagen mehr als 4,5-mal höher als bei Familien, deren Einkommen oberhalb der Armutsgrenze angesiedelt ist (KVJS 2008).

Alles in allem zeigen die vorliegenden Befunde, dass bestimmte Lebenslagen, Familienformen und Belastungsfaktoren die Wahrscheinlichkeit für einen Hilfebedarf deutlich beeinflussen. Die Ergebnisse sind aber nicht so zu lesen, dass Merkmale wie „Armut" oder „Alleinerziehend" schon hinreichend auf eine mangelnde Erziehungskompetenz verweisen. Vielmehr liegt häufig ein ganzes Konglomerat an Lebenslagenproblemen, mangelnden materiellen und sozialen Ressourcen sowie kritischen Lebensereignissen vor, die sich negativ auf die Beziehungs- und Erziehungsgestaltung auswirken. Klar erkennbar wird jedoch, dass die Hauptnutzer/-innen von Hilfen zur Erziehung das Teilsegment der Bevölkerungsgruppe abbilden, das dem höchsten Armutsrisiko (z. B. kinderreiche Familien, Alleinerziehende) ausgesetzt ist. Insofern liegt es auf der Hand, dass steigende Armutszahlen bei Kindern und Familien auch eine wachsende Hilfenachfrage bedingen.

7.3 Soziostrukturelle Rahmenbedingungen und ihr Einfluss auf die Genese von Hilfebedarf

Erst seit Mitte der 1990er Jahre wird der Einfluss soziostruktureller Rahmenbedingungen auf die Nachfrage nach Erziehungshilfen auch in empirischen Studien bearbeitet. Hier sind vor allem die Untersuchungen von Ulrich Bürger zu nennen, der diese Fragestellung theoretisch wie empirisch für das Verbandsgebiet Württemberg-Hohenzollern und später für Baden-Württemberg aufgearbeitet hat (KVJS 2008, Bürger 1999). Vergleichbare Untersuchungen liegen mittlerweile auch für Rheinland-Pfalz (MASGFF 2007) und für Nordrhein-Westfalen (Schilling et al. 2008) vor.

Übereinstimmend kommen diese Untersuchungen zu dem Ergebnis, dass insbesondere die ALG-II-Quote der unter 15-Jährigen einen deutlichen Zusammenhang zur Höhe der Inanspruchnahme von Hilfen zur Erziehung aufweist. Tabelle 16 veranschaulicht den Befund für Rheinland-Pfalz. Je näher der Korrelationskoeffizient (r) an 1 (bzw. –1) liegt, desto größer ist auch der Zusammenhang.

D. h., je mehr Kinder in einer Kommune in Armutslagen leben, desto höher ist auch die relative Inanspruchnahme von Erziehungshilfen. Kein anderer Indikator wie z. B. Arbeitslosigkeit, Wohnraumknappheit, Scheidungshäufigkeiten oder Mobilität weist einen vergleichsweise ähnlich hohen Zusammenhang zum Hilfebedarf wie die SGB-II-Quote bei unter 15-Jährigen auf.

Mit Hilfe dieses Befundes lassen sich zumindest in Teilen die erheblichen Unterschiede bei der Inanspruchnahme von Hilfen zwischen den Kommunen innerhalb eines Bundeslandes wie auch zwischen Bundesländern erklären. Zur Veranschaulichung: Im Jahr 2005 haben in Bayern etwa zwölf von 1.000 jungen Menschen unter 21 Jahren eine Hilfe zur Erziehung erhalten, während es in Mecklenburg-Vorpommern mit 25 mehr als doppelt so viele waren (KVJS 2008) (Tab. 17).

Tab. 16: Korrelationen zwischen der Inanspruchnahme von Hilfen zur Erziehung und ausgewählten Sozialstrukturindikatoren in Rheinland-Pfalz 2005 (MASGFF 2007, 208)

Sozialstrukturindikatoren	Korrelationskoeffizient (r) nach Pearson
Empfänger/-innen **Sozialgeld** pro 1.000 junge Menschen unter 15 J.	0,708
Anteil **alleinerziehender Mütter** an allen Müttern	0,688
Empfänger/-innen **Arbeitslosengeld I u. II** pro 1.000 zwischen 15 u. 65 J.	0,652
Mobilität – Zu- und Fortzüge pro 1.000 Einwohner/innen	0,542
Bevölkerungsdichte – Einwohner/-innen pro km²	0,498
Zur Verfügung stehender **Wohnraum** pro Person	−0,394
Von **Scheidung** betroffene Minderjährige pro 1.000 unter 18 J.	−0,08

Tab. 17: Anzahl der Hilfen zur Erziehung (SGB VIII §§ 29–35, 41) 2005 je 1.000 der bis 21-Jährigen (laufende und beendete Hilfen) (KVJS 2008, eigene Berechnungen)

Bundesland	Eckwert Hilfen zur Erziehung
Baden-Württemberg	14,36
Bayern	11,62
Berlin	23,18
Brandenburg	20,97
Bremen	17,58
Hamburg	20,16
Hessen	14,67
Mecklenburg-Vorpommern	25,19
Niedersachsen	16,22
Nordrhein-Westfalen	15,14
Rheinland-Pfalz	16,39
Saarland	18,27
Sachsen	16,42
Sachsen-Anhalt	15,76
Schleswig-Holstein	13,98
Thüringen	15,35
BRD gesamt	15,44

Bayern und Baden-Württemberg haben im Bundesländervergleich nicht nur die geringste Inanspruchnahmequote von Hilfen zur Erziehung, sondern auch die niedrigste Sozialgeldquote. Genau entgegengesetzt verhält es sich bei den Stadtstaaten und einigen östlichen Bundesländern.

Betrachtet man nur ein Bundesland, so fällt im kommunalen Vergleich der Städte und Landkreise die Streubreite der Inanspruchnahme von Hilfen zur Erziehung noch stärker aus. Während z. B. in der rheinland-pfälzischen Stadt mit der höchsten Inanspruchnahmequote 48 Hilfen je 1.000 junge Menschen unter 21 Jahre 2005 gewährt wurden, waren es in dem Landkreis mit dem niedrigsten Hilfeeckwert nur zehn. Die Unterschiede bei der Hilfehäufigkeit betragen hier das Fünffache. Diese kommunalen Disparitäten werden nachvollziehbar, wenn man gleichzeitig feststellt, dass in der Stadt mit dem höchsten Hilfeeckwert im gleichen Jahr knapp 30 % aller jungen Menschen unter 15 Jahre auf Sozialgeld angewiesen waren, während die Sozialgeldquote in dem Landkreis mit dem niedrigsten Hilfeeckwert „nur" bei 10 % lag (MASGFF 2007, 194).

Dieses Ergebnis ist in mehrfacher Hinsicht von erheblicher fachpolitischer Bedeutung. Rein betriebswirtschaftlich ausgerichtete Planungs- und Steuerungsmechanismen in den Kommunalverwaltungen, die lediglich über ein besseres Controlling, evidenzbasierte Programme oder neue Finanzierungsmodelle Fallzahlen und Ausgaben begrenzen wollen, greifen zu kurz. Sie verkennen, dass die Genese von Hilfebedarf eben nicht nur ein Ergebnis des Ermessensspielraums der ASD-Fachkraft im Amt ist, sondern seinen Ursprung in gesellschaftlich bedingten Problemlagen hat. Eine bedarfsorientierte Planung und Steuerung der sozialen Infrastruktur, die auf die Schaffung positiver Lebensbedingungen von jungen Menschen und Familien ausgerichtet ist, kann sich nicht nur auf Fallzahlen und „Produktkosten" beziehen, sondern muss gleichermaßen auch die sozialstrukturellen Verursachungsbedingungen von Hilfebedarf in den Blick nehmen.

Tab. 18: Eckwerte für Sozialgeld und Hilfen zur Erziehung in Rheinland-Pfalz 2005 (MASGFF 2007, 23, 194)

Region	Sozialgeldempfänger pro 1.000 unter 15 Jahre	Hilfen zur Erziehung (§§ 29–35, 41 SGB VIII) pro 1.000 unter 21 Jahre
Höchster Wert der Städte/Landkreise	296,1	47,6
Rheinland-Pfalz (Durchschnitt)	123,1	19,5
Niedrigster Wert der Städte/Landkreise	51,6	10,0

Ebenso verdeutlichen die Daten, dass der demografische Wandel einer rückläufigen Anzahl junger Menschen nicht automatisch mit einer geringer werdenden Hilfenachfrage einhergeht, sondern dass eher Gegenteiliges der Fall ist: Während beispielsweise in Rheinland-Pfalz die Anzahl der unter 21-Jährigen in den vergangenen zehn Jahren um mehr als 3 % abgenommen hat, ist die Anzahl der gewährten Hilfen allein seit dem Jahr 2002 um über 30 % angestiegen (MASGFF 2007).

Die strukturellen Auswirkungen des gesellschaftlichen Wandels führen dazu, dass einzelfallbezogene Hilfen zunehmend zum Normalfall und nicht mehr zur Ausnahmeerscheinung werden. Die Ausweitung von Armutsrisiken bei jungen Menschen und Familien stellt hierbei einen zentralen Verursachungskomplex dar.

7.4   Armut – doch ein Thema für die Hilfen zur Erziehung?

Die aufgezeigten Befunde legen weit reichende Konsequenzen für die Weiterentwicklung der Hilfen zur Erziehung nahe. Erziehungsprobleme von Familien können nicht nur mit individuellem Fehlverhalten und mangelnden Kompetenzen erklärt werden, sondern beruhen auch auf unzureichenden materiellen und sozialen Ressourcen. Wenn jeder junge Mensch ein Recht auf Förderung seiner Entwicklung hat und die Kinder- und Jugendhilfe dazu beitragen soll, positive Lebensbedingungen für die nachfolgenden Generationen zu schaffen (§ 1 SGB VIII), dann werden hier Fragen nach der öffentlichen Verantwortung für ein gerechtes Aufwachsen virulent. In diesem Kontext erscheinen dann die Hilfen zur Erziehung in einem anderen Licht. Etwa zwei Drittel aller Hilfen verlaufen erfolgreich und führen zu positiven Veränderungen bei der Erziehungskompetenz der Eltern, beim Legalverhalten der jungen Menschen, beim Bildungserfolg oder der Vorbereitung von Jugendlichen auf ein eigenständiges Leben (BMFSFJ 2002; BMFSFJ 1998). Damit stellen auch die Erziehungshilfen einen zentralen Beitrag zum Ausgleich von Benachteiligungen und zur Eröffnung von mehr Chancengerechtigkeit dar.

Gleichzeitig aber gelten die Hilfen zur Erziehung nach wie vor in den Kommunen als „ungeliebtes Kind" der Kinder- und Jugendhilfe, das alljährlich mit Ausgabensteigerungen aufwartet. Die öffentlich geführte Armutsdebatte und der Verweis auf die Bedeutung einer gut ausgebauten sozialen Infrastruktur zur Bearbeitung von Armutsrisiken und -folgen könnten einen Anker für eine Neu-Verortung der Erziehungshilfen im Gesamtspektrum aller Leistungen der Kinder- und Jugendhilfe sein. Dazu braucht es allerdings nicht nur die entsprechenden Rahmenbedingungen, sondern auch konzeptionelle Veränderungen.

7.5 Der Beitrag der Erziehungshilfen zur Prävention von Armutsrisiken und der Bearbeitung von Armutsfolgen

Im Aufgabenprofil der Hilfen zur Erziehung lassen sich vier zentrale Kernelemente zur Prävention von Armutsrisiken und Bearbeitung von Armutsfolgen festmachen, die konzeptionell gefasst und inhaltlich profiliert werden müssen:

1) *Die Sicherung elementarer Grundbedürfnisse als Armutsfolgenbekämpfung*: Eine wesentliche Funktion vieler Hilfen besteht darin, dass es zunächst gar nicht um „Erziehungshilfen" geht, sondern um die Sicherung und Wiederherstellung von elementaren Grundbedürfnissen wie Ernährung, Gesundheit, Wohnen, Schutz und einem Mindestmaß an verlässlicher Emotionalität. Auch hierin zeigt sich häufig ein Beitrag zur Bearbeitung von gravierenden Armutsfolgen, der jedoch auch jugendhilfepolitisch zum Ausdruck gebracht werden muss. Das wiederum erfordert Informations- und Dokumentationssysteme in den Jugendämtern, die nicht nur „normabweichende Störungsbilder" festhalten, sondern auch fallbezogen den Blick auf die Verursachungszusammenhänge von Problemlagen und damit einen Rückbezug auf die Folgen gesellschaftlicher Desintegrationsprozesse ermöglichen.

2) *Hilfe zur Lebensbewältigung und Persönlichkeitsentwicklung im Zusammenspiel von sozialer Benachteiligung und individuellen Lebenskrisen*: Gerade bei der Bearbeitung kritischer Lebensereignisse, belastender biografischer Erfahrungen und normabweichender Bewältigungsstrategien zielen die Erziehungshilfen auf die Gestaltung eines gelingenden Alltags. Mit Blick auf die Zielgruppe der Hilfen zur Erziehung braucht es dazu nicht nur professionelle Konzepte, die dazu befähigen, dass Bewältigungsaufgaben gemeistert werden können. Die Herausforderung besteht auch darin, einen sozialpädagogischen Begriff von Armut zu entwickeln, der an den Deutungsmustern von Kindern, Jugendlichen wie Eltern gleichermaßen ansetzt, damit die subjektiven Handlungsmöglichkeiten erschlossen und ein Zuwachs an Handlungsautonomie erreicht werden kann.

3) *Normalisierung und Integration durch Vernetzung und Sozialraumorientierung:* Orientiert an einem gelingenden Alltag geht es in Hilfeprozessen um den Aufbau sozialer Beziehungen, unterstützender Netzwerke und die Erschließung sozialräumlicher Ressourcen. Dabei kommt in Hilfeplanungsprozessen dem Zusammenspiel der unterschiedlichen Sozialisationsorte (Gemeinwesen, Familie, Peers, Kitas, Schulen) eine besondere Bedeutung zu. Das heißt, lebensweltlich ausgerichtete und sozialräumlich verortete Hilfen leisten immer auch einen Beitrag zur Erschließung von Ermöglichungsräumen und Ressourcen, um Armutsrisiken bzw. Armutsfolgen zu minimieren.

4) *Eröffnung bzw. (Wieder-)Herstellung von Verwirklichungschancen durch ein bewältigungsorientiertes Armutsmanagement:* Angesichts der Wechselwirkungen von sozialen Benachteiligungen mit individuellen Bewältigungsproblemen zielen wirkungsvolle Hilfen immer auch auf einen erfahrbaren Zuwachs an Handlungsautonomie und Realisierungschancen für ein „gutes" Leben. Dazu gehören Verbesserungen im Schulerfolg ebenso wie in den Bereichen Gesundheit, Wohnen, Freizeit und Kultur. Allerdings kann die primäre Funktion der erzieherischen Hilfen nicht in der Bearbeitung aller Mängellagen bestehen, die durch Armut erzeugt oder im Wechselspiel mit individuellen Lebenskrisen offenkundig werden. Damit wären die erzieherischen Hilfen grundlegend überfordert. Theoretisch wie praktisch müssen deshalb die Hilfen an einem bewältigungsorientierten Armutsmanagement ansetzen, bei dem es um die Erweiterung der Fähigkeiten und Möglichkeiten von Kindern und deren Eltern geht, damit sie ihr Recht auf ein Leben als gleichberechtigte und freie Bürger real verwirklichen können (Otto/Ziegler 2006, 108).

7.6   Hilfen zur Erziehung als Teil einer an Verwirklichungschancen orientierten sozialen Infrastruktur

Armut ist für die Erziehungshilfen wie für die gesamte Kinder- und Jugendhilfe eine zentrale fachpolitische wie konzeptionelle Herausforderung. Sehr grundlegend stellt sich die Frage, ob und wie jedes Kind sein Recht auf „Förderung seiner Entwicklung" und „Erziehung zu einer eigenverantwortlichen und gemeinschaftsfähigen Persönlichkeit" realisieren kann und was dazu an sozialer Infrastruktur notwendig ist. Die Hilfen zur Erziehung stellen eine bedeutsame sozialstaatliche Unterstützungsleistung dar, indem sie Bewältigungsprobleme infolge von prekären Lebenslagen und biografischen Lebensrisiken bearbeiten und dabei für eine wachsende Gruppe „sozial Benachteiligter" gesellschaftliche Teilhabechancen verbessern.

Um zu verhindern, dass diese Hilfen angesichts steigender Bedarfe und knapper öffentlicher Mittel wieder auf Nothilfe und Krisenintervention reduziert werden, gilt es, ihren Beitrag zur Armutsprävention und der Bewältigung von Armutsrisiken klarer zu profilieren. Dazu allerdings muss jugendhilfepolitisch offensiv vertreten werden, dass wachsende Hilfebedarfe im Zusammenhang mit einer Ausweitung von Armutslagen stehen und hier einzelfallbezogene und kostenintensive Hilfen auch eine Ausfallbürgschaft für fehl laufende gesellschaftliche Entwicklungen übernehmen.

Allerdings muss ebenso kritisch angemerkt werden, dass die Ausweitung erzieherischer Hilfen weder fachlich noch ökonomisch die strukturelle Antwort auf die wachsende Armut bei jungen Menschen und Familien sein kann. Ansätze zur Armutsbekämpfung erfordern eine doppelte Strategie: Sie müssen einerseits an der materiellen Verbesserung der Lebenssituation von Familien sowie an den Entstehungsbedingungen von Armut ansetzen. Andererseits bedarf es ebenso einer gut ausgebauten sozialen Infrastruktur, die bedarfsgerecht unterstützt, Mangellagen kompensiert und jedem jungen Menschen die Chancen für ein gerechtes Aufwachsen bietet. Dazu ist ein abgestuftes System mit gut ausgebauten Regelinstitutionen (z. B. Kita, Familienbildung, Jugendarbeit) und darauf aufbauenden einzelfallbezogenen Beratungs- und Unterstützungsleistungen (z. B. Hilfen zur Erziehung) sowie einem verlässlichen Kinderschutz notwendig.

Die Regelinstitutionen verfügen über niedrigschwellige und nicht-stigmatisierende Zugangsmöglichkeiten zu jungen Menschen und Familien in Armutslagen, die es lebenslagen- und zielgruppenorientiert auszubauen gilt. Die Hilfen zur Erziehung verfügen über die notwendigen fachlichen Kompetenzen, um Hilfe- und Unterstützungsansätze biografie- und bewältigungsorientiert zu gestalten. Dazu ist eine sozialpolitische Rahmensetzung erforderlich, die sich daran orientiert, dass junge Menschen und Familien ein Recht auf Verwirklichungschancen haben, um ein gutes Leben wählen und führen zu können.

Literatur

BJK (Bundesjugendkuratorium) (2008): Zukunftsfähigkeit von Kindertageseinrichtungen. München. In: www.bundesjugendkuratorium.de/pdf/2007-2009/bjk_2008_2_stellungnahme_zukunftsfaehigeKitas.pdf, 01.09.2010

BMFSFJ (Bundesministerium für Familie, Senioren, Frauen und Jugend) (2002): Elfter Kinder- und Jugendbericht. Eigenverlag, Berlin

– (1998): Leistungen und Grenzen von Heimerziehung. Kohlhammer, Stuttgart

Bürger, Ulrich (1999): Die Bedeutung soziostruktureller Bedingungen für den Bedarf an Jugendhilfeleistungen. In: Institut für Soziale Arbeit (Hrsg.): Soziale Indikatoren und Sozialraumbudgets in der Jugendhilfe. Votum, Münster, 9–34

Chassé, K. A., Zander, M., Rasch, K. (2007): Meine Familie ist arm. VS Verlag, Wiesbaden

Dortmunder Arbeitsstelle Kinder- u. Jugendhilfestatistik (Hrsg.) (2009): KomDat-Jugendhilfe 1/2009. AKJ-Stat, Dortmund

Hamburger, F., Müller, H., Porr, C. (1994): Untersuchung über aktuelle Probleme in der Heimerziehung in Rheinland-Pfalz. ism, Mainz

Holz, G. (2005): Frühe Armutserfahrungen und ihre Folgen – Kinderarmut im Vorschulalter. In: Zander, M. (Hrsg.): Kinderarmut. VS Verlag, Wiesbaden, 88–109

ISA Planungs- und Entwicklungsgesellschaft (2008): Wirkungsorientierte Jugendhilfe. Bd. 6. ISA, Münster

KVJS (Kommunalverband für Jugend und Soziales Baden-Württemberg) (2008): Bericht zu Entwicklungen und Rahmenbedingungen der Inanspruchnahme erzieherischer Hilfen in Baden-Württemberg 2008. Stuttgart

Kuhlmann, C., Schrapper, Chr. (2001): Zur Geschichte der Erziehungshilfen von der Armenpflege bis zu den Hilfen zur Erziehung. In: Birtsch, V., Münstermann, K., Trede, W. (Hrsg.): Handbuch Erziehungshilfen. Votum, Münster, 282–328

MASGFF (Ministerium für Arbeit, Soziales, Gesundheit, Familie und Frauen Rheinland-Pfalz) (Hrsg.) (2007): Hilfen zur Erziehung in Rheinland-Pfalz: Die Inanspruchnahme erzieherischer Hilfen im Kontext sozio- und infrastruktureller Einflussfaktoren – 2. Landesbericht. ism, Mainz

Otto, H.-U., Ziegler, H. (2006): Managerielle Wirkungsorientierung und der demokratische Nutzwert professioneller Sozialer Arbeit. In: Badawia, T., Luckas, H., Müller, H. (Hrsg.): Das Soziale gestalten. VS Verlag, Wiesbaden, 95–113

Schilling, M., Fendrich, S., Pothmann, J., Wilk, A. (2008): HzE-Bericht 2008. LVR, Köln

Schrapper, Christian (2008): Kinder vor Gefahren für ihr Wohl schützen. In: ISS e. V. (Hrsg.): Vernachlässigte Kinder besser schützen. Ernst Reinhardt, München, 56–88

Zander, M. (2008): Armes Kind – starkes Kind. VS Verlag, Wiesbaden

Armutsprävention für Kinder – Ansätze auf zwei Ebenen

8   Resilienz und Armutsprävention

Von Antje Richter-Kornweitz

8.1   Armut als Risikofaktor

Materielle Armut zieht Unterversorgung in zentralen Lebensbereichen wie Gesundheit, Bildung, sozialer Integration etc. nach sich und gilt daher als Risikofaktor für die seelische und körperliche Entwicklung von Kindern. Bekannt ist auch, dass sich lang anhaltende Armutsperioden weitaus nachteiliger auf die kognitive und sozial-emotionale Entwicklung von Kindern auswirken als kurze Armutsphasen (Holz et al. 2006). Die Ausprägung der körperlichen und psychosozialen Belastungen hängt außerdem entscheidend davon ab, ob es in der Familie der Kinder neben materieller Armut weitere Belastungen gibt und eine *multidimensionale* Problematik vorliegt. Das heißt, kritisch wird es vor allem, wenn Risiken kumulieren und mehrere negative Ereignisse zusammentreffen. Sehr junge Elternschaft, niedriger Bildungsstatus der Eltern/Mutter oder Suchterkrankungen, soziale Isolation sowie Belastungen rund um Schwangerschaft, Geburt und Säuglingszeit, aber auch strukturelle Defizite im Wohnumfeld oder beengte Wohnungen ohne Rückzugsmöglichkeiten werden in diesem Zusammenhang immer wieder genannt. Auswirkungen materieller Armut variieren außerdem in Relation zu Alter, Geschlecht und Entwicklungsstand von Mädchen und Jungen.

8.2   Wechsel von der Defizit- zur Ressourcenperspektive

Alltagserfahrungen und Forschung zeigen jedoch, dass Risikofaktoren in ihrer Wirkung durch (un-)günstige Bedingungen verstärkt oder auch gemindert werden können. Eine Häufung von Risikofaktoren *kann* zu einer gefährdenden Risikokonstellation führen, *kann* aber auch durch Ressourcen verschiedenster Art abgeschwächt werden. Letztlich entscheidet die Verfügbarkeit von *Ressourcen* über den weiteren Verlauf der kindlichen Entwicklung, wobei man darunter aktuell verfügbare Potenziale versteht, die die Entwicklung unterstützen (Petermann/Schmidt 2006). Zu einem umfassenden Bild gehört es also, die Ressourcen ebenso gut zu kennen wie die Risiken, die potenziell schützenden Systeme im Leben eines Kindes und seine individuellen Kompetenzen ebenso wie die Symptome (Masten 2001).

Eine solche Denkweise eröffnet nicht nur die Befreiung von der Vorstellung einer schicksalhaften Vorbestimmung des Lebens, sondern ermöglicht auch die Entwicklung präventiver Handlungskonzepte und praxisorientierter Instrumente.

8.3 Resilienz – Widerstandskraft gegenüber Entwicklungsrisiken

Das Konzept der Resilienz baut auf dieser ressourcenorientierten Perspektive auf und zielt auf psychische Gesundheit *trotz* erhöhter Entwicklungsrisiken. Laut Definition versteht man unter Resilienz psychische Widerstandskraft gegenüber biologischen, psychologischen und psychosozialen Entwicklungsrisiken und meint damit die Fähigkeit, Stress und Belastungen erfolgreich im Sinn von Widerstandsfähigkeit gegenüber vielfältigen Belastungen zu bewältigen. Man spricht zum Beispiel von Resilienz, wenn Kinder angesichts herausfordernder Lebensumstände Bewältigungskompetenzen aktivieren, die ihnen helfen, die damit verbundenen Anforderungen relativ unbeschadet zu überstehen. Beobachtungen aus diesem Forschungskontext belegen sogar, dass manche Kinder ihre eigene Entwicklung begünstigende Umweltbedingungen bevorzugt aufsuchen und entsprechende Anreize für ihre eigene Entwicklung aktiv herausfordern (Scarr/McCartney 1983).

8.4 Resilienz dauerhaft nachweisen

Um die Möglichkeiten, die dieser Perspektivenwechsel bietet, für eine alltagsgerechte Armutsprävention nutzen zu können, ist eine theoretische Auseinandersetzung mit der Resilienzforschung und den Schritten, die zu diesem Konzept geführt haben, erforderlich.

Zunächst: Resilienz beinhaltet keine „angeborenen", statischen Merkmale, sondern ist abhängig von Eigenschaften, die das Individuum durch eigene Aktivitäten erworben hat oder die ihm durch seine Umgebung zur Verfügung gestellt werden. Das lässt auch auf eine dynamische und mit Schwankungen verlaufende Entwicklung von Resilienz schließen, die nicht über eine Momentaufnahme, sondern nur über einen längeren Zeitraum nachweisbar ist (Rutter 2001). Um eindeutige Vorstellungen und klare Aussagen über den Nutzen des Resilienzkonzeptes für Prävention und Intervention formulieren zu können, muss daher analysiert werden, wie Risiko- und Schutzfaktoren im Prozess zusammenwirken. Aus diesem Grund gelten Längsschnittstudien als methodische Voraussetzung für die Erforschung der Resilienz.

Als wegweisend gilt bis heute die Kauai-Studie von Werner und Smith. Sie lenkten erstmalig die Aufmerksamkeit von den bereits umfassend erforschten Risikofaktoren zu den Schutzfaktoren *(protektive Faktoren)*, erstellten die erste Liste protektiver Faktoren und legten damit einen Grundstein zur Erforschung des Konzepts von Risiko- und Schutzfaktoren, deren Zusammenspiel die Entwicklung von Kindern maßgeblich beeinflusst. Ein Ergebnis des Wechsels von der Defizit- zur Ressourcenperspektive ist das Konzept des Schutzfaktors als Gegenstück zum Risikofaktor. Schutzfaktoren werden definiert als individuelle Merkmale oder Umfeldmerkmale, die bereits *vor* dem Auftreten von Risikofaktoren vorhanden sind und die krankmachenden Wirkungen eines Risikofaktors vermindern (Rutter 2001) bzw. die Entstehung von psychischen Störungen verhindern oder abmildern (Petermann/Schmidt 2006).

Als ähnlich bedeutend, vor allem unter dem Aspekt der Armutsforschung, ist die britische Studie von Ingrid Schoon (2006) zu sehen. Sie hat den Einfluss gesellschaftlicher Rahmenbedingungen *und* familiär erlebter sozialer Benachteiligung auf die individuellen Lebensverläufe von Kindern bis ins Erwachsenenalter hinein an zwei Geburtsjahrgängen (1958 und 1970) untersucht. Schoon legte den Schwerpunkt auf die Erforschung von Risiken und Ressourcen und ermittelte den Zusammenhang von sozialer Benachteiligung, individueller Bewältigung und Entwicklung im Lebensverlauf. Ihre Ergebnisse betreffen vor allem die Schullaufbahn der Kinder sowie deren spätere berufliche Position und das Wohlbefinden im Erwachsenenalter (Schoon, 2006; Kap. 4.3.2).

In der Bielefelder Invulnerabilitätsstudie von Lösel und Bender (Lösel/Bender 2007) wurden Jugendliche in Heimbetreuung untersucht, die aus einem so genannten Multiproblemmilieu kamen. Zentrale Ergebnisse betreffen die Bedeutung von Freundschaften und sozialen Netzwerken, aber auch die des Temperaments und der subjektiven Wahrnehmung. Die als resilient eingestuften Jugendlichen zeigten unter anderem ein flexibleres, weniger impulsives Temperament, hatten eine realistischere Zukunftsperspektive und des Öfteren eine feste Bezugsperson außerhalb ihrer hoch belasteten Familie.

Zu den wenigen Längsschnittstudien, die die Entwicklung von Kindern in Deutschland über einen längeren Zeitraum beobachten, zählt seit 1986 die „Mannheimer Risikokinderstudie" (Laucht 1997). Die Fragestellung der Forscher richtet sich jedoch vor allem auf die Ermittlung von Risikofaktoren, insbesondere auf die Entstehung und den Verlauf von Entwicklungs- und Verhaltensstörungen. Ein zentrales Ergebnis ist die besondere Relevanz frühkindlicher Belastungen für die kognitive Entwicklung, deren Auswirkungen bis ins Grundschulalter reichen.

8.5 Schutzfaktoren

Die Zusammenschau dieser und weiterer Studien ermöglicht es, trotz methodischer Einschränkungen einen Überblick über schützende Faktoren zu geben. Nach diesen Erkenntnissen schützen körperliche und personale Ressourcen, gesundheitsförderliche Verhaltensweisen und sozio-strukturelle Rahmenbedingungen und begünstigen eine positive kindliche Entwicklung trotz materieller Armut. Dazu gehören insbesondere:

- Eine enge emotionale Beziehung zu mindestens einer Bezugsperson
- Die kognitiven Fähigkeiten des Individuums
- Ein aktiver Problembewältigungsstil
- Das Ausmaß an Selbstwertgefühl und Selbstvertrauen
- Das Gefühl von Selbstwirksamkeit
- Körperliche Gesundheitsressourcen
- Das Ausmaß an wahrgenommener sozialer Unterstützung
- Das Erleben von Erfolg und Leistung, nicht nur durch gute Schulnoten, sondern auch durch soziale Aktivitäten, die Verantwortung erfordern
- Das Geschlecht

8.5.1 Wechselwirkungen von Alter und Geschlecht

Entscheidende Wirkungen entfalten sich häufig in Interaktion untereinander (z. B. Geschlecht und Lebensalter) bzw. in einem spezifischen Kontext. Jungen gelten vor allem im frühen Kindesalter als vulnerabler, während dies

Tab. 19: Wirkung der Schutzfaktoren nach Geschlecht und Alter (vgl. Petermann et al. 1998) (Eigene Zusammenstellung)

Alter	Mädchen	Jungen
Kleinkind	Umgängliches Temperament	Höheres Bildungsniveau der Mutter, positive mütterliche Interaktion, familiäre Stabilität
Mittlere Kindheit	(nonverbale) Problemlöse-fähigkeit, das Rollenvorbild einer Mutter mit Schulab-schluss und Berufstätigkeit	Emotionale Unterstützung durch die Familie, Anzahl der Kinder in der Familie, Anzahl Erwachsener außerhalb des Haushaltes, mit denen das Kind gerne verkehrt
Späte Jugend	Hohe Selbstachtung, internale Kontrollüberzeu-gung, realistisches Bildungsziel	Lehrer/-in als Mentor oder Rollenvorbild, regelmäßige Aufgaben und Verantwortung im Familienalltag

bei Mädchen eher ab der Pubertät zutreffend ist. Je nach Altersstufe und Geschlechtszugehörigkeit werden daher unterschiedliche Faktoren als protektiv angesehen (Tab. 19).

8.5.2 Erziehungsorientierungen in der Familie

Andere Studien in diesem Forschungsfeld ergaben, dass sich die Erziehungsorientierungen in der Familie, die kindliche Resilienzfähigkeiten stärken, bei Mädchen und Jungen unterscheiden (Werner 1999). Resiliente Jungen kommen oft aus Haushalten mit klaren Strukturen und Regeln, in denen ein männliches Familienmitglied (Vater, Großvater, älterer Bruder) als Identifikationsmodell dient *und* in denen Gefühle nicht unterdrückt werden. Resiliente Mädchen kommen oft aus Haushalten, in denen sich die Betonung von Unabhängigkeit *mit* der zuverlässigen Unterstützung einer weiblichen Fürsorgeperson verbindet (z.B. Mutter, Großmutter, Tante, ältere Schwester).

8.5.3 Entwicklungsübergänge

In jedem kindlichen Entwicklungsverlauf gibt es Phasen erhöhter Vulnerabilität aufgrund von besonderen Entwicklungsaufgaben. Entwicklungsübergänge (Transitionen) sind mit neuen Aufgaben verbunden und gelten als bedeutsame biografische Erfahrungen in der Identitätsentwicklung. Erhöhte Anforderungen an die Anpassungsfähigkeit bestehen, wenn Bewältigung altersgemäßer Aufgaben durch zusätzliche Probleme erschwert wird oder ungelöste Konflikte aus anderen Altersstufen wieder auftreten. Die Bewältigung dieser Entwicklungsaufgaben wird im individuellen Bereich u.a. durch personale Ressourcen, wie ein hohes kognitives Funktionsniveau, eine positive Emotionalität („Liebenswürdigkeit") oder eine altersentsprechende Impulskontrolle unterstützt. Im Bereich sozialer Ressourcen gehören vor allem familiale Faktoren wie ein positives Elternverhalten und ein gutes Familienklima dazu.

Beim Wechsel von der Kindertagesstätte in die Grundschule durchleben Kinder Phasen beschleunigter Veränderungen und eine besonders lernintensive Zeit, die entwicklungsstimulierend ist. Durch anhaltende materielle Armut als zusätzliches Risiko können sich die damit verbundenen Aufgaben jedoch als hoch belastend erweisen. Eine enge Zusammenarbeit zwischen Kindertagesstätte und Grundschule mit z.B. gemeinsamer Elternarbeit und längerfristig angelegten Peer-Projekten kann Kinder bei der Meisterung dieser Belastungen unterstützen und sich damit als resilienzfördernd erweisen, sofern sie explizit auf die Bewältigung dieses Übergangs angelegt sind.

Im Folgenden werden Beispiele für Entwicklungsübergänge genannt, die in Armutslagen für Kinder besonders belastend sind, und resilienzfördernden Faktoren gegenübergestellt. Letztere können durch bereichsübergreifende Konzepte (z. B. frühe Hilfen) gefördert werden.

Entwicklungsübergänge – in Armutslagen für Kinder besonders belastend	Entwicklungsübergänge – Beispiele resilienzfördernder Faktoren
Übergang Schwangerschaft, Geburt, wie z. B.: biologische Risiken (niedriges Geburtsgewicht, Mangelernährung der Mutter, etc.)	Säuglingszeit: – sicheres Bindungsverhalten als Folge positiver Erziehungsreaktionen; – Integration der Mutter/Eltern in ein soziales Netzwerk
Übergang Kita – Grundschule, wie z. B.: psychosoziale Risiken im familiären und schulischen Bereich	Schulalter: Soziokulturelle Ressourcen, wie – altersangemessenes Kommunikationsvermögen, gutes Sprach- und Lesevermögen, Impulskontrolle – positives Klassen- und Schulklima – positives Familienklima
Pubertät/Jugendalter, wie z. B.: psychosoziale Risiken im familiären und schulischen Bereich (Übergang in den Beruf, Ablösung in Kind-Eltern-Beziehung)	Jugendalter: – Einbindung in soziales Netzwerk – soziale Unterstützung in Verbindung mit einer hohen Qualität dieser Beziehung, z. B. mit Erwachsenen, mit Gleichaltrigen, beste/r Freund/in – positives Erziehungsklima (akzeptierend-unterstützend und fordernd-kontrollierend) in Schule, Familie, Freizeiteinrichtung etc.

8.6 Armutsbewältigung bei Kindern und Jugendlichen

Soziale Unterstützung über soziale Netzwerke gilt als eine der zentralen Variablen in der Erhaltung von körperlicher und seelischer Gesundheit sowie in der Vermeidung, Bearbeitung und Bewältigung unterschiedlicher

Belastungen und Krisen. Bei materieller Armut wirkt soziale Unterstützung schützend und gilt als entwicklungsfördernde Ressource zur Bewältigung dieser Lebenslage. Die mehr oder minder starke Einbindung von Kindern und Jugendlichen in ein soziales Beziehungsgefüge wirkt sich entscheidend auf die entwicklungsfördernde Bewältigung von Problemlagen aus. Dabei müssen allerdings weitere wichtige Aspekte wie Geschlecht, Alter oder die Form des Bewältigungsverhaltens beachtet werden.

Verallgemeinernd lässt sich sagen, dass Mädchen im Kindesalter eher über personale Ressourcen wie ein „umgängliches" Temperament, Problemlösefertigkeiten und höheres Selbstwertgefühl verfügen als gleichaltrige Jungen. Sie können zu diesem Zeitpunkt außerdem mehr soziale Unterstützung (soziale Ressourcen) mobilisieren als Jungen. In Armutslagen vergrößern sich diese Abstände nochmals eklatant und zwar nicht nur zwischen Jungen und Mädchen mit gleichem Sozialstatus, sondern auch zwischen gleichaltrigen Jungen mit niedriger bzw. mittlerer Statuszugehörigkeit. Arme Jungen im Kindesalter können in der Regel weniger gut soziale Unterstützung mobilisieren und haben weniger Ansprechpersonen als Mädchen in vergleichbarer Lebenslage bzw. als Jungen mit höherem Sozialstatus. Mädchen profitieren zudem mehr von gut ausgebildeten Bewältigungskompetenzen ihrer Mütter (Richter 2000).

Das Bewältigungsverhalten bei Armut lässt sich in „aktiv-problemlösende" und „problem-meidende" Formen unterscheiden (Richter 2000). Mädchen zeigen im Grundschulalter eher ein aktiv-problemlösendes Bewältigungsverhalten als gleichaltrige Jungen. Allerdings gilt für alle von Armut betroffenen Grundschulkinder, dass sie eher als andere Gleichaltrige dazu neigen, Belastungen und Probleme zu vermeiden, zu internalisieren und *nicht* aktiv anzugehen. Typisch sind Handlungen und Haltungen wie „Wunschdenken", „Rationalisieren" oder „Tabuisieren", die der Regulation und Steuerung emotionaler Reaktionen dienen. Langfristig gesehen folgen daraus nicht nur psychosoziale Probleme, sondern auch Benachteiligungen in anderen Lebensbereichen (z. B. im Bildungsverlauf, im Gewinnen von Freundschaften) (Richter 2000).

Diese Beobachtungen decken sich mit empirischen Befunden, die diese und ähnliche emotionszentrierte Strategien als typisches Mittel der Auseinandersetzung mit chronischen und für Kinder nicht kontrollierbaren Stressoren bezeichnen (Rossmann 2008). Aus der kindlichen Perspektive erscheint dieses Bewältigungsverhalten im Umgang mit Belastungen zu funktionieren. Die subjektive Bewertung von Ereignissen (durch das Kind) wird so zur entscheidenden Instanz, wobei die Wertung allerdings nicht losgelöst im Raum steht, sondern entscheidend vom sozialen Umfeld geprägt wird (Jackson/Warren 2000).

Die Kategorisierung in aktiv-problemlösendes versus problem-meidendes Bewältigungsverhalten bei Armut lässt sich mit Konzepten und Ergebnissen der Resilienzforschung verknüpfen. Nach Werner (2007) zeichneten sich resiliente Kinder und Jugendliche der Kauai-Studie im Umgang mit Aufgaben und Problemen durch ein hohes Maß an Selbstständigkeit aus, verbunden mit der Fähigkeit, sich im Bedarfsfall gezielt nach Hilfe umzusehen. Hinweise auf die zentrale Bedeutung dieser Haltung finden sich auch bei Aaron Antonovsky. Das von ihm gebildete Konstrukt des Kohärenzgefühls repräsentiert die Zuversicht, das Leben bewältigen zu können. Das Gefühl von *Handhabbarkeit* steht für die Überzeugung eines Menschen, dass Schwierigkeiten lösbar sind. Antonovsky nennt dies auch „instrumentelles Vertrauen" und definiert es als das „Ausmaß, in dem man wahrnimmt, dass man geeignete Ressourcen zur Verfügung hat, um den Anforderungen zu begegnen." (Antonovsky 1997) Dabei geht es sowohl um eigene Ressourcen und Kompetenzen, wie auch um den Glauben, dass andere Personen oder eine höhere Macht helfen können/werden, Schwierigkeiten zu überwinden.

Diese Haltung erfordert aktiv-problemlösende Bewältigungsstrategien, die, wenn nicht in der Familie, dann im sozialen Umfeld bzw. in der Schule erlernt werden können. Kinder und Jugendliche brauchen dazu Menschen, die an mögliche Erfolge glauben, erfolgreiche Interaktionen fördern und eine Lernumgebung schaffen, die durch „Kontinuität und Struktur, Über- und Unterforderungsbalance und eine aktive Beteiligung an kritischer Entscheidungsfindung" (Keogh 1999) gekennzeichnet ist.

In der bereits erwähnten Bielefelder „Invulnerabilitätsstudie" (Lösel/ Bender 2007) wurden zur Ermittlung von Resilienz die Kompetenzen von Jugendlichen zur Problembewältigung untersucht. Man kam zu dem Ergebnis, dass resiliente Jugendliche weder ein größeres soziales Netzwerk haben, noch häufiger soziale Unterstützung mobilisieren als andere. Entscheidend war für sie die Qualität der *Beziehung*, die ihnen gleichzeitig mit der Unterstützung angeboten wurde. Sie waren deutlich zufriedener mit der erhaltenen Unterstützung, was nach Einschätzung der Forscher/-innen im Zusammenhang mit der Fähigkeit steht, Probleme aktiv unter Verwendung sozialer Ressourcen zu lösen. Ihrer Ansicht nach nutzen resiliente Jugendliche soziale Unterstützung zwar nicht häufiger, in Problemsituationen aber vermutlich effektiver. Gründe dafür liegen unter anderem in der Wahrnehmung von „Regulierbarkeit", durch die sie gezielter auf andere zugehen und mehr angemessene Unterstützung erhalten. Das Bielefelder Team kam zu dem Ergebnis, dass Jugendliche, die eher aktiv-problemlösendes Bewältigungsverhalten zeigten, weniger Erlebens- und Verhaltensstörungen entwickelten.

Nach Kolip (1993) ist die gesamte Diskussion nicht geschlechtsneutral, sondern vor dem Hintergrund geschlechtsspezifischer Lebensbedingungen zu sehen. Mädchen wählen Freundinnen danach aus, ob sie zu ihnen Vertrauen haben und Probleme besprechen können. Bei Jungen scheint dagegen die Bedeutung körperlicher Aktivitäten zum Spannungsabbau (allein und in der Gruppe) mehr Bedeutung für die Problembewältigung zu haben.

■ Resiliente Jugendliche zeigen mehr aktiv-problemlösendes Bewältigungsverhalten.
■ Resiliente Jugendliche haben größere soziale Netzwerke und nennen mehr relevante Unterstützungspersonen.
■ Das Gefühl von *Handhabbarkeit* (Antonovsky) steht für die Überzeugung, dass Schwierigkeiten lösbar sind.
■ Aktiv-problemlösendes Bewältigungsverhalten hat Mediatorfunktion und ist mit geringerem Vorkommen von Erlebens- und Verhaltensstörungen verbunden.

Der Zusammenhang zwischen aktiv-problemlösendem Bewältigungsverhalten und Wahrnehmung von Handhabbarkeit hat zur Folge, dass

■ Jugendliche ein höheres Maß an sozialer Unterstützung erhalten,
■ Jugendliche gezielter auf Personen aus ihrem sozialen Netzwerk zugehen.

8.7   Resilienzstärkung auf verschiedenen Ebenen verorten

Neben der Unterscheidung in personale und soziale Ressourcen (wie Bewältigungsverhalten oder soziale Unterstützung) sowie geschlechts- und statusspezifische Faktoren ist die Unterscheidung verschiedener Handlungsebenen hilfreich für die Entwicklung von Präventionskonzepten.

Der Ansatz von Garmezy (1985) zielt auf drei Ebenen und ist geeignet, Prozesse in der Lebenswelt zu verorten, um so ein besseres Verständnis der bestehenden Entwicklungsmöglichkeiten zu gewinnen. Danach sind Schutzfaktoren zu finden in:

■ den Persönlichkeitsmerkmalen des Kindes,
■ den Merkmalen der engeren sozialen Umwelt,
■ den Merkmalen des außerfamilialen Stützsystems.

Dieser Mehrebenenansatz ermöglicht die Verknüpfung der Überlegungen mit der ökologischen Sozialisationsforschung Bronfenbrenners (1976). Damit wird die Verbindung zu einer in vielen Wissenschaftsfeldern einflussreichen Theorie geöffnet, die zwischen verschiedenen Systemen (Mikro-, Meso-, Exo- und Makrosystemen) unterscheidet, die in Wechselwirkung zum Individuum stehen und seine Entwicklung beeinflussen. Bei Bronfenbrenner (1976) wie bei Garmezy (1985) wird so die Aufmerksamkeit auf die

Bestellschein

Ich bestelle aus dem Ernst Reinhardt Verlag | Kemnatenstr. 46 |
80639 München | Tel. 089/17 80 16-0 | Fax 089/17 80 16-30
info@reinhardt-verlag.de | www.reinhardt-verlag.de

...... Ex. ISS (Hg.), Vernachlässigte Kinder besser schützen
(978-3-497-01945-8) kt € [D] 16,90 / € [A] 17,40 / SFr 28,50

...... Ex. ISS (Hg.), Der Allgemeine Soziale Dienst
(978-3-497-02135-2) kt € [D] 19,90 / € [A] 20,50 / SFr 33,50

zzgl. Versandkosten • Preisänderungen vorbehalten

....
Name, Vorname

....
Straße

....
PLZ, Ort

....
E-Mail

2170-3

Tel. 089/17 80 16-0 • Fax -30 • info@reinhardt-verlag.de • www.reinhardt-verlag.de

Werbeantwort

Ernst Reinhardt Verlag
Postfach 20 07 65
80007 München

Bitte frei-
machen,
falls Marke
zur Hand

Umfassender Überblick!

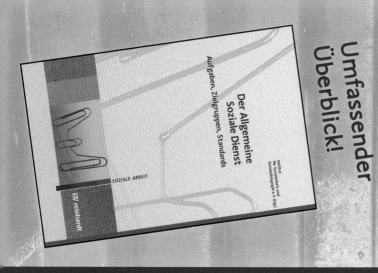

Aufgaben, Zielgruppen, Standards

**Der Allgemeine
Soziale Dienst**

SOZIALE ARBEIT

Institut
für Sozialarbeit und
Sozialpädagogik e.V. (Hg.)

EV reinhardt

Aktuelles
Fachwissen
für
effektive
Hilfe!

EV reinhardt
www.reinhardt-verlag.de

Krisenintervention
konkret!

**Vernachlässigte Kinder
besser schützen**

Sozialpädagogisches Handeln
bei Kindeswohlgefährdung

SOZIALE ARBEIT

EV reinhardt

Institut
für Sozialarbeit und
Sozialpädagogik e.V.
(Hg.)

nähere und weitere Umwelt als alltägliche, dauerhafte und erlebte Umgebung des Kindes mit vielerlei Wechselwirkungen gelenkt. Das Kind steht dabei als Erfahrungssubjekt im Mittelpunkt.

8.7.1 Die familiale Ebene

Als ein Schritt in diese Richtung kann die AWO-ISS-Studie (Holz et al. 2006) gesehen werden, die die Auswirkungen von Kinderarmut als Risikofaktor für die Entwicklung von Mädchen und Jungen auf verschiedenen Ebenen untersucht hat. Für die Studie wurden die Kinder mehrfach vom Kindergartenalter bis zum Übergang in die weiterführenden Schulen befragt. Das Interesse galt dabei den Faktoren, die eine positive Entwicklung der Kinder trotz dauerhafter Armut begünstigten. Unter Anwendung des bereits erwähnten Konzepts von Garmezy wurden die Schutzfaktoren in den Persönlichkeitsmerkmalen des Kindes, den Merkmalen der engeren sozialen Umwelt und dem außerfamilialen Stützsystem verortet. Das Ergebnis zeigt u. a., dass im Kindesalter bei lang anhaltender finanzieller Armut familiale Ressourcen mehr als individuelle oder außerfamiliale Ressourcen schützend im Sinne einer positiven Entwicklung der Kinder wirken: Unterstützung, Anregung und Förderung – kurz gesagt: „familialer Rückhalt" – wirken sich als Schutzfaktor für einen positiven Entwicklungsverlauf aus und können die negativen Folgen von Armut mildern. Als stärkender Faktor wurden immer wieder „Familienaktivitäten" hervorgehoben, d. h. mehr oder weniger alltägliche Ereignisse, wie gemeinsame Gesellschaftsspiele, Vorlesen, Besuche bei Freunden und Verwandten und auch strukturgebende Rituale, wie tägliche Mahlzeiten mit mindestens einem Elternteil.

8.7.2 Die schulische Ebene

Nicht immer allerdings kann Familie, können Eltern entlastend wirken. Im Gegenteil, andauernde materielle Armut und Erwerbslosigkeit führen bei vielen Eltern zu Demoralisierung, depressiven Verstimmungen oder verschlechtern die elterlichen Beziehungen, vor allem dann, wenn sie schon vorher nicht ausgewogen waren. In diesem Fall kann die Schule als Schutzfaktor Einfluss nehmen, vorausgesetzt es gibt dort günstige Bedingungen. Rutter (1990) konnte nachweisen, dass Schulen protektiv gegen familiale Benachteiligungen wirken und die Wahrscheinlichkeit emotionaler und verhaltensbezogener Störungen vermindern können, wenn sie Selbstwertentwicklung anregen und soziale Integration sowie Leistungserfolg fördern. Hölscher (2003) hat in ihrer Studie zu Lebenslagen und Bewältigungsstrategien deprivierter Jugendlicher im Ganztagsschulbereich von Nordrhein-Westfalen geforscht und berichtet aus Interviews mit jugendlichen Mädchen und Jungen, deren schulischen Probleme vor allem vor dem Hintergrund familiärer Konflikte entstanden sind. Ihr Scheitern hatte weniger mit inhaltlichen Verständnisproblemen zu tun als mit den Schwierigkeiten zuhause. Die daraus resultierenden negativen Selbsturteile und die Mutlosigkeit zogen Probleme auf schulischer Ebene nach sich. Hilfe und Unterstützung außerhalb der Familie oder des engsten Freundeskreises wurden oft nicht selbstständig gesucht. Als Gründe für die fehlende Akzeptanz von Hilfeangeboten nannten sie zum einen Informationsmangel, zum anderen Unsicherheit und fehlendes Vertrauen in fremde Personen. Die Jugendlichen betonten in den Interviews das Bedürfnis nach Menschen, die ihnen den Weg zum Gespräch ebnen und auf sie zugehen. Als positiv bewerteten sie Lehrkräfte, die ihre Probleme und Verhaltensänderungen bemerkten und günstige Situation schufen, um sie anzusprechen.

So banal wie wahr ist, dass Erziehung in Schulen dann schützend wirkt, wenn die elementaren Fähigkeiten zum Wissenserwerb und zu Problemlösefähigkeiten gefördert werden. Schulische Leistungserfolge verschaffen soziale Anerkennung, aber auch das Gefühl, die im Leben gestellten Anforderungen selbst bewältigen und Kontrolle ausüben zu können und sind als wesentlicher protektiver Faktor zu sehen (Masten 2001). Schulen, aber auch Kitas und Horte mit einem darauf ausgerichteten Konzept können einen Ausgleich bieten, den Kinder und Jugendliche auch in der Bedeutung für ihr eigenes Wohlbefinden sehr hoch bewerten.

8.7.3   Die Entwicklung von Alltagskompetenzen

Um das theoretische Konzept der Resilienz in die Praxis zu transferieren, werden konkrete Zielstellungen benötigt, die es erlauben, Begrifflichkeiten wie „Erwerb von Basiskompetenzen", „Fähigkeit zur Selbstregulation" und „kognitive Flexibilität" in die Praxis zu transferieren. Basiskompetenzen beinhalten ein positives Selbstkonzept und zunehmende Kontrollerwartung, verbunden mit einer langsam wachsenden Einsicht, Ziele erreichen zu können. Fähigkeiten zur Selbstregulation und Anpassung im Umgang mit Belastungen oder übermäßigen Reizen meinen u. a. das Vermögen, sich bei Bedarf innerlich zu distanzieren und vor Überforderung zu schützen. Entscheidend ist außerdem, ob Kompetenzen zur Bewältigung von Problemen und Konflikten gelernt wurden. Darunter fällt auch die Fähigkeit zu „kognitiver Flexibilität", die es erlaubt, Situationen aus unterschiedlichen Perspektiven zu betrachten und verschiedene Lösungsstrategien zu entwerfen, oder auch angesichts eines negativen Ereignisses oder einer schwierigen, emotional belastenden Situation eine Ablenkung zu finden.

Für die Entwicklung individueller Kompetenzen und Ressourcen über die gesamte Lebensspanne werden in der Kindheit entscheidende Grundlagen gelegt. Das Spektrum der personalen Ressourcen, auf das ein Mensch zurückgreifen kann, kann sich umso besser ausdifferenzieren, je ausgewogener das Verhältnis von Anforderungen und bereits bestehenden Ressourcen ist. Vorschnelle Hilfeleistungen sind zu vermeiden, denn die Erfahrung erfolgreicher Bewältigung unterstützt die Generierung neuer Erfolge. Mit anderen Worten: Anforderungen sollten „hoch", aber nicht zu „hoch hängen". Denn Leistungsmotivation entwickelt sich nur dann optimal, wenn die mittlere Schwierigkeit der Anforderungen knapp unterhalb der individuellen Leistungsgrenze liegt, so dass diese zwar Anstrengung verlangen, aber nicht zu Unter- bzw. Überforderung führen.

Masten (2001) sieht Potenziale zur Resilienzförderung in Schulen und Sportgruppen, in denen Lehrkräfte und Trainer/-innen Anforderungen so gestalten, dass sie Kindern Erfolgserlebnisse verschaffen, um auf diese Weise ihr Selbstvertrauen zu stärken. Sie fordert, Ziele in graduelle Herausforderungen zu gliedern, die individuell auf das Kind zugeschnitten sind. Gefühle von Selbstwirksamkeit und Kompetenz sind für sie Nebenprodukte dieser Strategie, deren Schwerpunkt darin liegt, Kinder so zu motivieren, dass sie sich hartnäckig um ihr Glück bemühen.

Ein weiteres entscheidendes Element für die Bewältigung von Anforderungen ist die Bewertung der Ereignisse. Wird ein Ereignis als Herausforderung statt als Bedrohung (Antonovsky 1997) begriffen, sind die Chancen größer, dass die Bewältigung gelingt. Damit zielt Resilienz auch auf die generalisierte Erwartung, dass man selbst in der Lage ist, Einfluss zu nehmen und mit dem eigenen Handeln etwas bewirken kann. Betont wird dabei der Aspekt der aktiven Selbsttätigkeit.

8.8   Bildung als Ressource

Unter dem Titel „Bildung als Chance" werden von einigen Autoren immer wieder enge Zusammenhänge und sogar Parallelen zwischen Bildung und Resilienz gezogen (Göppel 2007), vor allem dann, wenn Bildung in ihrem Kern nicht als „Bestand", den es zu erwerben und zu bewahren gilt, sondern eher als Vermögen und als Prozess begriffen wird. Parallelen sind auch darin zu sehen, dass sowohl Resilienz wie auch Bildung auf die Idee der „gelingenden Lebensgestaltung" abheben. Einig ist man sich vor allem darüber, dass das kognitive Funktionsniveau ein grundlegendes menschliches Anpassungssystem und Bildung eine unverzichtbare Ressource der Lebensbewältigung darstellen.

Obwohl immer noch relativ wenig Forschung zur Thematik der Resilienzförderung (von Risikokindern) im Schulbereich existiert, gibt es Hinweise auf fördernde Faktoren. Dazu gehören: Hohe Erwartungen an Leistung und Verhalten der Schüler gepaart mit einem guten Klassenklima (für das maßgeblich der/die Klassenlehrer/-in verantwortlich ist), das die Qualität der

Lehrer-Schüler- und Schüler-Schüler-Interaktion bestimmt (Keogh 1999). Im Weiteren werden eine angemessene Klassengröße, ein adäquater Wechsel der Lehrkräfte und ein gutes Schulklima genannt (für das Schulleitung und Kollegium verantwortlich sind), das im Übrigen auch das Wohlbefinden der Lehrkräfte beinhaltet. Dazu gehören aber auch allgemeine Faktoren wie Kontinuität, Struktur und Erwartbarkeit, die vor allem für Kinder mit eher chaotischem Lebenshintergrund eine wesentliche Qualität darstellen können. Damit Mädchen und Jungen ihre Schule auf diese Weise erfahren können, müssen jedoch grundlegende Bedingungen erfüllt sein, wie beispielsweise die Erfahrung von Gemeinschaft bei gleichzeitiger Förderung von Selbstbestimmung und –gestaltung, die sowohl die Aktivierung des Individuums wie auch seine Unterstützung bei der Problembewältigung beinhalten. In diesem Zusammenhang wird immer wieder die Erfahrung von *Selbstwirksamkeit* betont, im Verständnis von „wirken und etwas *be*wirken" zu können.

8.9 Mehr als individuelle Kompetenzförderung

Resilienzförderung ist mehr als individuelle Kompetenzförderung. Ebenso wichtig ist die Entwicklung grundlegender struktureller Rahmenbedingungen z. B. für eine hohe pädagogische Qualität in Kitas und Schulen, für eine hohe infrastrukturelle Qualität im Wohnumfeld und für Angebote „früher Hilfen" zur frühzeitigen Unterstützung von Familien. Dahinter steht das Wissen, dass strukturelle und umfeldbedingte Defizite nicht durch eine alleinige Orientierung des erzieherischen Handelns auf die Ressourcenperspektive auszugleichen sind.

Arme Mädchen und Jungen erleben Ausgrenzung und wissen, wie sich soziale Benachteiligung „anfühlt". Sie wissen aus eigener Erfahrung, was Kindheit in Wohngebieten mit hohen Zuwanderungsanteilen und sozialräumlichen Defiziten bedeutet. Sie verbringen ihren Alltag mit Eltern, deren Fürsorge durch finanzielle Armut und eventuell durch Krankheit oder Behinderung enge Grenzen gesetzt werden, kaum Zugang zu sozialen Hilfen haben, sondern an kulturell oder sozial bedingten Zugangsbarrieren scheitern. Strategien zur Resilienzförderung müssen daher das individuelle Verhalten und die positive Veränderung der Rahmenbedingungen umfassen.

Literatur

Antonovsky, A. (1997): Salutogenese – Zur Entmystifizierung der Gesundheit. dgvt-Verlag, Tübingen

Bronfenbrenner, U. (1976): Ökologische Sozialisationsforschung – Ein Bezugsrahmen. In: Bronfenbrenner, U. (Hrsg.): Ökologische Sozialisationsforschung. Enke, Stuttgart, 199–220

Garmezy, N. (1985): Stress Resistent Children: The Search for Protective Factors. In: Stevenson, J. E.: Recent Research in Developmental Psychopathology. Journal of Child Psychology and Psychiatry, 213–233

Göppel, R. (2007): Bildung als Chance. In: Opp et al. (Hrsg.), 245–264

Hölscher, P. (2003): Immer musst Du hingehen und praktisch betteln. Wie Jugendliche Armut erleben. Campus, Frankfurt/M.

Holz, G., Richter, A., Wüstendörfer, W., Giering, D. (2006): Zukunftschancen für Kinder!?. ISS-Pontifex, Frankfurt/M.

Jackson, Y., Warren, J. (2000): Appraisal, Social Support and Life Events: Predicting Outcome Behaviour in School-Age Children. Child Development 71, 5, 1441–1457

Keogh, B. (1999): Risiko und protektive Einflüsse in der Schule. In: Opp et al. (Hrsg.), 191–203

Kolip, P. (1993): Freundschaften im Jugendalter. Der Beitrag sozialer Netzwerke zur Problembewältigung. Juventa, Weinheim

Krappmann, L. (2003): Kompetenzförderung im Kindesalter. Aus Politik und Zeitgeschichte B9, 14–19. In: www1.bpb.de/files/OCSFIP.pdf, 20.6.2010

Laucht, M. (2009): Die Mannheimer Längsschnittstudie – Was wir von Mannheimer Risikokindern lernen können. In: www.akip.de/cms/media/pdf/kkk/laucht_handout_mai_09.pdf, 21.6.2010

Lösel, F., Bender, D. (1996): Schutz- und Risikofaktoren der gesunden Entwicklung von Kindern und Jugendlichen in der Familie und deren Umfeld. ÖIF-Materialiensammlung 5, 53–71

Masten, A. (2001): Resilienz in der Entwicklung: Wunder des Alltags. In: Röper, G., Hagen, C. von, Noam, G. (Hrsg.): Entwicklung und Risiko – Perspektiven einer klinischen Entwicklungspsychologie. Kohlhammer, Stuttgart, 192–219

Opp, G., Fingerle, M. (Hrsg.) (2007): Was Kinder stärkt – Erziehung zwischen Risiko und Resilienz. 2. völlig neu bearb. Aufl. Ernst Reinhardt, München/Basel

Petermann, F., Schmidt, M. (2006): Ressourcen – ein Grundbegriff der Entwicklungspsychologie und Entwicklungspsychopathologie. Kindheit und Entwicklung 15, Göttingen, 118–127

–, Kusch, M., Niebanck, K. (1998): Entwicklungspsychopathologie. Juventa, Weinheim, 203–227

Richter, A. (2000): Wie erleben und bewältigen Kinder Armut? Eine qualitative Studie über die Belastungen aus Unterversorgungslagen und ihre Bewältigung aus subjektiver Sicht von Grundschulkindern einer ländlichen Region. Shaker Verlag, Aachen

Rossmann, P. (2008): Depressive Störungen. In: Esser, G. (Hrsg.): Lehrbuch der Klinischen Psychologie und Psychotherapie bei Kindern und Jugendlichen. 3. aktual. u. erw. Aufl. Klett-Cotta, Stuttgart, 291–303

Rutter, M. (2001): Psychosocial Adversity: Risk, Resilience and Recovery. In: Richman, J. M., Fraser, M. W. (Eds.): The Context of Youth Violence: Resilience, Risk and protection. Sage, Westport, 13–41

– (1990): Psychosocial Resilience and Protective Mechanisms. In: Rolf, J., Masten, A., Cicchetti, D., Neuchterlein, K. H., Weintraub, S. (Eds.): Risk and Protective Factors in the Development of Psychopathology. Cambridge University Press, Cambridge, 181–214

Scarr, S., McCartney, K. (1983): How People Make their Own Environments: A theory of Genotype Greater Than Environments Effects. Child Development 54, 424–435

Schoon, I. (2006): Risk and Resilience. Adaptations in Changing Times. Cambridge University Press, Cambridge

Werner, E. (2007): Resilienz: Ein Überblick über internationale Längsschnittstudien. In: Opp et al. (Hrsg.), 311–326

– (1999): Entwicklung zwischen Risiko und Resilienz. In: Opp et al. (Hrsg.), 25–36

9 Kindbezogene Armutsprävention als struktureller Präventionsansatz

Von Gerda Holz

Zunächst werden die für den Ansatz einer kindbezogenen strukturellen Armutsprävention zentralen Prämissen skizziert, sowohl hinsichtlich des allgemeinen Präventionsverständnisses und der drei Präventionsebenen als auch in Verknüpfung mit Grundfragen sozialer Arbeit (Kap. 1 und 2). Dem folgt eine Auseinandersetzung mit der Frage, was unter Armutsprävention zu verstehen ist (Kap. 3). Schließlich wird der verhaltens- und verhältnisbezogene Handlungsansatz „kindbezogene Armutsprävention" (Kap. 4), sowohl in seiner theoretischen Anlage als auch der praktischen Anwendung dargelegt.

9.1 Was ist mit Prävention gemeint?

Als Prävention (vom lateinischen *praevenire*, „zuvorkommen, verhüten") werden Maßnahmen zur Vermeidung eines nicht erwünschten Ereignisses oder einer unerwünschten Entwicklung bezeichnet. Wissenschaft und Praxis unterscheiden zwischen primärer, sekundärer und tertiärer Prävention (Rosenbrock/Michel 2007).

- Im Kontext primärer Prävention geht es um die Analyse individueller Bedürfnisse zur Schaffung gesellschaftlicher Rahmenbedingungen, die ein regelkonformes Verhalten des Einzelnen fördern. Sie setzt vor einer Schädigung, Krankheit oder einem regelverstoßenden Verhalten ein und sucht nach Ursachen, wie z. B. Risikofaktoren, die dazu führen können. Primärprävention richtet sich zumeist an die Bevölkerung insgesamt oder an eine spezifische Bevölkerungsgruppe.
- Sekundärprävention beschäftigt sich mit der Verhinderung von Normverletzungen durch spezielle Maßnahmen. Hier sollen nonkonformes Verhalten, Beeinträchtigungen oder Krankheiten frühzeitig erfasst werden, damit im weiteren Verlauf keine Verschlechterung oder Chronifizierung eintritt. Sie richtet sich an besonders gefährdete Zielgruppen.
- Tertiäre Prävention stellt Maßnahmen nach Regelverletzungen in den Mittelpunkt. Sie ist eher eine Rückfallvermeidung – etwa nach Behandlung – oder Verminderung von Folgeproblemen und negativen Begleiterscheinungen. Sie zielt auf die jeweiligen Betroffenen-Individuen und -Gruppen ab.

Weiter wird zwischen Verhaltens- und Verhältnisprävention differenziert. Verhaltensprävention richtet sich auf das individuelle Verhalten der Menschen. Sie will etwa förderliche Lebensweisen stärken und riskantes Verhalten vermeiden. Verhältnisprävention wiederum will schädliche Umwelteinflüsse verringern und eine gesunde Lebens- und Arbeitswelt schaffen.

Zentral ist, das Individuum durch entsprechende Angebote, Hilfen und Aktivitäten darin zu unterstützen, seine Situation positiv zu bewältigen und gesellschaftlich integriert zu gestalten. Es geht folglich darum, möglichst frühzeitig Bedürfnisse und Risiken auf individueller Ebene zu erkennen sowie gesellschaftlich ein bedarfsgerechtes Angebot vor allem der *Primär- und Sekundärprävention* zu entwickeln, das wiederum dem Einzelnen offeriert werden kann, mit der Hoffnung auf eine intensive Nutzung, um so die gesellschaftlich erwartete Wirkung zu erzielen.

9.2   Wie lässt sich Prävention im Feld der Sozialen Arbeit verwirklichen?

Ansatzpunkt Sozialer Arbeit sind stets die *Bedürfnisse* von Menschen – Kinder, Jugendliche, Mütter und Väter usw. Diese sind sowohl einzelne als auch Teil sozialer Gruppen, die sich wiederum durch typische – konkret erkennbare und unterscheidbare – Merkmale, wie ökonomische Lage, Status, Habitus, Normen, Werte oder Rituale usw. auszeichnen. Solche Unterschiede lassen sich mittels Indikatoren empirisch erfassen und strukturell beschreiben.

Subjektive Bedürfnisse bilden die Basis zur Formulierung von Bedarfen des Einzelnen oder einer Gruppe. Bedarfe wiederum zeigen die Nachfrage nach Gütern/Dienstleistungen usw. an und führen schließlich dazu, entsprechende Angebote unterschiedlicher Institutionen zu entwickeln. Der *Bedarf* ist im deutschen Sozialwesen eine zentrale Kategorie für die Bemessung von Art und Umfang sozialer Dienstleistungen und deren Organisation als Geld- oder Sachleistung. Bedarf stellt die beschaffungsbezogene Konkretisierung von Bedürfnissen dar; ein erforderlicher Schritt, damit subjektiv geprägte Bedürfnisse sozialpolitisch bearbeitbar werden. „Bedürfnisse werden durch Bedarfsdefinition so operationalisiert und gefiltert, dass über spezifische Leistungsmengen und Leistungsqualitäten von sozialen Leistungen entschieden werden kann. Ob die als bedarfsgerecht definierten Leistungen dann tatsächlich zur Bedürfnisbefriedigung eingesetzt werden, hängt von der Nachfrage oder Inanspruchnahme ab." (Deutscher Verein 2007: 91)

Die Bedarfsdefinition sowie die Bestimmung von Zielgruppen einzelner Maßnahmen sind anspruchsvolle und sehr verantwortliche Aufgaben von Professionellen: diese entscheiden maßgeblich über Art und Umfang eines möglichen Angebotes sowie die strukturelle Ausgestaltung der Rahmenbedingungen. Die Herausforderung liegt darin, Bedürfnisse und Bedarfe möglichst deckungsnah zu erfassen, da nur so eine hohe Nachfrage (durch die Betroffenengruppe) und eine möglichst passgenaue Ressourcengestaltung (durch Anbieter und Sozialpolitik) erreicht werden kann. Regelmäßige Nutzerabfragen müssten daher selbstverständlich sein.

In der Praxis lässt sich dieser Weg notwendiger Umformungen auch anhand der Begriffe „Bedürfnisgruppe, Bedarfsgruppe, Zielgruppe" beschreiben. Wer ist denn nun die *Zielgruppe* von Prävention, oder besser wer wird von den Akteuren des gesellschaftlichen Hilfesystems als deren Zielgruppe definiert? Grundsätzlich gilt: Zielgruppe von Prävention sind zunächst immer alle Menschen in einem Sozialraum. Die Unterscheidung in einzelne Gruppen erfolgt erst in einem zweiten Schritt, nämlich dann, wenn es gilt, den individuellen Bedürfnissen und Bedarfen von verschiedenen Gruppen im Sozialraum gerecht zu werden. Zwei Beispiele: Familienberatung ist ein Angebot für die Zielgruppe „Familie", also für alle, die dieses Merkmal haben. Dann geht es ausdrücklich darum, Familien mit besonderem Unterstützungsbedarf (einem weiteren Merkmal) ebenso zu erreichen wie eher „unauffällige" (ein weiteres Merkmal), die dennoch auf Beratung und eine vielleicht punktuelle Unterstützung angewiesen sind. Es geht genauso um beruflich stark engagierte und eingebundene Familien mit einem hohen Sozialstatus, die im Spannungsfeld von Beruf und Familien einen Bedarf an Familienberatung haben. Ein zweites Beispiel: „Kita- und Schulbildung" ist je nach Altersphase immer auf alle Kinder gerichtet, also alle dieser Altersgruppe. Es geht weiter darum, Kinder aus einkommensarmen Familien oder aus Familien mit Migrationshintergrund (zwei jeweils eigene Merkmale) und einem daraus ableitbarem höheren Unterstützungsbedarf genauso eine qualifizierte Bildungskarriere zu sichern, wie Kindern aus „bildungsnahen" oder einkommensstarken Familien, mit ebenfalls Bedarf an besonderer Förderung.

Ein solches Verständnis stellt hohe Anforderungen an die Gestaltung der Angebotspalette der Dienstleister, das professionelle Handeln der Fachkräfte und an die Erreichbarkeit und den Zugang zu den unterschiedlichen Adressatengruppen. Die Nachfrage nach einem Angebot überhaupt und durch welche Gruppe besonders zeigt, wie bedarfsnah das Angebot ist und welche Zielgruppe erreicht wurden und welche nicht. Präventionsangebote sind dann erfolgreich, wenn sie alle sozialen Gruppen erreichen, insbesondere die „schwer" oder gar „unerreichbaren" Gruppen.

Prävention und *Resilienzförderung* stellen somit keine gegenseitigen Alternativen dar, sondern stehen vielmehr in einem wechselseitigen Verhältnis. Die Resilienzförderung ist als spezifisches methodisches Konzept in den Grundgedanken der Prävention eingebunden und lässt sich auf all ihren Ebenen verorten.

Mehr und mehr findet der Ansatz der Resilienzförderung bei Minderjährigen Eingang in die Praxis der Pädagogik und Sozialarbeit. Letztere – ganz besonders im Kontext der Kinder- und Jugendhilfe – hat dabei qua Auftrag ihren Fokus ausdrücklich auf arme und/oder benachteiligte Minderjährige zu legen (zu § 1 SGB XIII: Deutscher Verein 2007, 834–836; Otto/Thiersch 2005).

9.3   Was heißt Armutsprävention?

Im Armutskontext ist der Begriff der Prävention ebenso wie der Begriff der Bewältigung noch anders zu betrachten und einzuordnen.

Zum einen stellt sich die Frage, ob die Prävention auf individuelle oder gesellschaftliche Ebene abzielt. Prävention übersetzt als Vermeidung/Verhinderung kann Armut als Gesellschaftsphänomen nicht wirklich verhindern, weil Armut wie Reichtum genuine Bestandteile moderner Gesellschaften sind, die auf Erwerbsarbeit beruhen und sich durch ein mittels Geldbeziehungen organisiertes Marktgeschehen charakterisieren. Folglich geht es also im Kern um die Frage, wie die vorhandenen materiellen Ressourcen und Chancen einer Gesellschaft verteilt sind und ob mittels Marktgeschehen der Wohlstand für alle oder nur für eine Gruppen erzielt wird; was wiederum zu einer stärkeren Ungleichheit zwischen verschiedenen sozialen Gruppen führt. Wachsende soziale Ungleichheit wiederum hat zunehmende Armut und soziale Ausgrenzungen von Individuen bzw. einzelnen sozialen Gruppen zur Folge (Huster et al. 2008). Dieser grundlegende gesellschaftliche Prozess impliziert in der Umkehrung, dass die Armutsvermeidung/-bekämpfung ein grundlegendes sozialpolitisches Postulat und ein zentrales Sozialstaatsgebot ist.

Da die Ursachen von Armut zuvorderst im strukturellen *(Verhältnis-)* Bereich und erst dann im individuellen *(Verhaltens-)*Bereich liegen, da die Risiken gesellschaftlich verschieden verteilt sind und die einzelnen sozialen Gruppen unterschiedlich betroffen sind, müssen Handlungsansätze der Gegensteuerung ebenfalls beide Bereiche in den Blick nehmen. Auch hier ist eine ganzheitliche und systemorientierte Betrachtungsweise erforderlich.

Armutsprävention ist also gesellschaftliche Verpflichtung und sozialstaatlicher Auftrag zugleich, entscheidend gestaltet durch Politik und Verwaltung sowie umgesetzt durch die sozialen Dienstleister und die dort tätigen Professionellen. Armutsprävention beinhaltet das Aktivwerden auf unterschiedlichen Handlungsebenen und vereint in sich politische, soziale, pädagogische und planerische Elemente. Sie umfasst Maßnahmen der Gegensteuerung durch Gestaltung von Rahmenbedingungen, aber auch durch die Bereitstellung sozialer Ressourcen und die Förderung integrativer Prozesse. Akteure sind sowohl die politisch Verantwortlichen auf kommunaler, Landes-, Bundes- und EU-Ebene, als auch Organisationen, Institutionen und die dort tätigen Fachkräfte sowie die Bürger/-innen selbst.

Zander argumentiert ebenfalls von diesem Grundverständnis aus und bestimmt die drei Stufen der Prävention im Armutskontext wie folgt:

- Primärprävention: Armut zu vermeiden heißt hier erweiterte Zugangsmöglichkeiten zu das Armutsrisiko vermeidenden Ressourcen (Einkommen, Erwerbsarbeit, Bildung, Gesundheit, Wohnen usw.).
- Sekundärprävention: Es sind bereits individuelle oder familiäre Armutsrisiken eingetreten und es gilt, akute oder potenzielle Folgen der Gefährdung abzuwehren, um negative Auswirkungen zu vermeiden bzw. zu minimieren: D.h., Einsatz von zusätzlichen ergänzenden und/oder kompensierenden Ressourcen durch Staat und Gesellschaft (z.B. Angebote der Berufsförderung, Beratung, kostenfreie Kita- und Schuldbildung).
- Tertiärprävention: Es sind Vorkehrungen zu treffen, die die Gefahr einer Verfestigung von Armut oder einer „sozialen" Vererbung über Generationen abwenden. Es ist dem Einzelnen oder den Familien ein existenzsicherndes, gesundheits- und entwicklungsförderndes Umfeld im weitesten Sinn zu schaffen, wobei fehlende individuelle und familiäre Kompetenzen durch öffentliche Ressourcen eher zu kompensieren statt zu ergänzen sind (z.B. Erziehungsangebote, emotionale und soziale Förderung, Gestaltung gesundheitsfördernder Umwelten) (Zander 2008, 128–129).

Anstrengungen einer Armutsprävention sind auf allen drei genannten Stufen zu verteilen. Gleichzeitig gibt es ein ausdifferenziertes konzeptionelles und methodisches Knowhow der ganz unterschiedlichen Professionen. Sind die Stärken der Gesundheitsförderung vor allem in der Primär- und Sekundärprävention zu finden, so ist es eine Stärke sozialarbeiterischen Handelns, sekundär- und tertiärpräventiv zu wirken. Bei Kindern kommt dem Bildungsbereich eine ganz herausragende Bedeutung zu. Stärken der Pädagogik liegen hier ganz eindeutig in der Sekundärprävention. Schon diese – gewollt – vereinfachende Zuordnung macht deutlich, dass Prävention im Kontext von Armut eine Querschnittsaufgabe aller Professionen und aller öffentlichen bzw. mit einem gesellschaftlichen Auftrag beauftragten Institutionen und Dienstleister ist. Armutsprävention ist aber auch Querschnittsauftrag aller Politikfelder von der Wirtschaft- und Arbeitsmarkt-, von der Berufs- und Bildungs-, von der Gesundheits- über die Kinder-, Jugend- und Familienpolitik bis hin zur Sozialpolitik. Armutsprävention ist als strukturelle Aufgabe einer modernen Gesellschaft zu definieren, um darüber Armutswirkungen entgegen zu steuern und das Individuum bei der Bewältigung möglichst umfassend unterstützen zu können.

9.4   Was meint kindbezogene Armutsprävention?

9.4.1   Ein verhältnis- und verhaltensbezogenes Verständnis

Kindbezogene Armutsprävention stellt einen theoretischen und praktischen Handlungsansatz dar, der aus der *Kindperspektive* auf positive Lebens- und Entwicklungsbedingungen für Kinder heute und morgen hinwirkt. So kann eine soziale Antwort darauf gegeben werden, dass Armut für Kinder und für Erwachsene unterschiedliche und höchst spezifische Ausformungen wie Folgen hat (Kap. 3).

Bezugspunkt ist Armut, d. h. familiäre Einkommensarmut, da diese das größte Entwicklungsrisiko für Kinder darstellt.

Leitorientierung ist die Sicherung eines „Aufwachsens im Wohlergehen" für alle Kinder und speziell für arme. „Aufwachsen im Wohlergehen" bedeutet, die Lebenswelt der Kinder so zu gestalten, dass hinsichtlich ihrer aktuellen Lebenslagen keine Beeinträchtigungen oder „Auffälligkeiten" bestehen und somit eine positive Zukunftsentwicklung erwartbar ist. Für arme Kinder sind dabei Entwicklungsbedingungen zu schaffen, die ihnen ein „Aufwachsen im Wohlergehen" tatsächlich ermöglichen.

Hauptziel ist es, kindspezifische Armutsfolgen zu vermeiden respektive zu begrenzen, aber auch ursächliche Gründe auf Seiten der Eltern/Familie und des Umfeldes positiv zu beeinflussen. Sie kann folglich aus drei Richtung wirken: Zum einen indirekt durch eltern-/familienorientierte oder sozialraumorientierte Maßnahmen sowie zum anderen direkt durch kindorientierte Maßnahmen (Abb. 8).

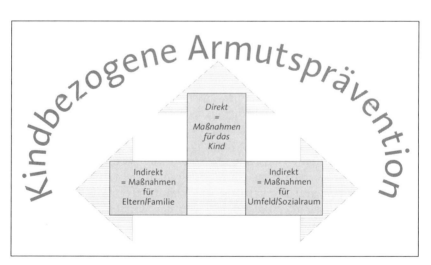

Abb. 8: Drei Richtungen einer kindbezogenen Armutsprävention
(Eigene Darstellung)

Wiederum mit Blick auf Kinder geht es sowohl um die Förderung von Resilienz durch Stärkung ihrer personalen und sozialen Ressourcen als auch um die Ausweitung struktureller Armutsprävention durch Sicherung und Gestaltung von kindgerechten gesellschaftlichen Rahmenbedingungen. Beides bedingt einander, steht in wechselseitigem Bezug und fokussiert dennoch eigene Schwerpunkte.

Förderung von Resilienz bei Kindern: Resilienz zielt auf psychische Gesundheit trotz erhöhter Entwicklungsrisiken und auf Bewältigungskompetenz. Im Mittelpunkt steht die Stärkung von individuellen und sozialen Ressourcen und geschieht auf mehreren Ebenen (Kap. 2.8).

Nach Richter-Kornweitz ist der Prozessgedanke für das Verständnis von Resilienz unverzichtbar. Wichtig für die pädagogische Praxis ist: Resilienz kann beim Kind unmittelbar und mittelbar über die Erziehungsqualität gefördert werden, denn entscheidend ist, was Kinder den Anforderungen des Alltags entgegensetzen können, wie sie z. B. Konflikte aktiv lösen und Probleme bewältigen. Ebenso wichtig wie das Gefühl, selbst wirksam sein zu können und eigene Kontrolle über Entscheidungen zu haben, ist die Förderung von Eigenaktivität und Verantwortungsübernahme. Resiliente Verhaltensweisen können gefördert werden, indem u. a.:

- ermutigt wird, eigene Gefühle zu benennen und auszudrücken,
- vermieden wird, vorschnelle Hilfeleistungen zu geben,
- geholfen wird, soziale Beziehungen aufzubauen,
- geholfen wird, sich selbst erreichbare Ziele zu setzen,
- ermutigt wird, positiv und konstruktiv zu denken.

Dazu ist es notwendig, Kinder schon von früh an in wichtige Entscheidungsprozesse einzubinden, denn so entwickeln sie ein Gefühl selbst wirksam zu sein und Kontrolle über ihr eigenes Leben zu haben. Nur wer auf genügend soziale und personale Ressourcen zurückgreifen kann, kann Belastungen erfolgreich und ohne gravierende psychosoziale Folgen bewältigen. Entwicklungsrisiken und Resilienz sind nicht Charakteristika eines Kindes oder Jugendlichen, sondern das Produkt eines Prozesses zwischen dem Individuum und seiner Entwicklungsumgebung. Arme Kinder werden darüber stark und erhalten ein tragfähiges Fundament für ihr weiteres Leben.

Im Zentrum steht pädagogisches Handeln innerhalb und außerhalb der Familien, d. h. aller Sozialisationsinstanzen. Grundlagen bilden entsprechende Konzepte und deren Umsetzung in den für Kinder verantwortlichen Bildungs-, Kultur-, Gesundheits-, Sozialeinrichtungen sowie dem Gemeinwesen insgesamt. Anforderungen an pädagogische Institutionen sind dabei u. a.:

- *Wahrnehmung von Armut* als gesellschaftliches Phänomen und nicht als individuelles Verschulden oder gar Versagen der Eltern.
- *Initiierung von Angeboten* mit dem Ziel, armutsbelasteten Kindern zusätzliche Lern- und Erfahrungsräume, neue Ressourcen zu eröffnen.
- *Verantwortungsübernahme* auch für arme bzw. vermeintlich nicht leistungsfähige/-willige Kinder, etwa gemäß einem „Bildung macht stark: durch uns – Starke Bildung für alle: durch uns".
- *Verbesserung des Zugangs* zu armen und schwer erreichbaren Eltern; Aufbau von Beziehungen dieser Eltern zum Schulgeschehen.
- Entwicklung (schul-)pädagogischer Konzepte, um Armutsfolgen zu thematisieren und Armutsprävention durch Schule zu etablieren. Hierbei ergänzen sich Schul-, Sozial-, aber auch Gesundheitspädagogik.
- *Stärkung von Sozialraumbezug* und Vernetzung mit außerschulischen Institutionen sowie Ausbau der Kooperation von Jugendhilfe, Jugendgesundheitshilfe und Schule.

Umsetzung struktureller Armutsprävention für Kinder: Die Umsetzung struktureller Armutsprävention richtet sich auf die Rahmengestaltung und eine allgemeine – strukturelle – Steuerung durch den Staat auf allen Ebenen, besonders aber durch die Kommune: bildet das lokale Geschehen doch den unmittelbaren Lebens- und Entwicklungsort eines Kindes. Sie umfasst verhältnisorientierte Gestaltungsansätze und schafft die Folie für verhaltensorientierte Konzepte und Maßnahmen. Dabei können alle drei Präventionsarten mit jeweils eigenem Fokus relevant sein. Kindbezogene Armutsprävention

- *als Primärprävention:* Fokussiert die materielle Existenzsicherung, auf Teilhabe, Sicherung von Gesundheit und kultureller Integration. Ansatzpunkt ist die Gestaltung von Rahmenbedingungen auf allen Staatsebenen und in allen Lebensbereichen. Hauptzielgruppe sind die Eltern/Familien.
- *als Sekundärprävention:* Vermeidet/vermindert die mit der Armut einhergehende Gefährdung der Kinder in den vier Lebenslagedimensionen (Grundversorgung, Gesundheit, Soziales, Bildung). Es geht dabei um die Herausbildung von Kompetenzen und Ressourcen der Kinder und nicht nur um die Vermeidung von Auffälligkeiten. Hauptzielgruppe sind die Kinder in ihrer Lebenswelt.
- *als Tertiärprävention:* Richtet sich auf den Umgang mit verstetigten Formen von Armut(-sfolgen). Es geht darum, Verschlimmerungen oder Verfestigungen von vorliegenden Schäden bei Kindern zu verhindern. Wieder sind die vier Lebenslagedimensionen einzubeziehen. Hauptzielgruppe sind die Kinder und ihre Lebenswelt.

Strukturform einer kindbezogenen Armutsprävention auf kommunaler Ebene ist die Präventionskette, wiederum gebildet durch alle zur Erreichung des jeweiligen Präventionsziel verantwortlichen öffentlichen und gesellschaftlichen Akteure (Abb. 9). Sie ist biografisch angelegt und darauf ausgerichtet jedem Kind eine fördernde Begleitung – je nach Bedarf und zu jedem möglichen Zeitpunkt – von der Geburt bis zum erfolgreichen Berufseinstieg zuzusichern. Kinder leben mit fast immer Eltern zusammen, die ihrerseits Unterstützung benötigen, um ihrer Aufgaben als Eltern gerecht werden zu können (vgl. Borchardt et al. 2009). Das heißt, die Präventionskette bezieht die elterlichen Bedarfe hinsichtlich Information, Beratung, Begleitung. Bildung usw. genauso mit ein. Entscheidend ist bei allem eine passgenaue Begleitung – je nach Bedarf und zu jedem möglichen Zeitpunkt – von der Geburt bis zum erfolgreichen Berufseinstieg zuzusichern. Entscheidend ist eine passgenaue Begleitung, je nach Situation und familiären wie kindbezogenem Bedarf. Das Bild einer professionellen Unterstützung und Begleitung in Gestalt eines Brückenbauers und/oder Lotsen gibt wieder, was gerade bei Entwicklungsübergängen (Kita – Grundschule) oder in Situationen mit erhöhten Lebensrisiken (Trennung, Scheidung, Arbeitsplatzverlust, Krankheiten, Pubertät) als Präventionsangebot notwendig, aber auch möglich ist. *Erste kommunale Ansätze* mit einem kindbezogenen Fokus finden sich heute in Kommunen wie Monheim am Rhein, Dormagen, Wiesbaden, Nürnberg, Stuttgart (Holz et al. 2005; Berg et al. 2008; Vogelsang/Schöttle 2008; Stadt Nürnberg 2008; Wüstendörfer 2008; Holz 2010).

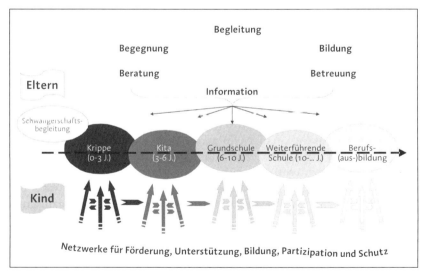

Abb. 9: Strukturformen kindbezogener Armutsprävention. Eine Präventionskette durch Netzwerke (Eigene Darstellung)

Eine weitere Strukturform einer kindbezogenen Armutsprävention auf kommunaler Ebene ist das Netzwerk, gebildet durch alle relevanten Akteure aller betroffenen Bereiche auf der jeweiligen Ebene. Ein Beispiel: Die Sicherung einer positiven Bildungskarriere vor Ort erfordert die Vernetzung von Kita- und Schulträger, Wohlfahrtsverbänden und Jugendamt, Jugendverbänden und Vereinen usw. Erforderlich und kennzeichnend sind die ressortübergreifende Verknüpfung und das abgestimmte Handeln der Akteure im Rahmen von Gesetzgebungs- und Verwaltungsverfahren. Leitziel für diese Netzwerke ist die Sicherung eines „Aufwachsens im Wohlergehen", um Armutsfolgen bei Kindern zu vermeiden.

Handlungsform ist eine abgestimmte Kooperation zwischen unterschiedlichen Akteuren, d. h. Professionen, Institutionen und Bürgerschaft usw. Nur so kann das bei Risiken der Einkommensarmut und/oder sozialen Benachteiligung immer erforderliche Spektrum unterschiedlicher Präventionsmaßnahmen tatsächlich zum Einsatz und zur Wirkung kommen.

Zwei Zeitdimensionen sind typisch für eine kindbezogene Armutsprävention: Zum einen benötigen Kinder/Familien Hilfen mit Blick auf die Vergangenheit, also die bisherige Familiengeschichte. Diese müssen geeignet sein, eingetretene Benachteiligungen abzubauen. Zum anderen sind Hilfen mit Blick auf die Zukunft des Kindes/der Familie vonnöten, um präventiv das Entstehen erneuter oder verfestigter Ausgrenzung zu vermeiden. Dabei sind Geld-, Sach- und Dienstleistungen als Einheit und in ihrer Verbindungen miteinander zu verstehen.

9.4.2 Grundelemente der kindbezogenen Armutsprävention

Die kindbezogene Armutsprävention umfasst gesellschaftliche Bedingungen und damit strukturelle Gegebenheiten ebenso wie die konkrete kindliche Lebenssituation. Hauptaktionsfeld politischer Entscheidungen ist die Primärprävention (Verminderung von Armut, Ungleichheiten, Ausgrenzungen usw.).

Sie hat zum Ziel, familiäre Armut und deren defizitäre Folgen für das Kind zu vermeiden, die kindliche Entwicklung im Sinne eines „Aufwachsens im Wohlergehen" zu fördern und dem Kind ein höchstmögliches Maß an Zukunftschancen zu eröffnen. Sie beginnt bestenfalls mit der Schwangerschaft der Frau oder spätestens ab der Geburt des Kindes. Sie nimmt allgemeine Lebens- und Sozialisationsbedingungen ebenso wie die spezifischen vor Ort in den Blick.

Sie vermindert bzw. verhindert – sekundärpräventiv – die mit der Armut einhergehende Gefährdung von Heranwachsenden in allen vier Lebenslagedimensionen (Grundversorgung, Gesundheit, Soziales, Kultur). Dabei geht es um die Förderung von Kompetenzen und Ressourcen der Kinder.

Sie wird durch politische Entscheidungen mitgestaltet, durch die Infrastruktur vor Ort bestimmt und durch die Arbeit von Fachkräften in Einrichtungen und Projekten gesichert. Daneben kommt dem Engagement von Einzelnen im sozialen Netzwerk der Kinder große Bedeutung zu.

Umsetzbar vor Ort und in jedem Arbeitsfeld sind zielführende und wirksame Elemente einer kindbezogenen Armutsprävention:

- Begonnen wird zum (jeweils) frühestmöglichen Zeitpunkt.
- Existenzielle Lebens- und Entwicklungsmöglichkeiten des Kindes werden gesichert.
- Förderung von Teilhabe, Integration, Bildung und Gesundheit.
- Eltern und Familie sind immer auch Adressaten.
- Förderung und Stärkung der Potenziale und Ressourcen des Kindes werden umgesetzt.
- Kinder werden gestärkt durch das Erlernen von problemlösendem Bewältigungshandeln.
- Umfassende Angebote sind vorhanden: Sie sind jedem Kind bzw. seinen Eltern finanziell und emotional zugänglich.

9.4.3 Ansatzpunkte für staatliche (Gegen-)Steuerung

Hierzulande existiert ein ausdifferenziertes System aus Geld- und Dienstleistungen für (arme) Familien und Kinder. Entscheidend ist, wie das System der *materiellen Grundsicherung/-versorgung* und die Instrumente einer *kindbezogenen Armutsprävention* miteinander verknüpft und strukturell aufeinander abgestimmt sind. Hier sind die Wirtschaft und der Arbeitsmarkt, die Rechtsgestaltung, das Bildungswesen, die soziale Sicherung usw. wichtige Bereiche sowie eine systematische Verantwortung des föderativen Staates, d. h. gemeinsam und abgestimmt von Bund, Ländern und Kommunen. Letztendlich kommt es darauf an, wie vor Ort – als dem Lebens- und Sozialisationsraum von Kindern – sowohl ein positives Klima als auch eine allgemeine Infrastruktur gegeben ist.

Wo bestehen Ansatzpunkte zur staatlichen Gestaltung? Drei grundsätzliche Steuerungsmöglichkeiten lassen sich herausarbeiten:

1) Indirekt über die Stärkung und Unterstützung von armen Eltern/Familien.
2) Indirekt über die Gestaltung der sozialen Umwelt.
3) Direkt über die Förderung, Unterstützung und den Schutz armer Kinder.

Innerhalb der genannten Punkte wiederum finden sich eine Vielzahl von Handlungsmöglichkeiten der Primär-, Sekundär- oder Tertiärprävention. Nachfolgend geht es zunächst einmal „nur" um eine beispielgebende Grundsortierung bestehender *ausgewählter* Instrumente zu den Ansatz-

Tab. 20: Stärkung und Unterstützung von armen Eltern/Familien
(Eigene Zusammenstellung)

	Armutsursachen	Zielrichtung (Handlungsfeld)
Stärkung und Unterstützung von (armutsbetroffenen) Eltern/Familien	(Langzeit-)Erwerbslosigkeit	Integration in Arbeitsmarkt (Wirtschaft + Arbeitsmarkt)
	Niedrigeinkommen/ „Working Poor"	Ausgestaltung der Entlohnung (Wirtschaft + Arbeitsmarkt)
	Geringe Qualifikation	Förderung von Bildung, Ausbau des lebenslangen Lernens (Schul- + Berufsbildung)
	Überschuldung	Förderung von Wissen und Handlungskompetenz (Finanzwirtschaft + Soziales)
	Lebensübergänge/-krisen (z.B. Trennung/Scheidung)	Bewältigung durch Begleitung und Unterstützung (Soziales + Familie)
	Individuelle Handicaps (z.B. Behinderung, Krankheit)	Sicherung, Teilhabe und Integration (Gesundheit + Soziales)
	Psychosoziale Multiprobleme	Existenzsicherung, Versorgung und soziale Integration (Soziales)
	Leben im sozial belasteten Quartier	Integration und Abbau sozialer Ausgrenzung (Soziales + Stadtentwicklung/ Raumplanung)

Hauptakteure sind Bund und Länder.

punkten. Schon das stellt eine Herausforderung dar. Eine anschließende vertiefende Zuordnung nicht nur ausgewählter, sondern *aller relevanten* Maßnahmen zu den drei Präventionsebenen ist eine weitere wichtige Aufgabe für Wissenschaft und Forschung. Besonders die systematische Erfassung, Bewertung und Zuordnung der bestehenden Maßnahmen und Angebote ist dringend erforderlich. Das aber kann im Rahmen eines solchen Aufsatzes nicht geschehen, wohl werden nachfolgend die drei grundsätzlichen Ansatzpunkte zur staatlichen Gestaltung einer kindbezogenen Armutsprävention weitergehend bestimmt.

1. Indirekt über die Stärkung und Unterstützung von armen Eltern/Familien: Hier gilt es, Armutsursachen zielgerichtet durch politische und damit staatliche Rahmensetzungen zu bekämpfen (Butterwegge 2009). Es geht um den Zugang und die Teilhabe der Erwachsenen zu und an allen gesellschaftlichen Bereichen, insbesondere dem Erwerbsleben (Arbeitsmarkt), der sozialen Sicherung (Sozialtransfers), der Infrastruktur (Hilfeangebote) und der Kompetenzförderung (Familien-Bildungsangebote). Je besser arme Eltern integriert sind, desto eher können sie ihre Verantwortung gegenüber ihren Kindern wieder erfüllen. Hauptakteur ist der Bund in Kompetenzteilung mit den Ländern (Tab. 20).

2. Indirekt über die Gestaltung der sozialen Umwelt: Armut ist ein zentraler Indikator für soziale Segregation in Kommunen (Hanesch 2010). Je besser es vor Ort gelingt, die Bedingungen des Aufwachsens von allen und gerade von sozial belasteten Mädchen und Jungen zu gestalten, desto größer sind die Chancen für ein gesundes, lern- und erfahrungsreiches Umfeld (Bär et

Tab. 21: Gestaltung/Steuerung der sozialen Umwelt
(Eigene Zusammenstellung)

	Armut wird bestimmt durch	Zielrichtung (Handlungsfeld)
Gestaltung des sozialen Umfeld/Sozialraums	Stadtentwicklung insgesamt	Entwicklung kinder-/familienfreundlicher Lebenswelten (Wohnungs(bau)politik (Wohn-/Verkehrsinfrastruktur + Soziales, Kinder- und Jugendhilfe)
	Integrierte Sozialplanung/Quartiermanagement	Entwicklung bedarfsgerechter sozialer Dienstleistungen (Kinder- und Jugendhilfe, Soziales, Bildung, Gesundheit + Wirtschaftsförderung)
	Quartiere mit besonderen sozialen Belastungen „Soziale Stadt"	Stärkung sozialer (Re-)Integration und Vermeidung sozialer Segregation und zwar für a) anerkannte Quartiere „Soziale Brennpunkte" b) belastete Quartiere c) sich wandelnde Quartiere (Kinder- und Jugendhilfe, Wohnungswirtschaft, Wirtschaftsförderung, Soziales, Bildung + Gesundheit)
Hauptakteur ist die Kommune.		

al. 2009). Gerade die Kinder- und Jugendhilfe kennzeichnet sich sowohl durch den Einzelfallbezug als auch die Gemeinwesenorientierung. Das konkretisiert sich im Auftrag (die Lebenswelt und den Lebensraum der Minderjährigen berücksichtigen), bei der Angebotsgestaltung (kooperieren und koordinieren) und in der Strukturentwicklung (vernetzen und Querschnittsbezüge herstellen). Hauptakteur ist die Kommune mit Unterstützung von Land und Bund (Tab. 21).

3. Direkt über die Förderung, Unterstützung und Schutz armer Kinder: Es gilt, die Armutsfolgen aufzufangen und die Potenziale jedes einzelnen Jungen und Mädchen zu entwickeln (BJK 2009). Es geht um eine schützende Begleitung in der Kindheit und Jugend sowie um die Stärkung ihrer Res-

Tab. 22: Förderung, Unterstützung und Schutz armutsbetroffener Kinder (Eigene Zusammenstellung)

	Armutsauswirkungen auf die ...	Zielrichtung (Handlungsfelder)
Förderung, Unterstützung, Schutz des (armutsbetroffenen) Kindes	Grundversorgung	Materielle Existenzsicherung über Ernährung, Kleidung, Wohnung und Teilhabe am Konsum (Soziales + Familie)
	Bildung/Kultur	Sicherung erfolgreicher (Selbst-)Bildung bis zum erfolgreichen Berufseinstieg (Bildungswesen, außerschulische Förderung, Familienbildung)
	Gesundheit	Gesundheitsförderung/-versorgung von der Frühförderung über gesunde Kita und Schule, Sport und Bewegung bis hin zur (Sucht-)Prävention (Gesundheitswesen + Soziales)
	Soziale Lage/Teilhabe und Integration	Stärkung der Resilienz und Vermeidung sozialer Ausgrenzung über Aufbau und aktive Gestaltung eines kommunalen Präventionsnetzes und einer strukturell gesicherten Präventionskette (Kinder- und Jugendhilfe + Familie, Stadtentwicklung)

Hauptakteur ist die Kommune.
Die Landesebene besitzt wichtige unterstützende Gestaltungsmöglichkeiten.

sourcen und die Ausformung erfolgreichen Bewältigungshandelns. Darüber hinaus spielt die schützende Begleitung in der Kindheit und Jugend durch Erwachsene im Umfeld und durch außerfamiliäre Institutionen eine wichtige Rolle. Je sensibler die öffentliche Wahrnehmung und Verwirklichung von Kinderbelangen ist, desto größer die Sicherheit, dass ihnen eine positive Zukunft eröffnet wird. Wichtige Felder sind hier: materielle Existenzsicherung, Wohnraumsicherung, Förderung erfolgreicher Bildungsverläufe über „kommunale Bildungslandschaften" oder Gesundheitsförderung in Kitas, Schulen und im Quartier. Hauptakteur ist die Kommune mit Unterstützung durch das Land (Tab. 22).

Es gilt, die spezifischen Armutsfolgen aufzufangen sowie die Potenziale jedes einzelnen Jungen und Mädchen zu entwickeln.

9.4.4 Ort der Umsetzung – Die Kommune

Diese anspruchsvollen Ziele werden nur im gemeinsamen Handeln Vieler erreicht. Die Strukturvoraussetzungen dafür liefert ein Präventionsnetzwerk, das sich aus allen im sozialen, im Gesundheits- und im Bildungsbereich engagierten Akteuren zusammensetzt. Sie gestalten dieses prozesshaft und etablieren erfolgreich erprobte „Modelle" als Regelpraxis. Dabei ist Arbeitsteilung – verbunden mit einer hohen Bereitschaft zur Kooperation zwischen den Akteuren – eine Grundvoraussetzung. Die spannungsvollsten und zugleich immer wieder entscheidenden Nahtstellen sind die lebensbiografischen Übergänge (z. B. Übergang Geburt – Frühe Hilfen, Frühe Hilfen – Kita, Kita – Grundschule usw.)

Neben einem grundlegenden konzeptionellen Paradigmenwechsel innerhalb der Kinder- und Jugendhilfe – „Armutsprävention als Aktion statt Reaktion" führt eine „kindbezogene Armutsprävention als kommunalem Strategieansatz" zu einem Bedeutungsgewinn von Kinder-, Jugend- und Familieninteressen innerhalb der gesamten Stadtentwicklung. So wird das praktiziert, was eigentlich normal sein müsste, aber allerorts wenig zu finden ist: Die Ressorts Wirtschaftsförderung, Bildungs- bzw. Familienförderung, Kinder- und Jugendhilfe befinden sich innerhalb der kommunalen Wichtigkeitsskala auf gleicher Stufe – sprich „Augenhöhe" – und alle agieren entsprechend miteinander (Heinrich-Böll-Stiftung 2009).

9.5 Fazit

Die Armutsproblematik ist eine komplexe Problematik. Armut wirkt mehrdimensional, dynamisch und mit beachtlicher Langzeitwirkung. Entsprechend kann weder durch eine einmalige Aktion oder ein einzelnes Projekt noch durch einen einzelnen Akteur allein Armutsprävention realisiert werden. Sie erfordert genuin das Zusammenwirken Vieler im Verbund und unter dem Dach einer gemeinsamen Leitorientierung. Dieser Prozess ist immer ein (kommunal-)politischer unter Einbindung der städtischen Gremien respektive der Verwaltung(-sspitze). Es braucht eines „langen oder mindestens längeren Atems" (Kap. 3.12, 3.13).

Es braucht auch Transparenz und öffentliche Diskussionen, denn Armut bedeutet stets soziale Ausgrenzung. Die Gegenbewegung, soziale Integration, erfolgt nicht ohne das Wissen und ohne die Bereitschaft der Bürger/ -innen, ohne ihre Betroffenheit, ihren Protest oder auch ihr Engagement. Engagement und Solidarität der Menschen untereinander wiederum sind nicht allein abstrakt formulierte wichtige Fundamente einer Gemeinschaft, sondern realiter allerorts meist öfter vorhanden als vermutet. Das gilt es immer wieder neu zu fördern und z. B. für armutsbetroffene Kinder/Familien einzusetzen.

Kindbezogene Armutsprävention ist eine breit angelegte Strategie und ein permanenter Prozess, getragen durch die Verantwortung von Erwachsenen für Kinder, geleistet durch Staat und Gesellschaft (d. h. alle Bürger/ -innen). Selbst wenn die kommunale Ebene der Hauptakteur auf staatlicher Seite ist, so kommen der Landes- und der Bundesebene wichtige Funktionen zu, sei es als Verantwortliche für gesamtgesellschaftliche Belange oder als unterstützende Mitgestalter, damit Kommunen die notwendigen Prozesse armutspräventiv und sozialintegrativ steuern können.

Literatur

Bär, G., Böhme, Chr., Reimann, B. (2009): Kinder- und jugendbezogene Gesundheitsförderung im Stadtteil. DiFu Arbeitshefte Eigenverlag Deutsches Institut für Urbanistik, Berlin

Berg, A., Otto, J., Schöttle, M. (2008): „Kleine Kinder – Große Chancen". In: www.kommunale-info.de, 19.6.2010

Borchard, M., Henry-Huthmacher, C., Merkle, T., Wippermann, C. (2009): Eltern unter Druck. Selbstverständnisse, Befindlichkeiten und Bedürfnisse von Eltern in verschiedenen Lebenswelten. Lucius & Lucius, Stuttgart

Butterwegge, Chr. (2009): Armut in einem reichen Land. Wie das Problem verharmlost und verdrängt wird. Campus, Frankfurt/M.

Deutscher Verein für öffentliche und private Fürsorge (2007): Fachlexikon der sozialen Arbeit. 6. Aufl. Eigenverlag, Berlin

Hanesch, W. (Hrsg.) (2010): Zukunft des lokalen Sozialstaats: Strategien gegen soziale Spaltung in Kommunen. VS Verlag für Sozialwissenschaften, Wiesbaden

Heinrich-Böll-Stiftung (2008): Kommunale Infothek. Themenpaket „Kommunen aktiv gegen Kinderarmut". In: www.kommunale-info.de, 19.6.2010

Holz, G. (2010): Frühes Fördern in der Grundschule. Der Präventionsansatz des Projekts „Monheim für Kinder – Mo.Ki II". Ernst Reinhardt, München/Weinheim

– (2007): Kindbezogene Armutsprävention – Ein Handlungsansatz für Kinder und ihr Wohlergehen. Stadtpunkte 4, 7–8. In: www.hag-gesundheit.de/documents/fstp_4_0_218.pdf, 19.6.2010

–, Schlevogt, V., Klein, E., Kunz, T. (2005): Armutsprävention vor Ort. Mo.Ki – Monheim für Kinder. ISS-Eigenverlag, Frankfurt/M.

Hopfengärtner, G. (Hrsg.) (2008): Armut in der Großstadt. Analysen, Argumente und Ansätze der Armutsprävention in Nürnberg. emwe-Verlag, Nürnberg

Huster, E.-U., Boeckh, J., Mogge-Grotjahn, H. (Hrsg.) (2008): Handbuch Armut und Soziale Ausgrenzung. VS-Verlag für Sozialwissenschaften, Wiesbaden

Landeshauptstadt Stuttgart (2008): Strategiekonferenz Kinderarmut. Stuttgart. In: www.stuttgart.de/sde/menu/frame/top_11021_11041.htm, 19.6.2010

Maslow, A. H. (2002): Motivation und Persönlichkeit. Rowohlt, Reinbek.

Otto, H.-U., Thiersch, H. (2005): Handbuch Sozialarbeit/Sozialpädagogik. 3. Aufl. Ernst Reinhardt, München/Basel

Rosenbrock, R., Michel, C. (2007): Primäre Prävention. Bausteine für eine systematische Gesundheitssicherung. Medizinisch-Wissenschaftliche Verlagsgesellschft, Berlin

Stadt Nürnberg (2008): Armen Kinder Zukunft geben! Arbeitsprogramm gegen Kinderarmut in Nürnberg. Arbeitspapier zur JHA-Sitzung am 11.12.2008. Nürnberg

Wüstendörfer, W. (2008): „Dass man immer nein sagen muss". Eine Befragung der Eltern von Grundschulkindern mit Nürnberg-Pass. Nürnberg: In: www.soziales.nuernberg.de/pdf/Befragung_Nuernberg_Pass.pdf, 19.6.2010

Vogelsang, C., Schöttle, M. (2008): Mo.Ki – Monheim für Kinder. Die Präventionskette der AWO und der Stadt Monheim am Rhein wächst. In: Stiftung Wohlfahrtspflege NRW (Hrsg.): Kinder stark machen Benachteiligungen nicht hinnehmen. Broschüre. Eigenverlag, Düsseldorf

Zander, M. (2008): Armes Kind – starkes Kind?: Die Chance der Resilienz. Wiesbaden

Präventionskonzepte in Umsetzung

10 Armutsprävention durch Empowerment: Interdisziplinäre Frühe Förderung von Familien

Von Mirjam Hartmann

Ein Kind gut in die Welt zu begleiten, gleichzeitig seine Existenz zu sichern und möglicherweise als Erwachsene eigene Lebensziele zu verwirklichen, ist eine Herausforderung für alle Eltern. Insbesondere aber für die, die zusätzlich belastet sind, z. B., weil sie arm sind.

Zwar werden Armutsfolgen wie gesundheitliche Beeinträchtigungen und Entwicklungsdefizite von Kindern u. a. in verschiedenen Leistungsbereichen von Jugendhilfe und Gesundheitsdiensten sichtbar, die Unterstützungssysteme stehen jedoch in der Regel ebenso wie deren einzelne Leistungsbereiche unverbunden nebeneinander. Dies führt häufig dazu, dass Familien entweder zu wenig Unterstützung oder eine Vielzahl von unkoordinierten Einzelleistungen erhalten, die an Symptomen ansetzen und nur bedingt nachhaltig wirksam werden.

Der hier vorgelegte Beitrag beschreibt ein Konzept der Stärkung von Schwangeren und Familien in Form von interdisziplinären Hilfen auf verschiedenen Handlungsebenen. Hintergrund ist eine Grundhaltung des Empowerments, die den Blick weg von Defiziten hin zu Stärken und Handlungsspielräumen lenkt.

10.1 Empowerment als Haltung und Methode (nach Herringer 2006; 2009)

10.1.1 Empowerment – eine Begriffsbestimmung

Empowerment (wörtlich übersetzt: Selbstbemächtigung; Selbstbefähigung; Stärkung der Eigenkräfte) steht für Arbeitsansätze in der psychosozialen Praxis, die Menschen zur Entdeckung der eigenen Stärken ermutigen und Hilfestellungen bei der Aneignung von Selbstbestimmung und erweiterte Handlungsspielräume vermitteln wollen. Empowerment beschreibt mutmachende Prozesse, in denen Menschen in Situationen des Mangels, der Benachteiligung oder der gesellschaftlichen Ausgrenzung beginnen, ihre Angelegenheiten selbst in die Hand zu nehmen. Prozesse, in denen sie sich ihrer Fähigkeiten bewusst werden, eigene Kräfte entwickeln und ihre individuellen und kollektiven Ressourcen zu einer selbstbestimmten Lebensführung nutzen lernen. Empowermentprozesse können sowohl auf Einzelne, als auch auf eine soziale Gruppe ausgerichtet sein.

10.1.2 Wirkweise von Empowermentprozessen

Im Rahmen von Empowermentprozessen werden die vorhandenen (wenn auch häufig verschütteten) Fähigkeiten gestärkt und Ressourcen freigesetzt, mit deren Hilfe die folgenden Erfahrungen bzw. Kompetenzen angeeignet werden sollen:

- Die Fähigkeit, für die eigenen Bedürfnisse, Interessen, Wünsche und Utopien aktiv einzutreten.
- Die Erfahrung, als Subjekt die Umstände des eigenen Lebens produktiv gestalten und erwünschte Veränderungen bewirken zu können.
- Die Bereitschaft und die Fähigkeit, sich belastenden Lebensproblemen aktiv zu stellen.
- Die Fähigkeit, aus einer Vielzahl von Lebensoptionen auswählen und eigenverantwortliche Entscheidungen treffen zu können.
- Das Vermögen, Alltagsroutinen, Handlungsgewohnheiten und alte Glaubenssätze zu verändern.
- Die Fähigkeit, sich aktiv Zugang zu Informationen, Dienstleistungen und Unterstützungsressourcen zu eröffnen und diese einzusetzen.

10.1.3 Menschenbild der Empowermentpraxis

Die Angehörigen der Zielgruppe werden auch in Lebensphasen starker Belastung als kompetente Akteure wahrgenommen, die ihre Lebensumstände gestalten und Lebenssouveränität (zurück-)gewinnen können. Dieses Vertrauen in die Stärken der Menschen, in produktiver Weise die Belastungen und Zumutungen der alltäglichen Lebenswirklichkeit zu verarbeiten, ist Leitmotiv und umfasst folgende Bausteine: Zum einen die Abkehr vom Defizit-Blick auf Menschen mit Lebensschwierigkeiten, einschließlich des Vertrauens in die Fähigkeit eines jeden Menschen zu persönlicher Weiterentwicklung. Zum anderen die Achtung vor der Autonomie und der Selbstverantwortung des Klienten und der Respekt auch vor unkonventionellen Lebensentwurfen. Ein weiterer Baustein ist der Verzicht auf entmündigende Expertenurteile im Hinblick auf die Definition von Lebensproblemen, Problemlösungen und Lebensperspektiven. Die Grundorientierung ist an den Rechten des/der Einzelnen ausgerichtet.

10.2   Empowerment in der Familienförderung

10.2.1 Möglichkeiten und Grenzen von Empowerment

Das Menschenbild der Empowermentpraxis und die damit implizierten Arbeitsweisen sollten in der Familienförderung als Grundhaltung handlungsleitend sein. Empowermentstrategien können Familien die Erfahrung von Selbstwirksamkeit und Gestaltungsvermögen vermitteln, Partizipationsmöglichkeiten und Handlungsspielräume deutlich erweitern und entsprechend die Lebenslage positiv beeinflussen. Sie sind damit nachhaltig wirksam.

Um Menschen „empowern" zu können, ist es einerseits notwendig, dass sie ihre Lage als ernst genug empfinden, um sie ändern zu wollen. Andererseits müssen sie daran glauben, dass sie imstande sind, durch zusätzliche Informationen, Unterstützung und Kompetenzen, ihre Lage auch verändern zu können (Naidoo/Wills 2003).

Eine weitere Voraussetzung ist, dass der Zugang der Familien in das Angebot bzw. der Zugang der Professionellen zu den Familien gelingt. Hier zeigt sich häufig das Dilemma, dass die Inanspruchnahme des Angebotes Informationen, Erfahrungen und soziale Kompetenzen voraussetzt, die nicht vorhanden sind und eigentlich erst im Rahmen des Empowermentprozesses entwickelt werden sollen.

Es sind also besondere, niedrigschwellige Zugangswege zu entwickeln, um diese Familien trotzdem zu erreichen. Dabei kann ein Widerspruch zu der im Empowermentkonzept propagierten normativen Enthaltsamkeit der Helfer/-innen entstehen. Dieser zeigt sich häufig auch im Spannungsfeld zwischen dem Bedarf – worunter von Professionellen zugeschriebene Ziele und Zustände sowie der zur Zielerreichung notwendige Weg und Aufwand zu verstehen sind – und dem Bedürfnis der Familien. Nach Schubert/Klein (2006) wird Bedürfnis definiert als Sammelbegriff für materielle und nicht-materielle Dinge oder Zustände, die für Individuen unumgänglich notwendig sind oder von ihnen angestrebt werden. Bedürfnisse variieren zwischen unterschiedlichen Kulturen, unterliegen immer psychologisch-subjektiver Empfindung und Einschätzung und unterscheiden sich daher gravierend hinsichtlich der erforderlichen Menge oder Intensität und dem individuellen Grad der Bedürfnisbefriedigung. Bedarf stellt eine beschaffungsbezogene Konkretisierung von „Bedürfnissen" dar. Darunter sind die von Professionellen zugeschriebenen Ziele und Zustände, der zur Zielerreichung notwendige Weg und der erforderliche Aufwand an Ressourcen zu verstehen. Bedürfnisse werden so sozialpolitisch bearbeitbar und als Nachfrage nach Gütern und Dienstleistungen sichtbar (Deutscher Verein 2007).

Sind Bedarf und Bedürfnis sehr unterschiedlich, kann Familienförderung nicht gelingen. Soll Veränderung möglich werden, ist ein Aushandlungsprozess hinsichtlich des erstrebenswerten Zustandes und des Weges dorthin erforderlich. Ein solcher Prozess benötigt Ressourcen, Transparenz und Offenheit.

10.2.2 Grundhaltung Empowerment im Spannungsfeld zu wirksamem Kinderschutz

Die Praxis der kommunalen Familienförderung hat unterschiedliche Aufträge zu erfüllen, die Rollenkonflikte implizieren können. Insbesondere die mit einer Grundhaltung des Empowerments verbundene Rolle der „Lebensweg-Begleitung", gekoppelt an eine normative Enthaltsamkeit, kann mit dem Auftrag, Teil einer Struktur zu sein, die wirksamen Kinderschutz gewährleistet, schwer vereinbar sein. Die Frage, an welchem Punkt wie viel „familiärer Eigensinn" sein kann, im Sinne von sein darf, und wo die Schwelle zu einer Gefährdung des Kindes/der Kinder überschritten wird, ist situationsbezogen täglich neu zu beantworten. Beide Aufträge, Unterstützung und Kontrolle, können jedoch nebeneinander stehen. Bedingung ist, dass die Praxis beide Rollen annimmt und mit ihren jeweiligen Handlungsweisen transparent vermittelt. Die meisten Familien unterstellen psychosozialen Diensten grundsätzlich auch eine Kontrollfunktion. Ein offener Umgang mit der Aufgabe „Kinderschutz" kann deshalb auch vertrauensstiftend sein.

Schritte der Professionellen ohne Rückkoppelung an die Familien, nicht rechtlich legitimierte „Fallkonferenzen" in willkürlich zusammengesetzten Netzwerken etc. sind allerdings unbedingt zu vermeiden.

Tendenzen in Politik und Verwaltung gehen zurzeit eher in die Richtung der Kontrolle: das „Identifizieren von Risikofamilien" ist gefragt. Will man jedoch nicht nur mit massiven Eingriffen in Familiensysteme auf Bedürfnisse und davon abgeleitete Bedarfe reagieren, muss man Familien Unterstützung anbieten und eine leistungsfähige, flächendeckende Struktur von früher Familienförderung unbedingt auf- und ausbauen.

10.3   Praxiskonzept wirksamer Familienförderung

10.3.1 Die Zielgruppe „stark belastete Schwangere/Familien"

Die jeweiligen Personen/Zielgruppen sollten differenziert betrachtet werden. So können zum Beispiel bei Familien in Armut ganz unterschiedliche Empowermentstrategien gefragt sein, je nachdem ob es sich um Armut als Lebensphase oder verfestigte Armut seit Generationen handelt und zusätzliche Faktoren wie Bildungsferne vorliegen etc.

10.3.2 Ziele

Die Angebote können daher zwar nicht standardisiert sein, sollten aber die folgenden Ziele anstreben:

- Existenzsicherung und Stärkung materieller Ressourcen, insbesondere Einkommen und Wohnen.
- Reduzierung von gesundheitlichen und psychosozialen Risiken für Mutter und Kind.
- Hilfe zur Selbsthilfe/Selbstorganisation.
- Stärkung des Vertrauens in die eigenen Fähigkeiten und ggf. des Willens zur Veränderung.
- Vermittlung von Verständnis für kindliches Verhalten.
- Verbesserung der Kommunikation und Interaktion zwischen den einzelnen Familienmitgliedern im familiären Gesamtsystem sowie in den Außenbeziehungen.
- Auflösung von familiärer Isolation und Einbindung in ein tragfähiges Netz.
- Stärkung von Problemlösungskompetenz.
- Zugang ermöglichen zu familienunterstützenden Hilfen (Kindertagesbetreuung, Patenschaften etc.) und sonstigen sozialen und medizinischen Regelleistungen.

10.3.3 Anforderungen an die Angebotsorganisation

Empowerment ist mehr als eine andere Haltung der professionellen Helfer/-innen und beinhaltet eine allgemeine Organisationsstruktur mit neuer Ausrichtung. An Stelle einer Struktur, in der verschiedene Leistungsbereiche wie Säulen unverbunden nebeneinander stehen, ist eine Verknüpfung der Angebote notwendig. Im Mittelpunkt des Sozialraums sind die Familien angesiedelt, um die sich die verschiedenen Träger, Einrichtungen und Dienste aus den Bereichen Jugendhilfe, Gesundheitswesen, Schule, Beratungsstellen und idealerweise auch Stadtentwicklung, Arbeitsverwaltung und Qualifizierung, Wohnungswesen etc. gruppieren. Das Ganze ist kreisförmig ausgerichtet und die einzelnen Dienste und Einrichtungen sind durch Kooperationsbezüge, wie z. B. regelhafte gemeinsame Angebote, einzelfallbezogene Zusammenarbeit, Netzwerkarbeit oder Stadtteilaktivitäten, miteinander verbunden.

Das erforderliche Angebotsprofil für frühe Förderung für Familien beinhaltet ein Mehrebenenkonzept mit fallunabhängigen Anteilen und Casemanagement in der Einzelhilfe. Multidisziplinäre Teams und Projektpartner/-innen aus verschiedenen Leistungsbereichen nutzen flexibel Orte und Zugänge. Die vorhandenen Ressourcen werden neu verknüpft und ggf. ergänzt. Die Infrastruktur fördernde Angebote und Bewohner-/Stadtteilaktivierung sind verbunden mit offenen Treffpunkten und intensiver Einzelhilfe bei Bedarf.

Gemeinsame Netzwerke von Akteuren aus Jugendhilfe, Gesundheitsdiensten, Schulen, Beratungsstellen und vielen anderen ermöglichen eine wechselseitige Qualifizierung, kollegiale Beratung sowie einzelfallbezogene Arbeitsabsprachen. Sie bringen eine koordinierte, bedarfsgerechte Weiterentwicklung der sozialen Infrastruktur voran und fördern mehr Durchlässigkeit und Anschlussfähigkeit der vorhandenen Regelangebote.

Notwendig ist ein Selbstverständnis der Professionellen als „Angestellte des Sozialraums und derer, die dort leben". Verschiedene Zugänge können gemeinsam flexibel genutzt und neue Orte für eigene Angebote entdeckt werden. Beispielhaft sei genannt: Mobile Spielaktionen im öffentlichen Raum mit Gesprächsangebot für Eltern, Sozialberatung in der gynäkologischen Praxis, Familienberatung beim Kinderarzt, Gesundheitsangebote in der Moschee oder beim türkischen Kulturverein, Beratung an der Brottheke im Supermarkt.

10.3.4 Praxisbeispiel: ADEBAR in Hamburg

ADEBAR, Beratung und Begleitung für Schwangere und Familien, wurde 2001 initiiert und wendet sich an (werdende) Familien mit Kindern im Alter von der Geburt bis zehn Jahren. ADEBAR ist in altdeutschen Märchen die Bezeichnung für Storch und Glücksbringer. Zu den Grundprinzipien der Arbeit gehört, Empowermentprozesse anzuregen, Ressourcenorientierung, Freiwilligkeit und Auftragsorientierung sowie ein konsequenter Ansatz an der Lebenswelt der Zielgruppe.

Familien können sowohl zu offenen Angeboten kommen, als auch flexibel vereinbart individuelle Unterstützung und Begleitung in Anspruch nehmen. Auch aufsuchende und nachgehende Arbeit sind Bestandteile des Konzepts. Verschiedene Zugangswege über interdisziplinäre Kooperationspartner/-innen, Verwandte, Freunde/-innen, Nachbarn/-innen oder auch ohne externe Vermittlung sind möglich. Förderung, Aktivierung und Befähigung der Familien spielen bei den Angeboten ebenso eine Rolle, wie die Verbesserung von Strukturen des Stadtteils und der Aufbau von interdisziplinären Netzwerken im Bereich der Jugendhilfe und der Gesundheitsdienste.

Für die die verschiedenen Handlungsebenen verbindende Arbeit ist ADEBAR mit dem Deutschen Präventionspreis 2006 ausgezeichnet worden. Die Angebote im Einzelnen sind:

Soziale Stadtteilentwicklung: Im Stadtteil werden Bedarfe und Bedürfnisse nach Unterstützungsangeboten ermittelt und aktuelle Themen aufgegriffen und moderiert. Partizipative Methoden werden angewendet, um

Bedürfnisse und Ressourcen der Anwohner/-innen zu ermitteln und sie in Planungs- und Umsetzungsprozesse zu integrieren. Beispielsweise mit einer groß angelegten, in Kooperation mit der Offenen Kinder- und Jugendarbeit durchgeführten Kinderbefragung an der örtlichen Ganztagsschule. Des Weiteren arbeitet ADEBAR in verschiedenen Gremien auf Stadtteil-, Bezirks- und Landesebene mit und trägt zur Vernetzung der sozialen und medizinischen Infrastruktur bei.

Offener Raum: Möglichkeiten für Kontakt, Information und Beratung für Schwangere, Väter und Mütter mit Kindern an vier Öffnungszeiten in der Woche. Austausch und Selbstorganisation werden gefördert, Beratung findet entweder „nebenbei" oder auch (spontan) vereinbart statt. Ein Computer mit Internetanschluss steht zur allgemeinen Verfügung bereit. Integriert sind Gruppenangebote, speziell konzipierte Informationsveranstaltungen, auch in den jeweiligen Muttersprachen zu Erziehungs- und Gesundheitsthemen.

Familienhebammen-Angebot: Die Familienhebammen betreuen Frauen und Familien während der Schwangerschaft und im gesamten ersten Lebensjahr des Kindes. Zu dem Angebotsspektrum zählen u. a. Unterstützung während der Schwangerschaft, individuelle Geburtsvorbereitung, Hausbesuche, Babymassage, Stillberatung, Beratung bei Schreikindern, Förderung einer guten Mutter-Kind-Bindung, Früherkennung von Entwicklungsverzögerungen und Müttergruppen. Die intensive Einzelhilfe und Begleitung richtet sich an Schwangere und Familien in besonders belasteten Lebenslagen. Dazu gehören minderjährige Mütter, Familien mit Sucht- und/oder Gewalthintergrund, Familien mit großen finanziellen oder sozialen Schwierigkeiten, Familien, deren ältere Kinder fremduntergebracht sind, sowie Schwangere bzw. Mütter, die stark psychisch belastet oder psychisch erkrankt sind. Die Familienhebammen arbeiten eng mit den Sozialpädagogen/-innen bei ADEBAR zusammen und sind mit anderen Einrichtungen gut vernetzt.

Familiäre Krisenhilfe: Die Familiäre Krisenhilfe unterstützt Schwangere, Mütter und Väter mit Kindern im Alter von der Geburt bis zehn Jahren, die sich in akuten Krisensituationen befinden und bietet ihnen eine zeitnahe, flexible und bedarfsgerechte Unterstützung an. Ziele sind eine Situationsklärung und die Einleitung der ersten Schritte sowie die Vermeidung von weiterer Eskalation oder einer Chronifizierung von Schwierigkeiten. Häufig steht hier die Hilfe zur Existenzsicherung am Anfang und schafft eine Basis für weitergehende Unterstützung. Auch (Erst-)Kontakte bei Kooperationspartnern, Hausbesuche und Begleitung zu Ämtern, Wohnungsgebern, Ärzten/-innen etc. sind möglich. Die vier vorgestellten Arbeitsbereiche sind untereinander durchlässig.

In der Arbeit von ADEBAR haben sich vor allem die folgenden Empowermentstrategien als sehr erfolgreich heraus gebildet:

- Flexible Zugänge – direkt und indirekt, formal und informell, frei und vermittelt – ermöglichen.
- Informieren und Lotsenfunktion ausüben,
- Vorbilder bieten und qualifizieren,
- Eigensinn und Kommunikationsformen akzeptieren,
- Ressourcendiagnostik und kleine Schritte einleiten,
- Netzwerkberatung und -förderung,
- Selbstwirksamkeit erfahrbar machen, indem Erfolge durch den aktiven Umgang mit Problemen erreicht werden können,
- Transparentes Handeln in verschiedenen Rollen.

10.3.5 Stolpersteine

Die Erfahrungen zeigen, dass beim Aufbau eines nach den hier beschriebenen Grundsätzen konzipierten Projektes verschiedene Stolpersteine auftreten können: Es entstehen die bereits oben genannten Konflikte im Spannungsfeld zwischen Unterstützung und Kontrolle.

Akteure aus verschiedenen Leistungssystemen mit unterschiedlichen fachlichen Standards und Finanzierungsstrukturen treffen aufeinander. Entsprechend ist es wichtig, Möglichkeiten für das Kennenlernen der verschiedenen Arbeitsformen und Arbeitsweisen sowie Zeit für Austausch und Verständigungsprozesse einzuplanen. Geeignete Organisationsformen sind zu entwickeln, die z. B. durch Regelarbeit geblockte Zeiten sowie die Frage nach Vergütung/Aufwandsentschädigung für Freiberufler/-innen beachten.

Es kann ein Spannungsfeld zwischen einzelnen Trägerinteressen versus Transparenz und Etablierung neuer fachlicher Standards entstehen. Dies um so mehr, wenn neue Programme gleichzeitig mit Einsparbestrebungen/ Umsteuerung von Finanzmitteln gekoppelt sind und Träger in Konkurrenz zueinander stehen.

Ein weiterer Punkt ist, dass Kooperation die Bereitschaft erfordert, die eigene Arbeit transparent zu machen und ggf. zu hinterfragen bzw. zu verändern und zumindest am Anfang zusätzlichen Einsatz benötigt.

Erschwerend für die Arbeit von interdisziplinären Projekten sind Parallelstrukturen in den Bereichen Jugendhilfe, Gesundheitsförderung und Stadtteilentwicklung. Häufig stellen sich Fragen nach Zuständigkeit und Steuerung, bzw. müssen verschiedenste Gremien und Netzwerke abgedeckt werden.

10.3.6 Erfolge

Trotz der genannten Stolpersteine überwiegen die Erfolge: Sozial benachteiligte Familien werden frühzeitig erreicht und bekommen eine adäquate Unterstützung. Es ist ein spürbarer Bedeutungsgewinn für Prävention und frühe Förderung zu verzeichnen. Die Etablierung von regelhafter, auch strukturell verankerter, interdisziplinärer Zusammenarbeit zwischen Jugendhilfe und Gesundheitsdiensten wurde begonnen. Hierbei wurden neue fachliche Standards z. B. auch mit dem sich festigenden Berufsbild „Familienhebamme" geschaffen. Weitere Erfolge liegen in einem verbesserten Casemanagement und in einer Flexibilisierung der Angebote. Es stehen vielfältige neue direkte und vermittelte, formale und informelle Zugangswege zur Verfügung und die vorhandenen Ressourcen werden besser genutzt. An vielen Orten sind neue private und professionelle Netzwerke entstanden, auch Selbsthilfe und Selbstorganisation nehmen zu.

10.4 Fazit

Empowermentstrategien und interdisziplinäre Zusammenarbeit über Grenzen von Trägern und Leistungsbereichen hinweg sind im Arbeitsfeld frühe Förderung für Familien für alle Beteiligten gewinnbringend. Insbesondere die Erfahrung von Selbstwirksamkeit und Gestaltungsvermögen erschließt für die Familien neue Möglichkeitsräume, mindert negative Folgen von Armut und kann Wege aus der Armut bewältigen helfen.

Die hier vorgestellten Handlungsansätze sind in der Praxis erprobt und bewährt. Als Beitrag zur Armutsprävention von Familien können sie jedoch nur ihre volle Wirksamkeit entfalten, wenn:

- die Projekte ein Baustein innerhalb einer kommunalen Gesamtstrategie sind, die auch strukturelle Elemente (Stichworte: Vereinbarkeit von Familie und Beruf, Qualifizierung, Bildung und Wohnen) enthält und politikfelderübergreifend umgesetzt wird.
- Akzeptanz und Unterstützung bei Politik und Verwaltung vorhanden sind.
- die Projektentwicklung verantwortlich, aber auch transparent und mit einer klaren und akzeptierte Aufgabenverteilung und Handlungsmacht gesteuert wird.
- bei der Projektentwicklung regionale Bedingungen berücksichtigt und lokale Akteure und Initiativen beteiligt werden.
- Angebote als flächendeckende Infrastruktur mit Qualitätsstandards versehen entwickelt werden.

Sind die genannten Bedingungen nicht zu realisieren, sollte nicht der Um-
kehrschluss gezogen werden, dass ein Engagement dann keinen Sinn macht.
Anzupassen sind dann Ziele und zu erwartende Ergebnisse. Statt Armutsprävention ist zumindest Armutsfolgenminderung im Einzelfall immer
möglich und grundsätzlich lohnend sowie eine sozialstaatlich geforderte
und vom Hilfesystem mit den dort engagierten Fachkräften zu erbringende
Basisleistung.

Literatur

Deutscher Verein für öffentliche und private Fürsorge (2007): Fachlexikon der sozialen Arbeit. 6. Aufl. DV, Berlin

Herringer, Norbert (2009): Grundlagentext Empowerment. In: www.empower-
ment.de/grundlagentext.html, 2.7.2010

– (2006): Empowerment in der Sozialen Arbeit. Eine Einführung. 3. erw. u. aktual.
Aufl. Kohlhammer, Stuttgart

Naidoo, J., Wills, J. (2003): Lehrbuch der Gesundheitsförderung. Verl. für Gesundheitsförderung, Gamburg

Schubert, K., Klein, M. (2006): Das Politiklexikon. 4. aktual. Aufl. Dietz, Bonn

11 Partizipation von Kindern als Schlüssel der Gesundheitsförderung – Ein Beitrag zur Qualität in der Armutsprävention

Von Martina Block, Hella von Unger und Michael T. Wright

Können Kinder und Jugendliche partizipieren, dann ist diese Teilnahme und Teilhabe im weiteren Sinne gesundheitsfördernd. Dabei ist Gesundheit im Sinne der Ottawa-Charta (WHO 1986) als psychisches und physisches Wohlbefinden zu verstehen. Partizipation wird von Richter als ein Qualitätskriterium von Armutsprävention definiert (Richter 2007; Arbeitskreis Armut und Gesundheit Niedersachsen 2008).

Im vorliegenden Kapitel wird ein Modell für die Partizipation von Kindern und Jugendlichen an der Gesundheitsförderung vorgestellt. Basierend auf den Ergebnissen aus zwei Forschungsprojekten der Forschungsgruppe Public Health am Wissenschaftszentrum Berlin zu Möglichkeiten Partizipativer Qualitätsentwicklung in der Gesundheitsförderung und Prävention für sozial Benachteiligte sowie Aidshilfe-Organisationen (Wright im Druck) wird Kinderbeteiligung als ein Schlüssel für eine wirksame und nachhaltige Gesundheitsförderung diskutiert. Ein Resultat dieser Projekte, die methodisch auf dem Aktionsforschungsansatz aufbauen, ist ein Stufenmodel der Partizipation in der Gesundheitsförderung (Wright et al. 2008). Dieses Modell soll verdeutlichen, dass Partizipation in verschiedenen Formen und mit unterschiedlichem Ausmaß an Beteiligung möglich ist.

11.1 Chancenungleichheit von Anfang an

Gesundheitliche Chancenungleichheit kann bereits im Mutterleib beginnen und sich bei andauernder familiärer Armut in die Kindheit hinein fortsetzen. Kinder, die in Armut aufwachsen, haben nicht erst als Erwachsene die gesundheitlichen Folgen zu tragen. (Kap. 5, Richter 2007). Sozial bedingte Unterschiede von Gesundheitschancen beschreibt Rosenbrock (2004, 25f):

> „Bekanntlich tragen diejenigen Gruppen und Schichten der Bevölkerung das größte Risiko zu erkranken, behindert zu sein oder vorzeitig zu sterben, die über das geringste Einkommen, den geringsten Bildungsstand, die geringsten Gestaltungsmöglichkeiten, die schwächste soziale Unterstützung durch kleine soziale Netze (social support) und den geringsten politischen Einfluss, sowohl individuell als auch als Gruppe verfügen."

Er spricht von einem „sozialen Dilemma" (Rosenbrock 2004, 26) mit gesundheitlichen Auswirkungen, die sich einerseits auf die Chancen gesund zu sein und zu bleiben, aber andererseits auch im Krankheitsfall auf die Möglichkeit auswirken, adäquate Krankenversorgung zu bekommen.

Die Prävention von Armut und die Verhinderung von damit assoziierten Problemen können bei der Zielgruppe armer Kinder nicht losgelöst von deren Lebenswelt betrachtet werden. Angestoßen durch die Ottawa-Charta von 1986 ist die lebensweltorientierte Prävention und Gesundheitsförderung von sozial marginalisierten Gruppen in den Fokus nationaler und internationaler Bestrebungen gerückt. Sozial Benachteiligte sollen befähigt werden, günstige und ungünstige Einflüsse auf ihren Gesundheitszustand zu erkennen und auf dieser Basis Veränderungen und Verbesserungen bewirken (Empowerment). Ziel ist die Schaffung von Angeboten, die an die Lebenswelt und den Bedarf sozial Benachteiligter besser angepasst sind und sich durch Niedrigschwelligkeit auszeichnen. Die über Jahrzehnte praktizierten „Kommstrukturen" im Gesundheits- und Sozialwesen, in welchen Ratsuchende Einrichtungen aufsuchen müssen, werden zunehmend durch „Gehstrukturen" der aufsuchenden Arbeit ergänzt, wo Beratung dort stattfindet, wo sich die Zielgruppe aufhält. Personen aus der jeweiligen Lebenswelt sollte die Möglichkeit zur Mitgestaltung eingeräumt werden. Um zielgruppenspezifisch zu sein, sollten Maßnahmen nicht ohne deren Beteiligung entwickelt werden („bottom up" anstelle von „top down").

Auch in der deutschen Diskussion ist die Partizipation der Zielgruppe(n) zunehmend in den Fokus erfolgreicher Gesundheitsförderung geraten (Wright et al. 2007; Rosenbrock 2008). Rosenbrock argumentiert, dass Wirksamkeit und Nachhaltigkeit lebensweltorientierter Interventionen durch die Partizipation der Zielgruppe positiv beeinflusst werden können. Sein Plädoyer lautet „Priorität der Partizipation" (Rosenbrock 2008, 15) und bezieht sich auf Erfahrungen aus der betrieblichen Gesundheitsförderung, wo Verhältnis- und Verhaltensänderungen desto erfolgreicher und nachhaltiger sind, je stärker die direkte Beteiligung der Betroffenen an der Problembeschreibung, der Konzeption, der Implementierung und der Qualitätssicherung ist. Folglich ist „ein hoher Grad an direkter Partizipation der Zielgruppen" erforderlich (Rosenbrock 2008, 16). Des Weiteren ist die Kompetenzentwicklung der Zielgruppe bedeutsam, um zum einen die Fähigkeit auszubauen, die Ursachen ihrer gesundheitlichen Probleme wahrzunehmen, und um zum anderen zu Konzepten für deren Beseitigung beizutragen.

11.2   Partizipation

„Zwischen dem Durchlaufen eines leeren Rituals der Partizipation und
dem Verfügen über die Macht, die man braucht, um die Ergebnisse des Prozesses zu beeinflussen, gibt es einen entscheidenden Unterschied." (übersetztes Zitat Arnstein 1969, 216)

In der Gesundheitsförderung von Erwachsenen ist Partizipation in den
letzten Jahren zu einem integralen Bestandteil geworden, was nicht über die
Unschärfe des Begriffes hinweg täuschen sollte. Viele Fragen bleiben offen,
wie z. B.: Wie wissen wir, ob eine Beteiligung tatsächlich stattfindet? Nach
welchem Maßstab können wir beurteilen, ob diese Beteiligung gelungen
ist? Wer wird beteiligt und woran? Welche Auswirkungen hat diese Beteiligung tatsächlich?

In unserem Verständnis bedeutet Partizipation nicht nur Teilnahme, sondern auch Teilhabe und damit Entscheidungsmacht und Beteiligung an
Entscheidungsprozessen: Je größer die Entscheidungsmacht einer Person
oder einer Gruppe ist, desto höher ist der Grad an Partizipation. Träger von
Entscheidungen sind beispielsweise Fach- und Leitungskräfte, Trägerver-
treter/-innen, politische Aktive usw. Bisher kennzeichnend in der Arbeit
mit sozial benachteiligten Gruppen ist ein Ungleichgewicht zwischen den
professionellen Akteuren und den Betroffenen. In der Arbeit mit Kindern
kommt zusätzlich das alters-/entwicklungsbedingte Ungleichgewicht zwischen Erwachsenen und Kindern verbunden mit einer generellen Verantwortung ersterer gegenüber letzteren zum Tragen.

Eng verknüpft mit Entscheidungsmacht ist die Definitionsmacht, verstanden als die Möglichkeit der Zielgruppe, ihre Situation, ihr Gesundheitsproblem, und den Handlungsbedarf (mit) zu bestimmen. Je mehr Einfluss
jemand auf einen Entscheidungsprozess nimmt, desto größer ist seine/ihre
Partizipation. In seiner Mehrdimensionalität steht der Begriff für ein Kon-
tinuum an Beteiligung, das von Nicht-Beteiligung bis zur vollständigen
Entscheidungsmacht reicht.

11.3   Stufen der Partizipation

Einen ersten international rezipierten Ansatz hat Sherry Arnstein 1969
vorgelegt. Sie untersuchte den Erfolg von Stadtentwicklungsprogrammen
in den USA und legte ein Stufenmodell der Partizipation, visualisiert als
Stufen einer Leiter („a ladder of participation") vor. Ihre Befunde zeigten,
dass nachhaltige positive Veränderungen in den Wohnvierteln auf den
Alltag der Bürger/-innen erst dann wirksam wurden, wenn die An-
wohner/-innen mitentscheiden konnten. Ihr Aufsatz grenzt „echte" Partizipation von einer Scheinpartizipation ab. Sie schlussfolgert, dass viele

partizipativ angelegte Prozesse keine wirkliche Teilhabe zulassen (Arnstein 1969).

„Die Idee der Bürgerbeteiligung ist ein bisschen wie Spinat essen: Niemand hat etwas dagegen, weil es im Prinzip gut für einen ist." (übersetztes Zitat Arnstein 1969, 216).

Partizipation tatsächlich umzusetzen, vor allem in der Gesundheitsförderung von schwer erreichbaren Zielgruppen, bedeutet, sich von einem Entweder/Oder-Prinzip zu lösen und dem Entwicklungsprozess aller Akteure Rechnung zu tragen. Marginalisierte Zielgruppen benötigen Unterstützung bei ihrer Kompetenzentwicklung, um zur Teilhabe befähigt zu sein, Mitarbeiter/-innen der Prävention brauchen Anleitung zur Einbeziehung der Zielgruppen und nicht zuletzt sind strukturelle Bedingungen notwendig, die partizipative Prozesse zulassen und fördern. In vielen Settings müssen auf dem Weg zur Entscheidungsmacht erst Vorstufen der Partizipation realisiert werden, bevor eine konkrete Beteiligung an Entscheidungsprozessen möglich ist.

Basierend auf dem Modell von Arnstein und unter Berücksichtigung der Arbeiten von Trojan (1988 in BZgA 2003) und Hart (1992) können die verschiedenen Ausprägungen von Partizipation bzw. Entscheidungsmacht in einer neunstufigen Abfolge dargestellt werden (Block et al. 2007; Wright et al. 2007). Die beiden unteren Stufen sind charakteristisch für eine Nicht-Partizipation. Die Stufen drei bis fünf sind Vorstufen der Partizipation. Auf den Stufen sechs bis acht findet Partizipation statt. Die neunte und letzte Stufe geht bereits über Partizipation hinaus.

Die verschiedenen Ausprägungen der Beteiligung und Entscheidungsmacht werden in Abbildung 10 beispielhaft für Kinder und deren Bezugspersonen erläutert. Bereits junge Kinder können partizipieren, der Erziehungsauftrag der Erwachsenen schränkt die Möglichkeiten der Partizipation allerdings ein. Die Formen der Partizipation von Kindern sind zudem vom kindlichen Entwicklungsstand abhängig.

Auf der Ebene der *Nicht-Partizipation* sind zwei Ausprägungen denkbar, die in der Prävention und Gesundheitsförderung anzutreffen sind.

Stufe 1 – Instrumentalisierung: Entscheidungen, die die Zielgruppe betreffen, werden ohne Berücksichtigung ihrer Belange getroffen. Im Vordergrund stehen die Interessen der Entscheidungsträger. Die Anwesenheit der Zielgruppe hat keinen Einfluss auf den Entscheidungsprozess. Teilweise dient sie zur „Dekoration" auf Veranstaltungen.

Beispiele:
- Kleine Kinder werden auf einer Demonstration für Kinderrechte als Träger/-innen von politischen Botschaften benutzt, ohne deren Inhalte zu verstehen. Selbst wenn es um kindliche Belange geht, so sind ihre

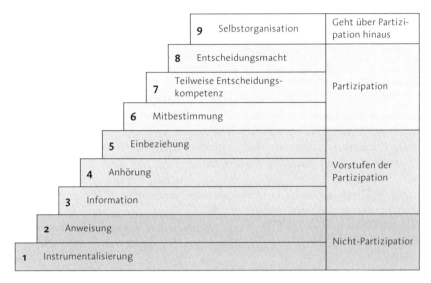

Abb. 10: Stufen der Partizipation (Wright et al. 2009, 164)

Teilnahme und Interessensbekundungen nur Mittel zum Zweck für die Ambitionen von Erwachsenen.
- Entscheidungsträger entwickeln eine Maßnahme für alleinerziehende Mütter und begründen diese mit korrespondierenden Aussagen der Mütter. Äußerungen, die die intendierte Intervention nicht unterstützen, werden weggelassen.

Stufe 2 – Anweisung: Entscheidungsträger teilen der Zielgruppe ihre Analyse der Situation mit und geben Anweisungen für daraus abgeleitete Interventionen. Die Einschätzungen der eigenen Situation seitens der Betroffenen bleiben unberücksichtigt.

Beispiele:
- Kinder werden dazu angehalten, bestimmte Dinge zu tun und andere zu unterlassen: „Putzt Euch nach jedem Essen die Zähne." „Esst nicht so viele Süßigkeiten."
- Ein Arzt weist Eltern eines adipösen Kindes an: „Sie müssen auf gesunde Ernährung umstellen!"

Anmerkung: Zahlreiche Formen der Beratung und Behandlung im gesundheitlichen und psychosozialen Bereich sind dadurch geprägt, dass Fachkräfte die alleinige Verantwortung für die Definition (Diagnose) des Problems und deren Beseitigung tragen. Professionell bestimmte Interventionen in diesem Sinne sind oft notwendig, z.B. im Fall einer akuten Gefahr

(Krankheit, Kindesmissbrauch) oder im Fall eingeschränkter Möglichkeiten seitens des/der Betroffenen (z. B. auf Grund geistiger Behinderungen, begrenzter Entscheidungskompetenzen bei jungen Kindern oder situationsspezifischer Einschränkungen in Krisensituationen, z. B. bei Kindeswohlgefährdung).

Eine zunehmend stärkere Einbindung der Zielgruppe in Entscheidungsprozesse ist für die drei *Vorstufen der Partizipation* charakteristisch, wenngleich hier (noch) kein direkter Einfluss auf diese Prozesse möglich ist.

Stufe 3 – Information: Die Entscheidungsträger teilen der Zielgruppe mit, welche Probleme die Gruppe (aus Sicht der Entscheidungsträger) hat und welche Hilfe sie benötigt: Basisinformationen über z. B. Krankheitserreger oder präventives Verhalten können Gegenstand dieser Kommunikation sein. Der Zielgruppe werden Lösungsmöglichkeiten zur Beseitigung oder Verbesserung ihres Gesundheitsproblems empfohlen. Das Vorgehen der Entscheidungsträger wird erklärt und begründet. Die Sichtweise der Zielgruppe wird ggf. berücksichtigt, um die Akzeptanz der Informationsangebote und die Resonanz zu fördern.

Beispiele:
- Kindern einer Grundschule wird erklärt, dass sie ihr Klassenzimmer nicht mehr ausfegen dürfen, weil sonst zuviel Feinstaub aufgewirbelt wird und sie davon erkranken können.
- Den Bewohner/-innen eines Hauses wird mitgeteilt, dass die Schwermetallbelastung des Trinkwassers derzeit die zulässige Grenze übersteigt und es für die Zubereitung von Babynahrung nicht geeignet ist. Der Gebrauch von Mineralwasser wird empfohlen.

Stufe 4 – Anhörung: Die Entscheidungsträger interessieren sich für die Beurteilung der Lage seitens der Zielgruppe. Die Mitglieder der Zielgruppe werden angehört, haben jedoch keine Kontrolle darüber, ob ihre Sichtweise Beachtung findet. Die am häufigsten verwendete Form der Anhörung in der Praxis der Gesundheitsförderung und Prävention ist die Befragung. Ob schriftlich oder mündlich, im Einzel- oder im Gruppengespräch – es geht darum, die Situation der Zielgruppe in Erfahrung zu bringen. In der Regel werden die Berichte der einzelnen Personen oder Gruppen anonymisiert und mit den Aussagen von anderen zusammengetragen, um sich ein Bild über die Situation der Zielgruppe zu verschaffen.

Beispiele:
- Kinder werden befragt, welche Spielgeräte sie sich für den Garten ihrer Kita wünschen. Ihre Wünsche werden notiert. Sie haben jedoch keinerlei Einfluss auf deren Anschaffung.

- Eltern in einem Stadtteil werden befragt, welche Veränderungen sie vorschlagen, damit er gesundheitsfördernder für sie und ihre Kinder wird.

Stufe 5 – Einbeziehung: Die Zielgruppe nimmt formal an Entscheidungsprozessen teil, indem ausgewählte Personen aus ihr (oft Personen, die den Entscheidungsträgern nahe stehen) in Entscheidungsgremien sitzen. Die Positionen der Zielgruppe haben aber keinen verbindlichen Einfluss auf den Entscheidungsprozess.

Beispiele:
- Schülervertreter/-innen einer Grundschule nehmen an der Schulkonferenz teil. Sie werden zu ihrer Meinung zur anstehenden Entscheidung, ob auch Regenpausen von den Kindern in angemessener Kleidung draußen verbracht werden sollen, befragt, sind formal aber nicht stimmberechtigt, auch wenn sie von diesen Entscheidungen betroffen sind.
- Eine Vertreterin aus einer Selbsthilfegruppe für alleinerziehende Mütter wird zu einer Vorstandsitzung eingeladen, um den Hilfebedarf der Frauen in ihrer Situation zu schildern.

Entscheidungsprozesse, in welchen die Zielgruppe eine formale, verbindliche Rolle in der Entscheidungsfindung hat, zeugen von einer „echten" *Partizipation*.

Stufe 6 – Mitbestimmung: Die Entscheidungsträger halten Rücksprache mit Vertretern/-innen der Zielgruppe. Es können auch Verhandlungen zwischen der Zielgruppenvertretung und den Entscheidungsträgern zu wichtigen Fragen der Maßnahmen stattfinden. Die Zielgruppenmitglieder haben ein Mitspracherecht, jedoch keine alleinigen Entscheidungsbefugnisse.

Beispiele:
- Kinder haben ein Beteiligungsrecht und werden in Entscheidungen miteinbezogen. Die Idee oder auch geplante Maßnahme wird in der Regel von Erwachsenen formuliert. Zum Beispiel: Eine Grundschule stellt auf Ganztagesbetrieb um. Für die anstehende Mittagsverpflegung soll ein Caterer ausgewählt werden. Einige Kinder werden an den Probeessen beteiligt und beurteilen die Qualität. Ihre Entscheidung geht in die Auswahl des Caterers mit ein.
- Ein Elternzentrum richtet einen Nutzerbeirat – bestehend aus Eltern – ein, damit sie ihre und die Interessen ihrer Kinder vertreten können. Der Nutzerbeirat wird in die Planung neuer Angebote einbezogen.

Stufe 7 – Teilweise Übertragung von Entscheidungskompetenz: Ein Beteiligungsrecht stellt sicher, dass die Zielgruppe in Entscheidungen einbezogen wird. Die Entscheidungskompetenz der Zielgruppe ist jedoch auf bestimmte Aspekte des Entscheidungsprozesses oder der Projektarbeit beschränkt. Die Verantwortung für die Intervention verbleibt bei der Einrichtung und deren Mitarbeiter/-innen.

Beispiele:

- Eine Schüler-Theatergruppe wird gebeten, eine Aufführung zum nächsten Schulfest vorzubereiten. Die Kinder haben freie Hand bei der inhaltlichen Gestaltung des Stückes und werden von einem/einer Lehrer/-in in der Vorbereitung unterstützt.
- Eine Gruppe von ehrenamtlichen Eltern wird gebildet, deren Aufgabe es ist, einen Stand für einen geplanten Basar zu organisieren. Dort soll durch den Verkauf von Bastelarbeiten der Kinder Geld für eine Kinderreise gesammelt werden. Die Eltern entscheiden, wie sie den Stand gestalten wollen, wählen die Bastelarbeiten aus und organisieren den Verkauf. Hierbei bekommen sie von der Einrichtung Unterstützung zur Umsetzung ihrer Ideen.

Stufe 8 – Entscheidungsmacht: Die Entscheidungen über eine Maßnahme trifft die Zielgruppe eigenständig und eigenverantwortlich. Häufig geschieht dies im Kontext von gleichberechtigten Kooperationen mit Einrichtungen oder Netzwerkpartnern. Die Maßnahme oder das Projekt wird jedoch von externen Personen geleitet, begleitet und/oder betreut.

Beispiele:

- Schüler und Schülerinnen einer Oberschule erhalten die Gelegenheit, einen Spot zur Suchtprävention zu entwickeln. Die Planung und Umsetzung obliegt ausschließlich den Jugendlichen. Bei der filmischen Arbeit werden sie von einem Erwachsenen unterstützt. Die Räume werden gestellt.
- Ein Nutzerbeirat in einem Elternzentrum regt ein neues Angebot für junge Eltern an und übernimmt die Verantwortung für seine Planung und Durchführung.

Die letzte Stufe des Modells geht *über die Partizipation hinaus*. Sie umfasst alle Formen selbstorganisierter Maßnahmen, die nicht unbedingt als Folge eines partizipativen Entwicklungsprozesses entstehen, sondern von Anfang an von Bürgern/-innen selbst initiiert werden können.

Stufe 9 – Selbstständige Organisation: Die Verantwortung für eine Maßnahme oder ein Projekt liegt komplett in den Händen der Zielgruppe. Alle

Entscheidungsträger sind Mitglieder der Zielgruppe. Alle Aspekte der Planung und Durchführung werden von Menschen aus der Zielgruppe realisiert.

Häufig entsteht die Eigeninitiative aus eigener Betroffenheit. Diese Stufe schließt alle Formen von Initiativen, die von Menschen aus der Zielgruppe selbst konzipiert und durchgeführt werden, ein. Diese können formell (z. B. als Verein) oder informell als (spontane) Aktion von Gleichgesinnten organisiert werden.

Beispiele:
- Es steht ein Fußballturnier in einer Grundschule an. Die Kinder einer Klasse beschließen, sich regelmäßig außerhalb des Unterrichtes zu treffen. Sie wählen einen Mannschaftskapitän, eine/n Trainer/-in und stellen einen Trainingsplan auf. Der Schulhausmeister wird befragt, ob er den Sportplatz am Nachmittag zur Verfügung stellt.
- Ein allgemein bekanntes Beispiel sind Eltern-Initiativ-Kindergärten, wo die Planung und Umsetzung einer Kita komplett in Elternhand liegen.

Wir schlagen dieses Modell vor, weil es ermöglicht, existierende oder geplante partizipative Prozesse zu charakterisieren. Anbieter/-innen von Prävention und Gesundheitsförderung erhalten hiermit ein Instrument, den Grad der in ihren Angeboten erreichten Partizipation einzuschätzen bzw. die jeweils angemessene Stufe zu finden und Möglichkeiten zur Steigerung der Beteiligung zu entwickeln. Gerade in der Arbeit mit schwer erreichbaren Zielgruppen oder solchen mit besonderen Bedarfen, wie armen Kindern, versteht sich das Modell als eine Hilfestellung zur Reflexion der eigenen Arbeit. Die Beteiligung der Zielgruppe ist auch immer als ein Entwicklungsprozess zu sehen. Inwieweit Kinder und Jugendliche an der Gesundheitsförderung partizipieren können, hängt vom Entwicklungsstand der Kinder, dem jeweiligen Sachverhalt, von der Bereitschaft und den Fähigkeiten der Erwachsenen, sie zu beteiligen und den zur Verfügung stehenden Methoden ab. Dass sie partizipieren können, hat sich im Politikfeld bereits bewiesen. Frädrich argumentiert: „Niemand stellt heute mehr ernsthaft infrage, dass die Beteiligung von Kindern Sinn macht." (Frädrich 2004). Die Methoden, mit denen Kinder in die Gesundheitsförderung einbezogen werden können, sind vielfältig. Beispielsweise lässt Papies-Winkler (2008) im Good-Practice-Projekt „Kiezdetektive – Kinderbeteiligung für eine gesunde und zukunftsfähige Stadt" Grundschulkinder Fotos und Listen von „Problemen und Schätzen" in einem sozialen Brennpunkt erstellen, die Politikern/-innen mit dem Auftrag der Problembeseitigung vorgestellt werden. Neben der Erfahrung der Kinder, Einfluss auf die Bezirkspolitik zu haben, werden sie für gesundheitliche und soziale Belange aktiv (Papies-Winkler 2008). Eine ähnliche Arbeit mit Fotos führt Flicker (TeenNet Project 2008) in Kanada mit Jugendlichen zur Gewaltprävention durch. Sie versteht „Partizipative Gesundheitsforschung" als Instrument zur Förderung des Selbstbewusstseins, der Selbstwirksamkeit und des Zivilengagements. Auch Zeichnungen sind eine Methode des Arbeitens mit Kindern, vor allem im jüngeren Alter. Pridmore und Bendelow (1995) haben Kinder gebeten, mit der Methode „draw-and-write" Bilder zu Krankheiten (Krebs, HIV), deren Prävention und dem Sterben anzufertigen.

11.4 Fazit

Analog zur Partizipation in der Gesundheitsförderung ist es denkbar und notwendig, über Partizipation die Qualität armutspräventiver Arbeit zu verbessern. Partizipation verstanden als Teilhabe und nicht nur als Teilnahme bedeutet Entscheidungsmacht und dementsprechend auch Definitionsmacht: d. h., die Möglichkeit die jeweilige Situation, das Gesundheitsproblem, und den Handlungsbedarf (mit) zu bestimmen. Je mehr Einfluss Kindern auf einen Entscheidungsprozess eingeräumt wird, desto größer ist ihre Partizipation. Kinder können in alle Phasen der Planung, Durchführung und Evaluation im Rahmen Partizipativer Qualitätsentwicklung von Maßnahmen der Gesundheitsförderung einbezogen werden. Das mag ein langer, aber lohnenswerter Weg sein, der zu mehr Qualität im Sinne von Nachhaltigkeit und Effektivität in der Arbeit mit Kindern in Armut führen kann.

Literatur

Arbeitskreis Armut und Gesundheit Niedersachsen (2008): Strategien gegen Kinderarmut. In: www.gesundheit-nds.de/downloads/broschuere.strategien.kinderarmut.pdf, 21.06.2010

Arnstein, S. (1969): A Ladder of Citizen Participation. Journal of the American Institute of Planners, No. , 216–224

Block, M., Unger, H. v., Wright, M. T. (2007): Stufen der Partizipation: Ein Modell zur Beteiligung von Zielgruppen an Primärprävention und Gesundheitsförderung. Poster auf dem 2. nationalen Präventionskongress. Prävention und Gesundheitsförderung, Bd. 2, Suppl. 1, 94

Frädrich, J. (2004): Kinderbeteiligung: Kinder vertreten ihre Interessen selbst. Online-Familienhandbuch des Staatsinstituts für Frühpädagogik (IFP). In: Ministerium für Arbeit und Gesundheit des Landes NRW (Hrsg.): Mittendrin und Außen vor. In: www.familienhandbuch.de/cmain/f_Programme/a_Familienpolitik/s-1030.html, 21.06.2010

Hart, R. (1992): Children's Participation from Tokenism to Citizenship. UNICEF Innocenti Research Centre, Florenz

Papies-Winkler, I. (2008): Kiezdetektive – Projektdurchgang 2007/2008. Plan- und Leitstelle Gesundheit, Bezirksamt Friedrichshain-Kreuzberg, Berlin

Pridmore, P., Bendelow, G. (1995): Images of Health: Exploring Beliefs of Children Using the 'Draw-And-Write' Technique. Health Education Journal, 54, 473

Richter, A. (2007): Gemeinsam handeln. Chancengleichheit durch Gesundheitsförderung. klein & groß 09, 7–10

Rosenbrock, R. (2008). Primärprävention – Was ist das und was soll das? WZB Discussion Paper, Berlin

– (2004): Sozial bedingte Ungleichheit von Gesundheitschancen. In: Geene, R., Philippi, T. (Hrsg.): Mehr Gesundheit für alle. Gesundheitsförderung und Selbsthilfe, Bd. 6. Verlag für neue Wissenschaft GmbH, Bremerhaven

TeenNet Project (2008). In: www.teennetproject.org/research.html, 21.06.2010

Trojan, A. (1988): 12-Stufen-Leiter. In: BZgA (Hrsg.) (2003): Leitbegriffe der Gesundheitsförderung. Fachverlag Peter Sabo, Schwabenheim/S., 170

WHO (1986): Ottawa-Charta zur Gesundheitsförderung. Abgedruckt in: Conrad, G., Kickbusch, I. (1998): Die Ottawa-Charta. In: Grenzen der Prävention. Argument Sonderband AS 178. Argument-Verlag, Hamburg, 142–150

Wright, M. T. (Hrsg.) (2010): Partizipative Qualitätsentwicklung in der Prävention und Gesundheitsförderung. Huber-Verlag, Bern

–, Block, M., Unger, H. v. (2009): Partizipative Qualitätsentwicklung. In: Kolip, P., Müller, V.: Qualität von Gesundheitsförderung und Prävention. Huber Verlag, Bern, 157–177

–, –, – (2008): Stufen der Partizipation. In: www.partizipative-qualitaetsentwicklung.de/partizipation/stufen-der-partzipation.html, 30.01.2009

–, –, – (2007): Stufen der Partizipation in der Gesundheitsförderung. Info-Dienst für Gesundheitsförderung. Zeitschrift von Gesundheit Berlin 2007, 7(3), 4–5

12 „Mo.Ki – Monheim für Kinder" – Armutsprävention als kommunale Handlungsstrategie

Von Annette Berg

12.1 Eine Kommune macht sich auf den Weg

Die Stadt Monheim am Rhein und der AWO Bezirksverband Niederrhein e. V. entwickelten mit Unterstützung des Landschaftsverbandes Rheinland im Jahr 2002 das Modell „Mo.Ki – Monheim für Kinder". Seit 2005 ist die präventive Politik von Mo.Ki festgeschriebener Planungshintergrund der Rheingemeinde. Konzeptionell grundlegende Impulse ergaben sich aus den AWO-ISS-Studien sowie über die wissenschaftliche Begleitung durch das Institut für Sozialarbeit und Sozialpädagogik in Frankfurt am Main. Eine weitreichende finanzielle Förderung sicherten verschiedene Stiftungen, allen voran die Stiftung Wohlfahrtspflege NRW sowie die Rheinland-Stiftung des Landschaftsverbandes Rheinland.

Modellziel ist es, die in § 1 Abs. 3 des Kinder- und Jugendhilfegesetzes (SGB VIII) genannte Verpflichtung der Kinder- und Jugendhilfe, nämlich den Abbau von Benachteiligungen und die Verbesserung der kindlichen Lebenssituation, mit neuen und innovativen Methoden zur Förderung von Kindern und Familien zu erreichen. Grundlage dafür sind allgemeine Bildungsziele entsprechend dem Motto: „Stärken stärken und Schwächen begrenzen".

Die Verdoppelung der Heimunterbringungszahlen verdeutlichte 2001 einen akuten Handlungsbedarf im sozialen Brennpunkt der Stadt Monheim am Rhein. In 80 % der Unterbringungsfälle verstärkte familiäre Armut die Notwendigkeit der Hilfe zur Erziehung, 90 % der im Rahmen der Schuleingangsuntersuchung untersuchten Kinder zeigten erhebliche Auffälligkeiten. Es wurde deutlich, dass hilfebedürftige Kinder bereits im Kleinkindalter Mängel erfahren, ohne dass die klassischen Interventionsmöglichkeiten der Jugendhilfe diese zu beheben in der Lage waren.

Auf dieser Grundlage begann die Stadt im Jahr 2002 mit einer träger- und institutionsübergreifenden präventiven Ausrichtung. Eingebettet in die gesamtstädtische Leitbilddebatte gelangten Verwaltung und Politik zu dem Entschluss, einen Perspektivenwechsel in der Kinder- und Jugendhilfepolitik einzuleiten. Als neuer fachlicher Standard galt nun „Prävention statt Reaktion". Kinder und ihre Familien sollten in verschiedenen Entwicklungs- und Übergangsphasen frühzeitig und verlässlich begleitet werden. So sollten die Entwicklungs- und Bildungschancen der Kinder gestärkt sowie Armutsfolgen und soziale Benachteiligung abgebaut und letztendlich auch Kindeswohlgefährdungen frühzeitig wahrgenommen und verhindert werden.

Im Zentrum dieser Strategie stand zunächst der Handlungsbereich „Kita", da diese durch ihren familienorientierten Ansatz eine frühe Förderung und gleichzeitige Unterstützung der Eltern ermöglicht. Als weitere neue Felder oder Bausteine wurden der „Frühkindliche Bereich" und die „Offene Ganztagsgrundschule" integriert. Mo.Ki fasst die verschiedenen kindlichen Lebensbereiche konkret ins Auge und baut unter Beteiligung unterschiedlicher Akteure ein Netzwerk der Prävention mit dem Ziel der Entwicklung familiärer Eigenkompetenzen auf.

Eine beim Jugendamt angesiedelte Koordination neben der Jugendhilfeplanung sichert die Umsetzung der Ziele.

Mo.Ki: Bausteine der Prävention

Trägernetzwerk: Neben der Jugendhilfeplanung sichert eine Regiestelle die strategische Vernetzung aller kinder- und jugendrelevanten Akteure.

Für Kinder: Sicherung, Förderung und Stärkung des Kindes in seiner gesamten Lebenssituation und in seinen Verhaltensweisen.

Für Eltern und Familien: Entlastung und Stärkung der elterlichen Kompetenz, Stabilisierung der Familiensituation und Förderung eines positiven Familienklimas, Aufbau eines Frühwarnsystems mit frühestmöglichem Angebot an Hilfen.

Für Fachkräfte: Nachhaltigkeit durch den Ausbau der trägerübergreifenden Qualifizierung.

Für den Sozialraum: Bereitstellung öffentlicher Güter und Dienstleistungen für Kinder und Eltern, Förderung der sozialen Integration und Partizipation.

Mittlerweile ist Mo.Ki zum bundesweiten Vorzeigemodell geworden und erhielt im Juni 2004 den Ersten Deutschen Präventionspreis von Bundesministerium für Gesundheit und Soziale Sicherung, Bundeszentrale für gesundheitliche Aufklärung und Bertelsmann Stiftung. Die OECD erwähnt Mo.Ki 2004 als beispielhaft in der Förderung benachteiligter Kinder (OECD 2004). Präventions-, Querschnitts- und Vernetzungsanspruch sind Leitprinzipien der Kinder- und Jugendhilfe. Sie gelten jedoch nicht nur dort, sondern für alle Institutionen, die mit und für Minderjährige tätig sind.

12.2 Beispiele der alltäglichen Herausforderung

Laut international vergleichenden Bildungsstudien (PISA, IGLU) und anderer Erhebungen zur Lebenssituation und Chancengleichheit junger Menschen in Deutschland sind arme Kinder hinsichtlich Gesundheit, Bildung, kultureller Förderung und existenzieller Versorgung deutlich benachteiligt, so dass eine gesunde Entwicklung des Kindes nur bedingt möglich ist. Für Monheim heißt das ganz konkret: eine große Zahl der Minderjährigen in dieser Stadt ist massiv eingeschränkt. Im Berliner Viertel in Monheim am Rhein lebten 2008 rund 44 % aller Monheimer Mädchen und Jungen im Alter von drei bis sechs Jahren. Jedes dritte dieser Kinder ist von Sozialleistungen abhängig. 20 % der im Berliner Viertel lebenden Familien sind nicht deutscher Herkunft. Bei vielen Kindern des Quartiers Berliner Viertel lassen sich Folgen der Lebenssituation „Armut" in erkennbaren Defiziten im Bereich der Sprachentwicklung feststellen. Die nachweisliche Beeinträchtigung (Abb. 11) führt zu erheblicher Benachteiligung im Schulerfolg der betroffenen Kinder.

Effekte einer massiven Einschränkung werden zudem beim Wechsel der Jungen und Mädchen von der Grundschule zu den weiterführenden Schulen deutlich. Während der Anteil der Gesamt-Monheimer Kinder mit dem Wechsel von der Grundschule zur Hauptschule nur bei 13 % und der

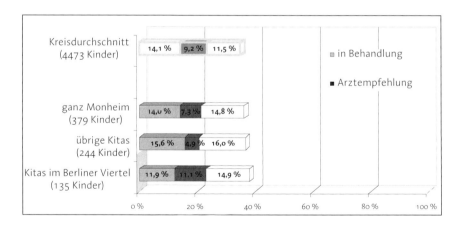

Abb. 11: Anteil der Sprach- und Sprechstörungen bei Schulneulingen aufgeteilt nach Kindertagesstätten in Monheim am Rhein (Kreisgesundheitsamt Mettmann; Schuleingangsuntersuchung 2007/08)

Tab. 23: Übergänge an weiterführende Schulen zum Schuljahr 2007/08
(Eigene Zusammenstellung)

Schulform	Monheim Gesamt		Berliner Viertel	
Hauptschule	Anzahl der Schüler/-innen	%-Anteil an wechselnden Schüler/-innen	Anzahl der Schüler/-innen	%-Anteil an wechselnden Schüler/-innen
Hauptschule	60	13 %	46	31 %
Realschule	80	18 %	35	23 %
Gesamtschule	170	38 %	48	32 %
Gymnasium	137	31 %	21	14 %
Gesamt	447	100 %	150	100 %

Wechsel von der Grundschule zum Gymnasium bei 31 % liegt, gehen Kinder aus dem Berliner Viertel in nahezu umgekehrtem Verhältnis zu den jeweiligen weiterführende Schulformen (Tab. 23).

12.3 Die strukturverändernde Antwort oder: Mo.Ki – Monheim für Kinder

Es ist erforderlich, zur Sicherung des Wohlergehens eines Kindes (d. h. körperliche, geistige und seelische Entwicklung im Sinne von § 1 SGB VIII und nicht allein im eng gefassten Sinn von § 8a SGB VIII) alle kindlichen Lebensbereiche in den Blick zu nehmen und eine Struktur aufzubauen, die die Bildungs- und Entwicklungschancen von Kindern erhöht.

In Monheim am Rhein wurden dazu die Lebens-/Bildungsorte von Kindern fokussiert und daran ausgerichtet eine gemeinsame Handlungsstrategie der Kommune mit allen relevanten Akteuren vor Ort erarbeitet. Als Leitziele wurden formuliert:

- möglichst vielen Kindern eine erfolgreiche Entwicklungs- und Bildungskarriere zu eröffnen und diese abzusichern,
- den wissenschaftlich erwiesenen Zusammenhang zwischen sozialer Herkunft und Bildungserfolg aufzuheben,
- insbesondere sozial benachteiligten und armen Kindern – vor allem aus dem Berliner Viertel der Stadt Monheim am Rhein – eine bessere Chance auf Bildung, Erziehung, Förderung und somit auf ein selbstbestimmtes Leben zu eröffnen,
- Kindeswohlgefährdungen zu verhindern oder frühestmöglich wahrzunehmen.

Weiterer gemeinsamer Grundsatz sind die Förderung und Nutzung der Ressourcen von Kindern und Eltern/Familien. Die zentralen Lebensorte der Kinder sind:

- 0–3 Jahre = Familie
- 3–6 Jahre = Kindertagesstätte
- 6–10 Jahre = Grundschule
- 10–18 Jahre = Weiterführende Schule
- 18 Jahre u. ä. = Berufsausbildung, Berufseinstieg

Darüber zeigt sich ein anderes zentrales Strukturelement: der Lebensverlauf eines Kindes ab Geburt. Präventionsansätze und -handeln in der Kindheit haben sich an den Entwicklungsphasen der Jungen und Mädchen auszurichten. Jede Phase baut auf die nächste auf und verknüpft sich mit der jeweils vor- oder nachgehenden. Strukturell entsteht so das Bild einer Kette. Präventionsangebote müssen aufsuchend organisiert, sozialräumlich orientiert und auf die Lebenssituation und Lebenswelt der von Armut betroffenen Kinder ausgerichtet sein. Durch eine moderierte Vernetzung aller Akteure soll so verhindert werden, dass ein Kind durch das soziale Netz fällt. Dabei wird zunächst grundsätzlich auf alle Mädchen und Jungen geschaut, und dazu ergänzend dann der Blick auf die besonderen Bedarfe armer Minderjähriger respektive ihrer Familien gerichtet. Damit sind zentrale Voraussetzungen für eine kindbezogene Armutsprävention als Teil einer kommunalen Gesamtstrategie genannt: Präventionskette und die sie tragenden Präventionsnetzwerke.

12.4 Bausteine der Präventionskette – Angebote, Wirkungen, Perspektiven

Ausgehend von dem im Zielkonzept 2020 der Stadt Monheim am Rhein festgeschriebenen Ziel „Ausbau der präventiven Angebote" soll Schritt für Schritt eine Struktur entstehen, die Benachteiligungen entgegenwirkt und die Chancen sowohl auf eine gesunde Entwicklung als auch auf Erlangung eines höheren Bildungsabschlusses für alle Kinder, und insbesondere die des Berliner Viertels, erhöht.

Hierzu werden die Lebensphasen der Kinder in einzelne Bausteine einer Präventionskette (Mo.Ki 0 – Mo.Ki IV) überführt und alle Institutionen mit dem Ziel der Bildungsförderung integriert (Kap. 9). Mo.Ki 0 ist der Baustein für 0–3-Jährige in den Familien bzw. in den Krippen. Die weiteren Bausteine Mo.Ki I bis IV umfassen die Altersgruppen 3–6 Jahre, 6–10 Jahre, 10–18 Jahre und ab 18 Jahre, bzw. die Institutionen Kita, Grundschule, weiterführende Schule und Berufs(aus)bildung.

12.4.1 Mo.Ki 0 – „Frühes Fördern von Anfang an" (0- bis 3-Jährige)

Als besonders prägende Phase der kindlichen Entwicklung werden zunächst die Familie sowie eine frühestmögliche institutionelle Förderung des Kindes in den Fokus genommen. Hierbei kommt insbesondere der Eltern- und Familienbildung sowie dem Kinderschutz eine besondere Bedeutung zu. Bisher standen dem Jugendamt dafür verschiedene Instrumente zur Verfügung:

- Qualitätssicherungskonzept zur Optimierung des ASD, entwickelt in Zusammenarbeit mit dem ISA Münster im Jahr 2003.
- Standardisierung der Einschätzung von Kindeswohlgefährdungen.
- Vereinbarungen mit den freien Trägern gem. § 8a KJHG und Infoveranstaltungen zum Thema.
- Beratung der Fachkräfte.
- Zusammenarbeit mit der Frühförderstelle des Kreises und dem Kreisgesundheitsamt.
- Aufbau von Angeboten der Frühförderung und der Familienbildung im Berliner Viertel durch Mo.Ki I.

Mit dem Ende 2008 gestarteten Modellprojekt sollen weitere Strukturen und grundlegende Präventionsansätze initiiert werden:

- Aufbau eines Netzwerkes mit den Geburtskliniken im Umkreis, um eine frühzeitige Kontaktaufnahme zu Risikofamilien zu gewährleisten. Dies erfolgt in Absprache mit den Fachärzten vor Ort und dem Kreisgesundheitsamt.
- Installation einer durch das Jugendamt anzustellenden Familienhebamme, um einen niedrigschwelligen Zugang zu Risikofamilien aufzubauen und einen längeren Betreuungsrahmen sicherzustellen oder Gefährdungen abzustellen.
- Aufbau besonderer Angebote zur Förderung und Bildung junger Eltern und Familien.
- Neuorganisation und Spezialisierung des ASD mit einer Koordinationsstelle „Prävention", die insbesondere in Abstimmung mit den Gynäkologen und Kinderärzten vor Ort die Beratungsfunktion des Jugendamtes für werdende oder junge Eltern installiert und Fachkräfte in Fragen des Kindeswohles bei U3 berät (Holz/Stallmann 2010).

12.4.2 Mo.Ki I – „Frühes Fördern in der Kindertagesstätte" (3- bis 6-Jährige)

Innovative Bausteine der Arbeit mit Eltern und Kindern wirken gezielt auf eine Verbesserung der Lebenslage von armen Heranwachsenden und verknüpfen erfolgreich Inhalte des Jugendhilfe-, Bildungs- und Gesundheitswesens. Es geht um die Installation von Sprachförderangeboten in der Kita, um Gesundheits- und Bewegungsförderung, aber auch um das Angebot von kultureller Bildung und sozialem Lernen, sowie um die Qualifizierung der Mitarbeiter/-innen.

Es konnte mit Mo.Ki I bisher bereits vieles erreicht werden:

- Der Anteil der übergewichtigen Kinder im Berliner Viertel ist von 18% (2005) auf 11,8% (2006) gesunken.
- Die Teilnahme an den Vorsorgeuntersuchungen (vor der gesetzlichen Verpflichtung) ist im Berliner Viertel von 74% auf 94,4% gestiegen.
- Sprachauffälligkeiten im Berliner Viertel werden frühzeitig diagnostiziert und behandelt.
- Die Werte der Schuleingangsuntersuchung zeigen im Bereich der Sprachfähigkeit ein verbessertes Ergebnis.
- Immer mehr Familien mit Migrationshintergrund sehen die Notwendigkeit des Kindergartenbesuches für die Bildung ihrer Kinder und melden sie bereits im Alter von drei Jahren in einer Tagesstätte an.
- Der erste Kontakt zu den Familien mit großem Förderbedarf konnte in über tausend Fällen hergestellt werden.
- Die Eltern sehen die Mitarbeiter/-innen als kompetente Unterstützer in Sachen Gesundheitsförderung und Erziehung an.
- Die Kitas sind zu einem neuen Mittelpunkt der Sozialen Arbeit geworden.
- Einrichtungen unterschiedlicher Trägerschaft bilden ein Netzwerk der Prävention.
- Unterschiedliche Trägerinteressen werden auf den Nenner der Prävention vereint.

Perspektiven der strukturellen Weiterentwicklung sind:

- Entwicklung von Qualitätsstandards zur Förderung von Bildungsprozessen in der Kita.
- Erarbeitung eines Übergangskonzeptes von der Kita zur Grundschule.
- Ausbau der internen Mitarbeiterqualifizierung zu verschiedenen Bildungsbereichen der Kinder.
- Aufbau eines Qualitätssicherungssystems und einer Dokumentation der Wirkung.

12.4.3 Mo.Ki II – „Frühes Fördern in der Grundschule (6- bis 10-Jährige)

Mo.Ki soll Jungen und Mädchen des Stadtteils Berliner Viertel generell neue Möglichkeiten zur Erlangung von schulischen Bildungschancen eröffnen. Dazu braucht es strukturelle Veränderungen in der Schule, aber auch für die Integration der Schule in die Kommune. Der Ansatz Mo.Ki wurde insofern konsequent auf die Schulen mit Bezug zum Monheimer Brennpunkt ausgeweitet und dort in Form des Bausteins „Mo.Ki II" umgesetzt.

Modellstandort zu Beginn war die Grundschule am Lerchenweg als Of-

fene Ganztagsschule. Es sollten dort die Angebote der Kinder- und Jugendhilfe für die Gruppe der 6- bis 10-Jährigen und ihrer Familien integriert
sowie die Strukturen des Bildungs- und Gesundheitssystems miteinander
verknüpft und konkret in die Arbeit der Grundschule einbezogen werden.
Zugleich war das bestehende Mo.Ki-Netzwerk um das System „Schule" zu
erweitern.

Das Leitziel lautete, die Bildungschancen zu erhöhen und in Koproduk-
tion der Schule mit der Jugendhilfe einen besseren Schulerfolg des einzelnen Kindes erreichen. Mo.Ki II macht es sich zur Aufgabe, die Schnittstelle
der Jugendhilfe zur Schule intensiver zu gestalten und zu einer wirklichen
Zusammenarbeit zu führen. Beide Partner sind dazu an ein neues Verständnis der *gemeinsamen* Arbeit zum Wohl der Kinder gebunden. Auch hier
werden der Kinderschutz und die frühzeitige Intervention in familiären
Krisen als gemeinsame Aufgabe entwickelt.

Wegweisend zur Zielerreichung war der Beschluss, an der Grundschule
am Lerchenweg zukünftig pro Jahrgang eine Klasse als – echte – Gebun-
dene Ganztagsklasse zu führen, die erste dieses Schulzweiges in Monheim
am Rhein überhaupt. Ab 2007 wurde Mo.Ki II zudem an der Hermann-
Gmeiner-Grundschule im Zentrum des Berliner Viertels angesiedelt. Gelungen ist eine gute Zusammenarbeit der beiden Standorte. So wurde/n

- gemeinsame Förderprogramme am Vor- und Nachmittag entwickelt
  und umgesetzt,
- eine intensive Begleitung von Kindern mit Bildungsdefiziten beim Übergang von der Kita in die Grundschule erreicht,
- Lehrer/-innen für Förderbedürfnisse sowohl benachteiligter als auch besonders begabter Kinder sensibilisiert und qualifiziert,
- Eltern in ihrer Erziehungs- und Mitwirkungspflicht aktiv unterstützt,
- Bildungschancen armer und benachteiligter Kinder verbessert,
- die Strukturen des Vor- und Nachmittags miteinander verknüpft,
- eine Veränderung der Lehrerrolle angestrebt,
- der Schwerpunkt „Arbeit mit Eltern in Grundschulen" konzipiert und
  aufgebaut.

Heute sind Sozialpädagoginnen/Sozialarbeiterinnen – als Fachkräfte des
städtischen Jugendamtes – Teil des Kollegiums beider Grundschulen. Es
wird ein begleiteter Übergang der Jungen und Mädchen von der Kita zur
Grundschule durch alle Kitas des Berliner Viertels zusammen mit den beiden Grundschulen umgesetzt. Schließlich ist der Einstieg in ein kindbezogenes Entwicklungsmonitoring für Grundschulen gelungen. D. h., mit
Hilfe eines indikatorengestützten Monitoring wird der Schulverlauf eines
jeden Kindes schulintern erfasst und beleuchtet. Spätestens in den Über-
gangsquoten zu den weiterführenden Schulen wird sich die Wirkung der
bislang drei realisierten Mo.Ki-Bausteine zeigen (Holz 2010).

12.4.4 Mo.Ki III und IV – Förderung und Begleitung bis zum erfolgreichen Berufseinstieg (über 10-Jährige)

Die Konzeption für diese Bausteine wird in den nächsten Jahren (2011/12) gemeinsam mit der Gesamtschule und der Hauptschule entwickelt werden. Durch Einsatz einer Schulsozialarbeiterin an der Anton-Schwarz-Hauptschule seitens der Stadt Monheim am Rhein konnte auch hier ein erster Schritt zur gemeinsamen Verantwortung getan werden.

12.5 Mo.Ki als Präventionsansatz für und in Kommunen

Mo.Ki steht für einen inhaltlichen und strukturellen Paradigmenwechsel in der Kinder-, Jugend- und Familienhilfe im Allgemeinen und auf kommunaler Ebene im Besonderen: Armutsprävention als Aktion statt Reaktion. Strategisch umgesetzt wird das in Form einer Präventionskette „Von der Geburt bis zum erfolgreichen Berufseinstieg" sowie sie tragender Präventionsnetzwerke. Dazu werden die Lebensphasen der Kinder in einzelne Bausteine der Präventionskette aufgenommen und alle relevanten Institutionen und Akteure unter dem Ziel einer systematischen Bildungsförderung integriert.

Die Kinder- und Jugendhilfe muss darüber hinaus auch ihrer hoheitlichen Aufgabe als „Garant" des Kindeswohles gerecht werden. Mit Mo.Ki wurden ebenfalls Grundlagen zur Realisierung eines Frühwarnsystems gelegt, um Notlagen von Kindern zu erkennen und ein frühzeitiges Einschreiten des Jugendamtes zu ermöglichen.

Als Schwerpunkt der kommunalen Jugendhilfeplanung bündelt die zentrale Zielsetzung der frühestmöglichen Förderung von Kindern und Familien alle verfügbaren Ressourcen der Jugendhilfe und stellt somit deren Nachhaltigkeit sicher. Der Anspruch des Kinder- und Jugendhilfegesetzes (§ 1 SGB XIII) zur Verbesserung kindlicher Entwicklungschancen und Lebensbedingungen kann nur durch ein angebots- und trägerübergreifendes Setting nachhaltig erreicht werden. Mo.Ki als Leitgedanke der Jugendhilfeplanung erstreckt sich auch auf den entsprechenden Aufbau einer Präventionskette, welche alle Leistungen und Angebote für Familien einbezieht.

Erste Erfolge sind bereits erkennbar. Der rasante Anstieg der Heimunterbringungen konnte erfolgreich beendet werden. Es wurde der Anteil der stationären Hilfen auf 30 % aller HzE-Maßnahmen gesenkt. Mit einem Anteil von 70 % ambulanter Hilfen ist Monheim am Rhein nachweislich Vorreiter einer frühzeitigen Hilfe in NRW.

12.6   Unser Fazit auf dem Weg in die weitere Zukunft

Mit „Mo.Ki – Monheim für Kinder" werden Möglichkeiten und Effekte eines neuen Weges in und durch eine Kommune beschrieben. Dabei wurden zunächst Veränderungen innerhalb des Bestehenden vorgenommen. Strukturelle Veränderungen müssen nicht automatisch mit einer umfassenden Bereitstellung von zusätzlichen Mitteln einher gehen. Die Bündelung und Koordination der vorhandenen Ressourcen im Hinblick auf die verbindende Zielsetzung schafft neue Strukturen und Angebote zur frühen Förderung von Kindern und Familien. Es braucht aber genügend Ressourcen zum richtigen Zeitpunkt am richtigen Platz. Entscheidend ist, dass öffentliche Institutionen und die vorhandenen Strukturen dazu genutzt werden, neue Qualitäten in der Arbeit zu erzielen.

Literatur

Holz, G. (2010): Frühes Fördern in der Grundschule. Der Präventionsansatz des Projekts „Monheim für Kinder – Mo.Ki II". Ernst Reinhardt, München/Weinheim
–, Stallmann, L. (2010): Mo.Ki 0 – Frühes Fördern von Anfang an. Zweiter Sachstandsbericht. ISS-Eigenverlag. Frankfurt/M.
In: iss-ffm.de/veroeffentlichungen/publikationen.html; 08.2010
OECD (Organisation für wirtschaftliche Zusammenarbeit und Entwicklung) (2004): Die Politik der frühkindlichen Betreuung, Bildung und Erziehung in der Bundesrepublik Deutschland. Berlin, 64–65

13 Bildung für alle – Strategien zur Sicherung der Bildungsteilhabe von sozial benachteiligen Kindern

Von Beate Hock und Heiner Brülle

„Bildung für alle", unser Leitmotiv, rückt dezidiert die Kinder aus sozial benachteiligten Familien in den Vordergrund. Diese Kinder brauchen Unterstützung durch öffentliche Angebote, um den Weg in eine ökonomisch eigenständige Lebensführung, aber auch in die persönliche Autonomie zu schaffen. Auf diese Gruppe müssen sich aus unserer Sicht die Ressourcen – vor allem aus dem Bereich der Kinder- und Jugendhilfe – konzentrieren, um zumindest einen Teil der ungleichen Bildungschancen zu reduzieren. Dieser Ansatz ist nicht unumstritten, fließen bei genauerer Betrachtung der öffentlichen Haushalte doch weithin große Finanzsummen in Maßnahmen, die eher dem Nachwuchs der bildungsnahen Mittelschicht zugute kommen und damit die Bildungs- und Chancenungleichheit noch verstärken.

13.1 Die „Bildungslandschaft" – Zur Rolle der Kommune

Zunächst stellt sich die Frage, welche Rolle eine Kommune, in unserem Falle die Stadt Wiesbaden, überhaupt spielen kann, wenn es um „Bildung für alle" bzw. die Sicherung der Bildungsteilhabe für alle geht. Denn für die Schule, die gemeinhin als *die* zentrale Bildungsinstitution betrachtet wird, ist im föderalen System nicht die Kommune, sondern primär das Bundesland zuständig.

Wenn man sich aber einmal genauer betrachtet, wo im Verlauf der Bildungsbiografie Bildung im Sinne des Erwerbs von grundlegenden Kompetenzen, Fähigkeiten und Fertigkeiten und natürlich von Wissen stattfindet, so wird sehr schnell offenkundig, dass die Kommune – vor allem in ihrer Funktion als Kinder- und Jugendhilfeträger – eine durchaus entscheidende Rolle spielt.

Abbildung 12 macht zweierlei deutlich: Zum einen ist die Kinder- und Jugendhilfe mit ihren Bildungsangeboten und -orten in der „Bildungslandschaft" (Maykus 2007; Deutscher Verein 2007) in *allen* Altersphasen präsent und damit ein wichtiges bildungsbiografisches Element, das von der Geburt bis zum Übergang in Ausbildung und Beruf für viele Kinder und Jugendliche relevant ist. Zum anderen ist die Kinder- und Jugendhilfe im Bereich der „Elementarbildung" in Form des Bildungsortes Kindergarten bzw. Kindertagesstätte in den ersten Lebensjahren des Kindes *der* instituti-

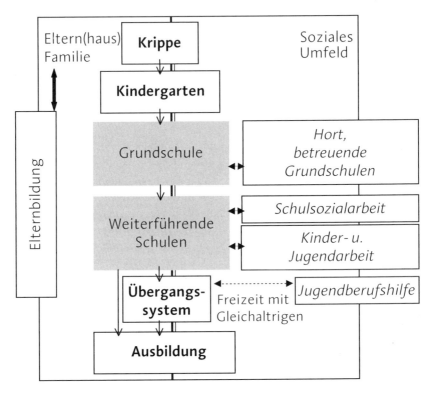

Abb. 12: Bildungsorte (Eigene Darstellung)

onelle Bildungsträger und hat damit eine ähnlich zentrale Rolle wie in späteren Lebensjahren die Schule.

Wenn man sich nun weiterhin vergegenwärtigt, dass die Institutionen der Kinder- und Jugendhilfe die einzigen Akteure sind, die einerseits einen *ganzheitlichen* und lebensweltbezogenen (§§ 1, 11, 16, 22 SGB VIII) *und* andererseits einen (zur Familie) *kompensatorischen* (§§ 13, 27ff SGB VIII) Bildungsauftrag haben, so wird ihre besondere Bedeutung gerade für sozial benachteiligte Kinder deutlich: Jedes Mädchen und jeder Junge gelangt im Grunde in den Blick – mit dem besonderen Fokus auf die Verhinderung und Kompensation von Bildungsbenachteiligungen. Diese besondere kommunale Aufgabe und Verantwortung wird erfreulicherweise u. a. durch die Veröffentlichung und intensive Diskussion des Zwölften Kinder- und Jugendberichtes aus dem Jahr 2005 (BMFSFJ 2005) bestätigt und hervorgehoben.

Rauschenbach hat kürzlich die Rolle der kommunalen Bildungsorte noch einmal eindringlich deutlich gemacht:

> „Das Konzept Schule funktioniert in seiner gegenwärtigen Verfasstheit im Kern nur dann einigermaßen reibungslos, wenn die Bildungsaspirationen von dritter Seite, durch Familie, Kindertageseinrichtungen und außerschulische Akteure vor und während der Schulzeit fraglos unterstützt werden, wenn die impliziten Bildungsleistungen der non-formalen und informellen Bildung durchschnittlich erwartbar erbracht werden." (Rauschenbach 2007, 444)

Das Gelingen der „Alltagsbildung", die durch die non-formalen und informellen Bildungsorte – wie Familie, Kindertagesstätten, Peergroup, Vereine, Kinder- und Jugendzentren u. ä. – geleistet wird, entscheidet über die Bildungschancen der Kinder und Jugendlichen: „Nicht die formale Bildung, sondern die bislang unbeachteten Formen der Alltagsbildung erzeugen die eigentliche Kluft zwischen den Privilegierten und den sozial Benachteiligten, zwischen den sozialen Schichten und Milieus, zwischen den Bildungsgewinnern und den Bildungsverlierern." (Rauschenbach 2007, 447)

Die Aufgabe der Kinder- und Jugendhilfe auf kommunaler Ebene besteht nun zunächst darin, diese Sichtweise den verschiedenen Bildungsinstitutionen und –akteuren nahe zu bringen, um im „Standardsystem" – also vor allem in Kindertagesstätten und Schulen – die Sensibilität für Fragen der „Alltagsbildung für alle" zu erhöhen und Lösungen im System zu befördern, um damit präventiv zu wirken.

Die Kinder- und Jugendhilfe muss des Weiteren jedoch – wenn die Mittel und Kompetenzen des „Standardsystems" nicht ausreichen – auch eigene Mittel investieren. Dies gilt vor allem, wenn die „Alltagsbildung" in Form der Förderung grundlegender personaler und sozialer Kompetenzen im Elternhaus und im sozialen Umfeld nicht ausreicht, um das Kind bzw. den Jugendlichen zu einem erfolgreichen Weg ins Berufs- und Erwachsenenleben zu führen („Kompensation").

Wie wir diese grundlegenden Sichtweisen in Wiesbaden versuchen in strategisches Handeln umzusetzen, wird im übernächsten Abschnitt skizziert. Zuvor jedoch zur Frage, wen wir als tendenziell sozial benachteiligt und damit zur Zielgruppe für unterstützende kompensatorische Förderangebote gehörig betrachten und um wie viele Kinder es dabei in Wiesbaden überhaupt geht.

13.2 Wer ist die Zielgruppe der „sozial benachteiligten Kinder"? – Basisindikatoren für Kommunen

Soll der Aufruf der Förderung sozial benachteiligter Kinder nicht wirkungslos verhallen, ist es Aufgabe der kommunalen Kinder- und Jugendhilfeplanung die entsprechenden Zielgruppen zu identifizieren und auch quantitativ zu bestimmen.

Wesentliche Indikatoren, die auf die soziale Benachteiligung und sozialen Ungleichheiten von Bevölkerungsgruppen hinweisen, sind insbesondere solche Haushalte mit Kindern

▧ deren Äquivalenzeinkommen unterhalb der Armutsgefährdungsgrenze liegt (23 % der Haushalte mit Kindern),
▧ in denen kein Elternteil erwerbstätig ist (10 % der Haushalte),
▧ in denen kein Elternteil einen Abschluss des Sekundarbereichs II oder eine abgeschlossene Berufsausbildung hat.

Insgesamt sind in Deutschland 28 % der Kinder (4,2 Mio.) von mindestens einer dieser „Risikolagen" betroffen (BMAS 2008).

13.3 Wie wird die Zielgruppe greifbar? – Zugang über die kommunale Sozialberichterstattung in Wiesbaden

Sozialberichterstattung in Wiesbaden (Hock/Brülle 2006; Landeshauptstadt Wiesbaden 2010) hat auf der Basis der kommunal verfügbaren Datenstrukturen verschiedene Zugänge zur Identifizierung von Risiken, die Bedarfe für eine besondere Förderung und Unterstützung der Kinder und ihrer Familien durch die soziale Kommunalpolitik anzeigen:

▧ Im Rahmen der sozialräumlichen Sozialberichterstattung (Stadt Wiesbaden 2007) werden über verschiedene Indikatoren die Stadtteile identifiziert, in denen besonders viele Menschen mit sozialen Benachteiligungen leben. Dort werden dann bestimmte Angebote sozialräumlich platziert (z.B. betreuende Grundschulen, Kinder- und Jugendzentren).
▧ Im Rahmen der produktbezogenen Berichterstattung z.B. im Kindertagesstättenbereich (Stadt Wiesbaden 2008a) versuchen wir zum einen, die Teilhabe sozial benachteiligter Gruppen (z.B. Kinder aus Familien mit Bezug von existenzsichernden Sozialleistungen, Kinder mit Migrationshintergrund, Kinder mit alleinerziehendem Elternteil) insgesamt zu beobachten, und zum anderen solche Einrichtungen zu identifizieren, die besonders viele sozial benachteiligte Kinder betreuen. Auf diese Weise können Bildungs- und Förderangebote (z.B. Elternbildungsangebote) gezielter platziert werden.

- Daneben dienen umfassende Berichte und Monitoringdaten – wie z. B. im Jahr 2005 der Sozialbericht zur Bildungsbeteiligung in Wiesbaden (Stadt Wiesbaden 2005a) und das sich daran anschließende Bildungsmonitoring – dazu, bestimmte Handlungsfelder näher zu beleuchten und dann kontinuierlich zu beobachten.
- Die Grenzen der kontinuierlich vorhandenen Daten versuchen wir zum Teil durch gezielte Erhebungen zu überwinden. So fand im Jahr 2007 in Kooperation mit der Universität Mainz eine stadtweite Erhebung zu den Übergängen von der Grundschule zu weiterführenden Schulen statt (Schulze et al. 2008). Durch diese Erhebung eines kompletten Schülerjahrganges, der unter anderem auch die Abfrage des Familieneinkommens beinhaltete, können wir heute sagen, dass ziemlich genau ein Drittel der Kinder in Wiesbaden in Familien lebt, die ein hohes Armutsrisiko tragen (bedarfsgewichtetes Äquivalenzeinkommen < 750 €) und damit als besonders förderungsbedürftig einzuschätzen sind. Etwa zwei Drittel dieser armen Kinder leben mit ihren Familien von Arbeitslosengeld II bzw. Sozialgeld und sind für uns als Optionskommune als Zielgruppe für bestimmte Angebote gut erreichbar. Durch diese Schüler- und Elternerhebung der Universität Mainz wissen wir außerdem nun auch noch genauer an welchen Grund- und weiterführenden Schulen sich die die sozialen Benachteiligungen – neben Armut auch die geringe Bildung im Elternhaus – konzentrieren.

Der erste Schritt ist gemacht, denn: „Was gezählt ist, wird sichtbar. Und indem man zählt, fängt das, was gezählt wird, auch an zu zählen" (dieser Satz wird dem Managementtheoretiker Charles Handy zugeschrieben).

13.4 Was muss geleistet werden? – Das Handlungskonzept der kommunalen Sozialpolitik zur Förderung der Bildungsbeteiligung Benachteiligter in Wiesbaden

Die im letzten Abschnitt erwähnten, auf Wiesbaden bezogenen Datenerhebungen sind ein wichtiger Strang in unserem kommunalen Handlungskonzept. Diese Berichte und Monitoringzeitreihen tragen dazu bei, den lokalen Diskurs auf fundierter Grundlage zunächst hinsichtlich von Problemanalysen, Zielbildungsprozessen bis zur Planung von Handlungsprogrammen zu unterstützen und helfen später dabei, Maßnahmen und Programme in ihrer Wirkung zu bewerten.

Wie sehen nun aber die Programme und Maßnahmen aus, die wir in Wiesbaden von Seiten der Kinder- und Jugendhilfe mit Blick auf die Grundherausforderungen, die in den vorherigen Kapiteln beschrieben sind, ergriffen haben? Zunächst können folgende drei Herausforderungen identifiziert werden:

- Verbesserung der Bildungsteilhabe in Familien-, Kinder- und Jugendhilfe-
  angeboten.
- Verbesserung der Bildungsqualität in der Kinder- und Jugendhilfe.
- Bessere Abstimmung der Übergänge zwischen den biografiebegleiten-
  den Bildungsangeboten und Verbesserung der Kooperation und der
  vielfältigen Angebote der kommunalen Bildungslandschaft untereinander.

13.4.1 Die Herausforderungen

Die erste Herausforderung wurde vor dem Hintergrund formuliert, dass
oftmals noch unzureichend gewährleistet ist, dass die Bildungsangebote
auch diejenigen erreichen, die sie besonders dringend bräuchten: arme bzw.
sozial benachteiligte Kinder und deren Eltern. Dies ist u. a. in den Bereichen
„frühe" Bildung und Familienbildung augenfällig. Während in Wiesbaden – z. B. durch gezielte Kampagnen wie „mit drei dabei" in Migrantenge-
meinschaften und in Unterschichtsmilieus – im Elementarbereich weitgehend alle Kinder erreicht werden (2007 wiesen 93 % aller und 90 % aller
Kinder mit Migrationshintergrund einen mindestens zweijährigen Kindergartenbesuch vor Schuleintritt auf), gilt dies für den Bereich der Familienbildung zwischen Geburt und dem dritten Lebensjahr des Kindes nicht annähernd: Eine kürzlich in Wiesbaden durchgeführte Erhebung der Nutzer-
struktur der Familienbildungsangebote hat gezeigt, dass dort nur 5 % der
Teilnehmer/-innen maximal einen Hauptschulabschluss aufweist, während
es bei den Schulabgänger/-innen etwa 28 % sind. Bildungsferne Gruppen
zählen also nicht genügend zum Nutzerkreis. Auch im Bereich der frühen
Bildung unter 3-Jähriger in Krippen und Kindergemeinschaftsgruppen haben wir bislang – u. a. aufgrund der Knappheit der Plätze und der Fokussierung der Angebote auf erwerbstätige Mütter – ein hohes Ausmaß sozialer
Selektivität: Kinder aus Familien mit SGB II-Leistungen besuchen die
Krippe nur halb so häufig wie die Gesamtheit der Kinder (7 % vs 14 %;
Stadt Wiesbaden 2008a, 38).

Die zweite Herausforderung zielt darauf, dass selbst dort, wo die sozial
benachteiligten Kinder oder ihre Eltern erreicht werden, diese nicht unbedingt in dem Umfang bzw. der Qualität gefördert werden, wie es notwendig wäre. Dies kann zum einen an nicht passgenauen Konzepten liegen
(z. B. im Bereich der Elternbildung, die weitgehend mit „Mittelschichtme-
thoden" arbeitet), oder auch in fehlenden Ressourcen begründet sein (z. B.
im Bereich der Sprachförderung in Kindertagesstätten, wo die Personalres-
sourcen oft für eine systematische Kleingruppenförderung nicht ausreichen).

Die dritte Herausforderung ist die derzeit wohl am häufigsten auf verschiedenen Ebenen angesprochene: Eine Vernetzung der verschiedenen

Bildungsorte, Angebote und Hilfen mit dem Ziel, die Übergänge zwischen den nacheinander (z. B. Kindergarten – Grundschule) bzw. parallel vorhandenen Bildungsorten/-institutionen (z. B. Grundschule – Hort oder Sekundarschule I – offene Jugendverbandsarbeit) im Sinne des integrierten Systems „Bildungslandschaft" von Bildung, Erziehung und Betreuung zu gestalten (BMFSFJ 2005, 540ff).

13.4.2 Der Weg – Beispiel I: „Frühe Kindheit"

Eine kommunale Bildungsstrategie muss sich mit vielen Schwellen und entsprechenden Vernetzungsanforderungen auseinandersetzen (Abb. 12). Es ist zunächst über Analysen und möglichst breite Diskussionen festzulegen, welche Vernetzungsebenen als Nächstes angegangen werden sollen. Die Grundfragen sollten dabei lauten: Wo haben wir die größten Schwächen bzw. bislang am wenigsten systematisch getan? Wie können wir die Chancen „unserer" Kinder und Jugendlichen am besten bzw. nachhaltigsten beeinflussen? Mit Hilfe dieser Fragen wurde für Wiesbaden im Sozialbericht zur Bildungsbeteiligung „Gleiche Bildungschancen für alle?" als ein Schwerpunkt die Frühe Kindheit und das Thema „Zielgruppenorientierte Elternbildung" identifiziert.

Das System der in Wiesbaden bislang existierenden Eltern- bzw. Familienbildungsangebote wies in allen drei Herausforderungsdimensionen Defizite auf: Zum einen wurden nur sehr wenige sozial benachteiligte Eltern erreicht, obwohl diese in der Regel höhere Unterstützungsbedarfe haben als andere Eltern (Herausforderung 1/mangelnde Teilhabe). Zum anderen arbeiteten viele Angebote mit Methoden, die bei bildungsungewohnteren Eltern nicht gut greifen (Herausforderung 2/Qualitätsproblem) und nicht zuletzt war die Vernetzung der Eltern-/Familienbildungsangebote mit den anderen Angeboten (z. B. Krippe/Kindertagesstätte, kommunaler kinderärztlicher Dienst) (Herausforderung 3/Übergänge gestalten) nicht systematisch entwickelt.

Diese „Diagnose" des Sozialberichtes wurde auch von der Politik und den freien Trägern geteilt, so dass zunächst eine trägerübergreifende Arbeitsgruppe mit der Entwicklung eines Konzeptes für eine „zielgruppenorientierte Elternbildung" beauftragt wurde.

Mit der Vorlage des Konzeptes (Stadt Wiesbaden 2005b) schlug die Arbeitsgruppe der Politik vor, zunächst beginnend mit der frühen Kindheit das System stufenweise „von unten her" zu entwickeln. Die erste Phase „Elternbildung in der frühen Kindheit" (Geburt bis 3. Lebensjahr des Kindes) wird derzeit umgesetzt. Mit Hilfe zusätzlicher Ressourcen (Personalressource Fachstelle Elternbildung im Umfang einer Vollzeitstelle plus zusätzliche Geldmittel für neue zielgerichtete Angebote) und einer neuen Arbeitsstruktur („Fachbeirat Elternbildung" mit Fachkräften aus dem Migrations-, Gesundheits- und Jugendhilfebereich) werden passgenaue neue Angebote zunächst erprobt und dann und dann stadtweit – vor allem in Stadtteilen mit besonderen Bedarfslagen – etabliert.

Die größte Herausforderung besteht in dieser Altersphase darin, die Eltern – gerade bei neuen Angebotsformen – zu erreichen. Neben der gezielten Ansprache von Eltern, die SGB II-Leistungen erhalten, soll zukünftig noch stärker als bislang mit dem Zugang über Kindertagesstätten gearbeitet werden. So können z. B. Eltern, die ihre Kinder bereits für den Kindergarten/Elementarbereich angemeldet haben, „vorbereitende" Angebote unterbreitet werden (z. B. das Angebot „Zusammenspiel", ein speziell entwickelter Spielkreis mit Elternbildungsanteilen).

Die Konsequenz des Handlungsstranges „Zielgruppenorientierte Elternbildung" besteht darin, dass sozial benachteiligte Eltern in ihrer Versorgungs-, Erziehungs- und Förderkompetenz gestärkt werden, Erfolgserlebnisse bekommen und – sofern notwendig – frühzeitig in weitergehende Angebote vermittelt werden. Im Gegensatz zur Schule und anderen Bildungsinstitutionen versorgen, fördern und erziehen Eltern ihre Kinder kontinuierlich und bildungspasenübergreifend. Nur wenn man die benachteiligten Eltern erreicht, kann man darin erfolgreich sein, die sozialen Unterschiede im Bereich der „Alltagsbildung" und damit auch die Bildungsungleichheiten zu verringern und Teilhabechancen der Kinder verbessern. Die „Kinder-Eltern-Zentren" (auch „Familienzentren" genannt) zu denen sich einige Wiesbadener Kindertagesstätten in den nächsten Jahren hin entwickeln wollen, sollen in Zukunft dazu beitragen, die elterlichen Kompetenzen zu stärken. Das Amt für Soziale Arbeit startete im Sommer 2009 ein Pilotprojekt „KiEZ", welches modellhaft in vier Kindertagesstätten in unterschiedlicher Trägerschaft in benachteiligten Stadtteilen das Konzept praktisch erproben wird. Ein KiEZ arbeitet in enger Kooperation mit Akteuren der Eltern- und Familienbildung, der Bezirkssozialarbeit und vielen anderen Akteuren im Stadtteil zusammen. Eltern finden im KiEZ Angebote zur Bildung, Erziehung und Betreuung verschiedenster Institutionen: es bietet Eltern Raum zur Begegnung und für gemeinsame Aktivitäten.

13.4.3 Der Weg– Beispiel II: „Übergang Schule – Beruf"

Lassen Sie uns nun vom Beginn zum Ende der Schulbildungsbiografie ins Jugendalter „springen", um anhand eines zweiten Beispiels die Wiesbadener Handlungsstrategie zu beschreiben. Hier besteht die Herausforderung aus unserer Sicht und mit Blick auf das Kinder- und Jugendhilfegesetz (§ 13 SGB VIII) in erster Linie darin, den Schulabgänger/-innen, die trotz aller vorangegangenen Förderangebote eher geringe Chancen auf dem Ausbildungs- und Arbeitsmarkt haben, eine Perspektive zu bieten. Hier setzt schon länger die Schulsozialarbeit an den Wiesbadener Haupt- und Gesamtschulen an. Die Schulsozialarbeit des Amtes für Soziale Arbeit ist an neun Haupt- und integrierten Gesamtschulen der Stadt angesiedelt und erreicht so fast 80 % der Wiesbadener Schüler/-innen, die den Hauptschulabschluss anstreben. In der Regel sind pro Schule drei Fachkräfte der Schulsozialarbeit tätig, eine Fachkraft begleitet jeweils zwei Jahrgangsstufen mit ca. 150 Schüler/-innen. Im Rahmen dieses Unterstützungsangebotes hat die Schulsozialarbeit für alle Schüler/-innen, die maximal einen Hauptschulabschluss anstreben, ein Kompetenz-Entwicklungs-Programm im Übergang Schule – Beruf im Jahr 2007 gestartet, welches ab der achten Jahrgangsstufe jeden/jeder Schüler/in bei der beruflichen Orientierung und Erprobung sowie beim Übergang in Berufsausbildung oder in das Übergangssystem begleitet (Stadt Wiesbaden 2008b).

Das Kompetenz-Entwicklungs-Programm besteht grob zusammengefasst aus drei Elementen:

- Erarbeitung eines Schülerprofils durch Klassenlehrer/-innen und Schulsozialarbeit im Diskurs mit dem/der Schüler/-in und seinen/ihren Eltern. Das Profil dokumentiert den Stand der Kompetenzen und Schlüsselqualifikationen sowie den Stand der Berufsorientierung jeweils in der achten und in der neunten Jahrgangstufe des Jugendlichen.
- Bereitstellung und verbindliche Vereinbarung von zusätzlichen Qualifizierungsangeboten für jede/n Schüler/-in in den Bereichen berufliche Orientierung, berufliche Grundqualifizierung, schulische Förderkurse und soziales Kompetenztraining.
- Begleitung und Nachbetreuung der noch nicht ausbildungsreifen Hauptschulabsolventen bei den Wechseln in die diversen berufsvorbereitenden, schulischen und arbeitsmarktlichen Angebote des sogenannten Übergangssystems. Im Rahmen des Bundesmodellprogramms „Kompetenzagenturen" erfolgt in enger Kooperation mit der Arbeitsagentur, den beruflichen Schulen, der Jugendberufshilfe und insbesondere der Ausbildungsagentur des kommunalen SGB II-Trägers eine individuelle und zielgerichtete „Weiterleitung" der Jugendlichen in ein geeignetes Angebot, welches die Fortsetzung des individuellen Kompetenz-Entwicklungs-Programms möglichst gut unterstützen kann (zu der spezifischen Kooperation der Jugendberufshilfe in Wiesbaden s. Brülle 2007).

Mit dem Kompetenz-Entwicklungs-Programm ist es gelungen, nahezu alle benachteiligten Jugendlichen zu erreichen, bereits parallel zu den schulischen Regelangeboten gezielte Fördermaßnahmen zu platzieren, die Eltern in das Förderkonzept einzubinden und die Schnittstelle zur institutionell extrem zerklüfteten Landschaft des so genannten Übergangssystems (Konsortium Bildungsberichterstattung 2006) weitgehend produktiv zu gestalten. Bereits jetzt sind erste Ergebnisse sichtbar. Die Eltern zeigen eine starke Motivation zur Teilhabe: 90 % konnten im ersten Durchgang persönlich beteiligt werden. Die Kompetenzen und Schulleistungen haben sich deutlich verbessert: Die „Ausbildungsreife" der Schüler/-innen hat sich erhöht und die Anzahl der Schüler/-innen mit stark gefährdetem bzw. nicht mehr erreichbarem Schulabschluss ist mehr als ein Drittel unter den Werten der Vorjahre.

13.5 Fazit

„Bildung für alle" erfordert eine an den individuellen Bedarfen ausgerichtete Angebotsplanung sowie institutionsübergreifende Förderkonzepte. Mit einer bloßen Verbreiterung und Vertiefung der Angebote in formalen und non-formalen Bildungsinstitutionen kann keinesfalls eine gezielte Förderung benachteiligter Gruppen erreicht werden. Notwendig ist eine genaue Analyse der Zielgruppen, eine konzeptionelle Fokussierung der Angebote auf diese Gruppen und ein kontinuierliches Monitoring der Zielgruppen-erreichung sowie eine Evaluation der Wirkungen der Angebote. Sozialbe-richterstattung und Kinder- und Jugendhilfeplanung bieten die Instrumente und Strategien zur teilhabeorientierten Ausgestaltung der kommunalen Bildungslandschaft.

Ohne darauf basierende politische Entscheidungen und entsprechendes professionelles Handeln in allen Feldern der Bildungslandschaft wird es jedoch nicht gelingen, mehr Bildungsgerechtigkeit und größere Teilhabe-chancen für Benachteiligte zu erreichen. Die kommunale Jugendhilfe ist hier ganz im Sinne des „Einmischungsauftrags" gefordert, als „Anwalt" der Benachteiligten für mehr Chancen- und Teilhabegerechtigkeit zu kämpfen.

Literatur

BMAS (Bundesministerium für Arbeit und Soziales) (2008): Lebenslagen in Deutschland. Der 3. Armuts- und Reichtumsbericht der Bundesregierung. Entwurf des BMAS, Berlin. In: http://www.bmas.de/portal/26742/property=pdf /dritter__armuts__und__reichtumsbericht.pdf, 15.06.10

BMFSFJ (Bundesministerium für Familie, Senioren, Frauen und Jugend) (2005): Bericht über die Lebenssituation junger Menschen und die Leistungen der Kinder- und Jugendhilfe in Deutschland. Zwölfter Kinder- und Jugendbericht, Berlin

Brülle, H. (2007): Übergänge gestalten. Lokale Kooperation von Schule, Jugendhilfe, Agentur für Arbeit und Jobcentern. In: Grimm, A.: Die Zukunft der Hauptschule. Reihe Loccumer Protokolle 63/06, 169–183

Deutscher Verein für öffentliche und private Fürsorge (2007): Diskussionspapier des Deutschen Vereins zum Aufbau Kommunaler Bildungslandschaften, Berlin

Hock, B., Brülle, H. (2006): Kommunale Sozialpolitik im Wandel – Konsequenzen für die Jugendhilfeplanung und Sozialberichterstattung. In: Maykus, S.: Herausforderung Jugendhilfeplanung. Juventa, Weinheim/München

Konsortium Bildungsberichterstattung (2006): Bildung in Deutschland. W. Bertelsmann, Bielefeld

Landeshauptstadt Wiesbaden (2008a): Bericht Tagesbetreuung für Kinder 2007, Wiesbaden. In: www.wiesbaden.de/die_stadt/sozial_fam/sozialplanung.php, 15.06.2010

– (2008b): Kompetenz-Entwicklungs-Programm im Übergang Schule-Beruf. Ein Programm zur Verbesserung der Perspektiven für Hauptschülerinnen und Hauptschüler. Beiträge zur Sozialplanung 29. In: www.wiesbaden.de/die_stadt/sozial_fam/sozialplanung.php

– (2010): Sozialbericht zur Armut von Kindern, Jugendlichen und Familien in Wiesbaden. Beiträge zur Sozialplanung Nr. 31. Wiesbaden

– (2007): Wiesbadener Sozialatlas 2007. Beiträge zur Sozialplanung 28. Wiesbaden. In: www.wiesbaden.de/die_stadt/sozial_fam/sozialplanung.php, 15.06.2010

– (2006): Wiesbadener Empfehlung zum Übergang Kindertagesstätte – Grundschule, Wiesbaden. In: http://www.wiesbaden.de/leben-in-wiesbaden/gesellschaft/sozialplanung/index.php, 15.06.2010

– (2005a): Gleiche Bildungschancen für alle? Sozialbericht zur Bildungsbeteiligung in Wiesbaden. Beiträge zur Sozialplanung 25. Wiesbaden. In:: www.wiesbaden.de/die_stadt/sozial_fam/sozialplanung.php

– (2005b): Konzept Zielgruppenorientierte Elternbildung, Amt für Soziale Arbeit. Wiesbaden. In: www.wiesbaden.de/die_stadt/sozial_fam/sozialplanung.php, 15.06.2010

Maykus, S. (2007): Lokale Bildungslandschaften. Entwicklungs- und Umsetzungsfragen eines (noch) offenen Projektes. Kindschaftsrecht und Jugendhilfe 7/8, 294–303

Rauschenbach, T. (2007): Im Schatten der formalen Bildung, Alltagsbildung als Schlüsselfrage der Zukunft. Diskurs Kindheits- und Jugendforschung 4, 439–453

Schulze, A., Unger, R., Hradil, S. (2008): Bildungschancen und Lernbedingungen an Wiesbadener Grundschulen am Übergang zur Sekundarstufe I. Projekt- und Ergebnisbericht zur Vollerhebung der GrundschülerInnen der 4. Klasse im Schuljahr 2006/07. Projektgruppe Sozialbericht zur Bildungsbeteiligung, Amt für Soziale Arbeit, Abteilung Grundsatz und Planung der Landeshauptstadt Wiesbaden (Hrsg.). In: www.wiesbaden.de/die_stadt/sozial_fam/sozialplanung.php, 15.06.2010

Kindbezogene Armutsprävention – Eine Handlungsanleitung für Praxis und Politik

Von Antje Richter-Kornweitz und Gerda Holz

Was ist praxisrelevant für die Armutsprävention? Zentral ist die Frage nach Teilhabe und Inklusion: Wie können in Armut lebende Mädchen und Jungen Zugang zu den Aktivitäten und Lebensbedingungen erhalten, die für andere Gleichaltrige alltägliche Normalität bedeuten? Darin verbirgt sich die Kernfrage nach der Umsetzung von Zugangsgerechtigkeit, nach Zugang zu Bildung und Gesundheit als zentralen und umfassenden Lebensbereichen. Hier manifestiert sich (Nicht-)Teilhabe mit ihren Konsequenzen über den gesamten Lebensverlauf. Eine Handlungsanleitung zur kindbezogenen Armutsprävention sollte Orientierung geben können, wie breit angelegte Gesundheits- und Bildungschancen entsprechend den kindlichen Entwicklungsstufen gefördert werden können.

Bedürfnisse erkennen und Bedarfe ermitteln

Die Vorschläge, die nachfolgend unterbreitet werden, sind multidimensional. Die Autor/-innen dieses Bandes machen unmissverständlich klar, dass allein die Vielfalt der Angebotslandschaft auf lokaler Ebene für Kinder bzw. ihre Familien das Problem nicht unbedingt trifft, da viele Angebote die Zielgruppe „arme Mädchen und Jungen" nicht erreichen. Notwendig ist vielmehr eine Fokussierung auf ihre spezifischen Bedarfe und die ihrer Eltern. Zunächst einmal haben sie die gleichen existenziellen personalen und sozialen *Bedürfnisse* wie jeder andere Mensch auch (z.B. Grundversorgung, Sicherheit, Anerkennung meiner Person, wertschätzender und respektvoller Umgang, Selbstverwirklichung). Darüber hinaus haben arme Gruppen weitere, spezifische Bedürfnisse, beispielsweise nach Kompensation ihrer begrenzten individuellen Ressourcen, die aufgrund ihrer sozial benachteiligenden Lebenslage bestehen (z.B. soziale Inklusion, der gleichberechtigte Zugang zu allen gesellschaftlichen Ressourcen, Partizipation an allen gesellschaftlichen Prozessen, soziale Hilfen usw.). Daraus heraus lassen sich die spezifischen *Bedarfe* ableiten, die wiederum gezielte soziale *Angebote* und *Maßnahmen* erfordern (APuZ 2009; Borchard et al. 2009).

Grundverständnis einer „bedingungslosen" Förderung

Wesentlich für den Erfolg der Maßnahmen ist daher eine bewusste Fokussierung auf die besondere Förderung der betroffenen Mädchen und Jungen, ohne dass die Maßnahmen auch nur der Hauch von Unterstützungsleistungen umweht, was einer neuerlichen Stigmatisierung gleichkäme und gleichzeitig hohe Hürden aufbauen würde. Ihr Anspruch ist einer ohne Bedingungen, die die Kinder vorab zu erfüllen hätten. Vielmehr haben sie ein Recht gegenüber Eltern, Gesellschaft und Staat, ebenfalls die *allgemeinen* Lebens-, Verwirklichungs- und Teilhabechancen zu erhalten.

Ein solches Vorgehen erfordert eine differenzierte Steuerung und vor allem politischen Mut. „Die ‚Schwächsten' (‚Letzten'!?) zuerst", lautet die zugehörige politische Entscheidung, die in ihren logischen Konsequenzen auch öffentlich vermittelt und gegen Kritik aus materiell besser gestellten und eventuell hoch ambitionierten Bevölkerungskreisen verteidigt werden muss.

Basiswissen über die Lebenslage und deren Auswirkungen

Die „richtigen" Zielgruppen zu erreichen ist nur möglich, wenn man weiß, wie Armut wirkt und in welchen Entwicklungs- und Lebensbereichen sie Spuren hinterlässt. Ebenso wichtig ist die genaue Armutsquote zu kennen und zu wissen, wo sich Armut in der Kommune lokalisiert. Eine rein monetär bestimmte bzw. einkommensbezogene Definition kann das nicht leisten und erlaubt keine Maßnahmenplanung, die Zugangsgerechtigkeit fördert. Die Armutsdefinition muss vielmehr neben der materiellen Versorgung eines Kindes, d. h. der Grundversorgung mit Nahrung, Kleidung und Wohnung, auch den Zugang zu Bildungsangeboten bzw. den Bildungserwerb in den Fokus nehmen. Ebenso wichtig sind der Zugang zur Gesundheitsversorgung sowie der Gesundheitsstatus und die soziale Einbindung, abzulesen z. B. an sozialen Kontakten, Unterstützungsleistungen und sozialen Kompetenzen. Nur so lässt sich die anspruchsvolle, arbeitsaufwendige und kleinteilige Aufgabe lösen, Zielgruppen, Interventionsorte, Zeiträume und Kooperationspartner sektoren- bzw. fachbereichsübergreifend zu ermitteln und abzustimmen.

Lebensweltorientierung als Strategie der Kommune

Der Auftrag zur Erledigung dieser Aufgaben geht an die lokale, d. h. die Ebene der Kommunen. Kommunen sind zwar nicht allein zuständig, haben aber eine wesentliche Rolle in der Armutsprävention (u. a. Arbeiterwohlfahrt Landesarbeitsgemeinschaft Nordrhein-Westfalen 2009). Zum einen, weil sie der Alltagsrealität am nächsten stehen und daher die Problembereiche lokalisieren können. Zum anderen, weil sie Inklusion bzw. Exklusion durch Steuerungsprozesse im Rahmen der Stadt-/Gemeindeentwicklung, des (Garten-)Bau- und Wohnungswesens, der Kinder- und Jugendhilfe, der Gesundheitsdienste etc. direkt beeinflussen können. Zu den Instrumenten dieser Steuerung gehören Gremien wie „Runde Tische" und „Lokale Netzwerke", in denen lokales Wissen ausgetauscht wird und übergreifende Kooperationsbeziehungen zwischen Institutionen, freien Trägern und anderen lokalen Akteuren entstehen. Zu den Aufgaben der Kommunen gehört auch die politische Lobbyarbeit für Mädchen und Jungen sowie für Familien allgemein, wozu sie alle Wege nutzen müssen, um auf Bundes- und Landesebene eine Verbesserung der materiellen Ausstattung von Kindern bzw. ihrer Familien zu erreichen.

Das Problem Kinderarmut ist bei den kommunalpolitischen Verantwortungsträgern mittlerweile angekommen – und das ist auch gut so –, denn so kann ein systematischer Prozess strukturell angelegter Armutsprävention vor Ort realisiert werden. Im Wesentlichen lassen sich derzeit bundesweit zwei Ansätze in Kommunen erkennen:

Zum einen ein *integrierter Gesamtansatz*, der sich durch ein umfassendes konzeptionelles Verständnis auszeichnet und als integrales Element der Gemeinde-/Stadtentwicklung verstanden wird. Dieser Ansatz versucht die komplexe Problematik mit einem ebenso komplexen Handlungsansatz aufzugreifen und stellt direkte Bezüge zu allen kommunalen Handlungsfeldern her. Er beinhaltet das Erarbeiten von Zielen, formuliert Strategien und Maßnahmen, setzt auf Vernetzung aller relevanten Akteure vor Ort und sichert Ergebnisse. Vorreiter dieses Ansatzes sind Monheim am Rhein (Kap. 3.12) und Dormagen. Zwischenzeitlich liegen bereits Erfahrungen aus anderen Städten wie Nürnberg oder Mainz vor. Frankfurt am Main, Stuttgart oder Aachen sind auf dem Weg zu einem integrierten Handlungsansatz.

Zum anderen ein *komplexer Teilansatz*, der sich dem komplexen Problem ebenfalls mit einem entsprechend umfassenden Verständnis nähert, aber „nur" einen Bereich herausgreift und damit ein Handlungsfeld kommunaler Verantwortung in den Fokus stellt. Dies kann der Bildungsbereich (z. B. Stadt Wiesbaden, Kap. 3.12), die Frühe Förderung (z. B. Stadt München) oder auch der Aufbau eines Sozialmonitorings (z. B. Mühlheim am Rhein) sein (Holz 2010).

Handlungsbefähigung als Strategie

Die Autor/-innen gehen zugleich über die strukturelle Ebene hinaus, indem sie das aktive, selbsttätige Element in ihren Überlegungen betonen und fragen: Wie kann man die Möglichkeiten und Fähigkeiten dieser Mädchen und Jungen so fördern, dass sie sich selbsttätig entwickeln und verwirklichen können? Wie kann man sie dazu befähigen, ihre Chancen zu ergreifen und eigene Lebensentwürfe zu verfolgen? Wie können sie erleben, dass sie selbst etwas bewirken können? Sie greifen dazu auf die Komponenten Empowerment und Partizipation als ressourcenstärkende Konzepte zurück, die zwar „bewährt", aber noch lange nicht ausgereizt sind, weil sie nur im Austauschprozess und in der ständigen Anpassung an die gegebene Situation vor Ort ihre Potenziale entfalten und lebendig bleiben.

Die Frage ist, wie sieht ressourcenorientierte Armutsprävention aus und wie kann sie sich an den tatsächlichen Bedürfnissen und den vor Ort ermittelten Bedarfen von Mädchen und Jungen ausrichten? Qualitätsgesicherte Partizipations- und Empowermentstrategien führen hier weiter und können zwischen der theoretischen Ebene der Fakten und konzeptuellen Überlegungen und der praktischen Arbeit vor Ort vermitteln. Aktuelle Studien belegen, dass Partizipationsangebote in der Regel auf ein hohes Interesse bei Mädchen und Jungen treffen. Die Wahrscheinlichkeit, dass sie auch Kinder und Jugendliche unterschiedlicher sozialer Herkunft erreichen, erhöht sich in dem Maße, in dem die Angebote niedrigschwellig ausgestaltet sind und im unmittelbaren Nahbereich und den Regelinstitutionen für Heranwachsende angesiedelt sind. Das Ausmaß der Partizipation sinkt, je weiter das entsprechende Partizipationsangebot vom unmittelbaren Lebensumfeld der Kinder und Jugendlichen entfernt ist. Den, laut Bundesjugendkuratorium (2009b, 21 ff), momentan noch relativ geringen und wenig wirkungsvollen Partizipationsmöglichkeiten stehen grundsätzlich hohe Bereitschaft und Motivation zur Mitwirkung gegenüber. Dabei besteht eine hohe Diskrepanz zwischen den Interessen von Heranwachsenden, sich einerseits an den sie betreffenden Angelegenheiten zu beteiligen, und andererseits den unzureichenden Beteiligungschancen. Zur Überprüfung des jeweiligen Beteilungskonzeptes bietet sich beispielsweise ein Stufenmodell an. Darüber lassen sich echte Möglichkeiten der Einflussnahme schaffen und es wird verhindert, Partizipation zu einem leeren Ritual zu machen (Kap. 3.11). Unverzichtbare Voraussetzung ist außerdem, dass Professionelle ernsthaft daran glauben, Mädchen und Jungen könnten ihre eigenen Lösungen finden.

Aus der Gesundheitsförderung weiß man, dass der Zugang zu schwer erreichbaren Zielgruppen konkret gelingt, wenn man sich von einem Entweder-Oder-Prinzip lösen kann und den Entwicklungsprozess aller Akteure respektiert. Marginalisierte Zielgruppen benötigen Unterstützung bei ihrer Kompetenzentwicklung, um zur Teilhabe befähigt zu werden. Die professionellen Akteure in der Prävention wiederum brauchen Anleitung zur Einbeziehung dieser Zielgruppen und nicht zuletzt sind strukturelle Bedingungen notwendig, die partizipative Prozesse zulassen und fördern.

Eine Handlungsanleitung zur Armutsprävention bei Mädchen und Jungen kann sich daran orientieren. Sie richtet sich nicht nur kompensatorisch auf die Risiken des Aufwachsens, nicht nur auf den Ausgleich defizitärer Lebens- und Entwicklungsbedingungen, sondern ebenso auf die Ressourcenstärkung. Der Stellenwert, der den Konzepten Partizipation und Empowerment hier eingeräumt wird (welche im Übrigen um weitere Kriterien wie z. B. Niedrigschwelligkeit und Settingansatz erweitert werden könnten), zeigt die Richtung an. Ressourcenorientierte Armutsprävention vermeidet stigmatisierende Maßnahmen, die den gesellschaftlichen Status des „Armen" konstituieren oder festschreiben (Paugam 2008, 14) und geht weit darüber hinaus. Armutsprävention im Kindesalter setzt – neben den notwendigen und wichtigen staatlichen Maßnahmen zur Sicherung des Kinderschutzes – darauf, entwicklungsfördernde, ressourcenstärkende Bedingungen strukturell zu verankern. Damit trifft sie den in § 1 SGB VIII formulierten Anspruch, *alle* Heranwachsenden in ihrer individuellen und sozialen Entwicklung zu fördern und positive Lebensbedingungen zu erhalten bzw. zu schaffen.

Der unauflösbare Zusammenhang von ermöglichenden Strukturen und individuellem Handeln

Der gesetzlich formulierte Anspruch lässt sich sowohl mit den maßgeblichen Aussagen der hier versammelten Beiträge verknüpfen als auch mit dem zentralen Postulat der Gesundheitsförderung, nach dem gesundheitsfördernde Maßnahmen stets auf zwei Ebenen, d. h., auf die Verhaltens- sowie die Verhältnisebene zielen sollten („Verhaltens- und Verhältnisprävention"), um wirkungsvoll zu sein (Ottawa-Charta der WHO 1986). Er verweist auf „den unauflöslichen Zusammenhang von individuellem Handeln und den ermöglichenden Strukturen, die gesellschaftlich geschaffen werden müssen" oder wie der 13. Kinder- und Jugendbericht es unter dem Stichwort *Befähigungsgerechtigkeit* formuliert: Es ist die Aufgabe von Institutionen, Heranwachsende bei der Entwicklung von Ressourcen zu fördern, aber auch Strukturen zu schaffen, die Kinder, Jugendliche und junge Erwachsene im Sinne von Empowerment in der Wahrnehmung ihrer Rechte stärken und ihnen zu mehr Handlungsfähigkeit verhelfen (Deutscher Bundestag 2009, 73 ff).

Die Umsetzung dieses Anspruchs birgt einige Herausforderungen. Manche sind „hausgemacht", deswegen aber nicht weniger anspruchsvoll, wie z. B. die Schnittstellenproblematik oder ungelöste Probleme in der Kooperation verschiedenartiger Dienste bzw. Ressorts („Versäulung" der Sektoren). Andere Herausforderungen betreffen die Qualitätssicherung, die angemessen und alltagsgerecht sein muss, um von den Praktiker/-innen angenommen zu werden. Dazu kommt, dass in den Zielgruppen keine Homogenität besteht, sondern kulturelle, geschlechtsspezifische und auch behinderungsbedingte Unterschiede zu beachten sind.

Ende der Tabuisierung

Wir sind jedoch optimistisch, was die Lösung dieser Probleme betrifft, vorausgesetzt die Hürde des Perspektivenwechsels hin zur Ressourcen- und weg von der Defizitorientierung wird erst einmal genommen. Dass es möglich ist, zeigt die Praxis – wiederum zuerst auf kommunaler Ebene. Dieser Optimismus ist es auch, der uns ermutigt, in diesem Beitrag eine Liste weiterer Aufgaben zu skizzieren, die eine Handlungsanleitung zur Armutsprävention im Kindesalter beinhalten muss.

Eine regelmäßige Berichterstattung über Kinderarmut ermöglicht es, die Zielgruppen zu identifizieren. Davor steht jedoch oft ein Schritt, der einer der schwierigsten zu sein scheint: Die Existenz von Kinderarmut einzugestehen und nicht länger zu tabuisieren. Serge Paugam (2008, 282) hat in seinen vergleichenden Studien speziell in Deutschland einen starken kollektiven Widerstand gegen die offizielle Anerkennung der Armut gefunden. Diese Verleugnung der Situation steht einem frühzeitigen, präventiven Handeln entgegen und vergibt die Chancen auf eine gute Entwicklung von Anfang an. Daher brauchen wir aktuelle Zahlen, die immer auch Argumente sind. Wir brauchen Informationen über das Erreichte und zur Planung der nächsten Schritte. Kein Prozess kommt ohne die Betrachtung von einzelnen Phasen und Schritten (so genannte Meilensteine) aus. Nur eine regelmäßige Berichterstattung und die Betrachtung von erzielten Ergebnissen und Wirkungen – also ein qualifiziertes Monitoring – kann den Widerstand gegen die Wahrnehmung der Armut verringern und die Bereitschaft zur Armutsprävention als soziale Gegensteuerung befördern helfen.

Netzwerke, Kooperationen und abgestimmtes Handeln

Wenn der Ist-Zustand und Handlungsbedarf festgestellt wurden, werden Problemlösungen gebraucht. Der Verweis auf viele Einzelangebote und eine oft unübersichtliche Angebotslandschaft ist nicht nur unbefriedigend, sondern auch Teil des Problems. Viele Betroffenen wissen gar nicht, an wen sie sich wenden sollen, auch nicht, wie sie ihre Interessen durchsetzen könnten, und nicht immer ist sicher, wieweit die Angebote die realen Interessen der Nutzer/-innen treffen. Aber genauso kennen die Fachkräfte in den sozialen Diensten und Verwaltungen oftmals die vorhandene Palette an Möglichkeiten zur Unterstützung nicht ausreichend gut.

Daher schlagen wir den Ausbau von Netzwerken und übergreifenden Konzepten innerhalb einer kommunalen Gesamtstrategie vor, die Projekte und Maßnahmen als Bausteine integriert und die bestehenden Strukturen und Standards weiterentwickelt. Da in der Zusammenarbeit nicht nur verschiedene Leistungssysteme, sondern auch unterschiedliche fachliche Standards und Handlungslogiken aufeinanderprallen, sind dazu Zeit und Routine für Verständigungsprozesse und Austausch erforderlich. Weitestgehende Transparenz ist eine weitere Forderung und unverzichtbare Voraussetzung auf dem Weg zu „Kooperation statt Konkurrenz".

Zum präventiven Gesamtkonzept mit den eben genannten Charakteristika sind außerdem zu rechnen: ein leistungsfähiges Netzwerk Früher Förderung respektive Hilfen, ein umfassendes Bildungs- und Betreuungsangebot mit flexiblen Öffnungszeiten und Standards, die auch an den besonderen Bedarf im benachteiligten Wohnumfeld angepasst sind, ein Konzept zur Elternbildung mit Fokus auf den Zugang zu sozial benachteiligten Eltern sowie umfassende Konzepte zur Gesundheitsförderung in Kitas, Schulen und Wohnumfeld. Außerdem bestehen auf lokaler Ebene wichtige Handlungsmöglichkeiten, durch materielle Unterstützung Teilhabe zu sichern, z. B. durch kommunale Bildungsfonds, Sozialpässe für Familien und Notfallhilfen (Arbeitskreis Armut und Gesundheit Niedersachsen 2008). Dass die Umsetzung dieses Vorhabens prozesshaft verläuft und qualitätsgesichert sein muss, versteht sich von selbst. Anleitungen und Hinweise sind in jüngster Zeit sowohl im Bereich der Kinder- und Jugendhilfe wie auch in der Gesundheitsförderung bereits entwickelt worden (Kap. 7); Kriterien Guter Praxis des bundesweiten Kooperationsverbundes „Gesundheitsförderung bei sozial Benachteiligten"; Arbeitskreis Armut und Gesundheit 2008; Evangelische Kirche im Rheinland 2009).

Armutsprävention ist sozialstaatliche Aufgabe aller Ebenen

Ein allgemeiner auf Bundes- und Landesebene verankerter Prozess zur Armutsprävention für Kinder und deren Familie steht dagegen noch aus. Das bedeutet nicht, dass nicht gehandelt wird, doch verbreitet ist nach wie vor ein an Ressortzuständigkeiten festgemachtes Engagement mit unterschiedlicher Ausrichtung und geringer Effizienz (BJK 2009a; Holz 2009). Zwischenzeitlich diskutieren einige Bundesländer mehr oder weniger intensiv über ihre Aufgaben innerhalb einer föderativ ausgerichteten „öffentlichen Verantwortung für (arme) Kinder". Weiter gehen da schon die Arbeiten im Kontext des Runden Tisches „Hilfe für Kinder in Not" des Landes Nordrhein-Westfalen (MAGS/MGFFI 2009). Verbreiteter ist auf Landesebenen eine eher öffentlichkeitswirksame Verlautbarung von Absichtserklärungen und weniger ein gezieltes Handeln mit eigenem Ansatz und klar umrissenen Arbeitsprogrammen.

Die Praxis zeigt den Weg! Das gilt derzeit vor allem für die kommunale Ebene und hier für Träger(-verbände) sowie viele Einrichtungen und deren Fachkräfte. Vor Ort werden individuelles Handeln und strukturelle Ermöglichung zusammengeführt. Vor Ort zeigen sich auch die vielen Ansatzpunkte zur aktiven Armutsprävention. Das lässt hoffen und motiviert.

Literatur

APuZ (Aus Politik und Zeitgeschichte): Ungleiche Kindheit. Heft 17. Bonn. In: www.bpb.de/files/54JFER.pdf, 19.6.2010

Arbeitskreis Armut und Gesundheit Niedersachsen (2008): Strategien gegen Kinderarmut. Hannover. In: www.gesundheit-nds.de/netzwerke/akarmutundgesundheit/index.htm, 19.6.2010

Arbeiterwohlfahrt Landesarbeitsgemeinschaft Nordrhein-Westfalen (Hrsg.) (2009): Memorandum Kinderarmut: Bekämpfung der Kinderarmut – Politische Forderungen – Präventive Ausrichtung der Kinder- und Jugendhilfe und des Bildungswesens. Essen. In: www.awo-nr.de/fileadmin/DAM/Metanavigation_Presse/Memorandum_Kinderarmut.pdf, 19.6.2010

Borchard, M., Henry-Huthmacher, C., Merkle, T., Wippermann, C. (2009): Eltern unter Druck. Selbstverständnisse, Befindlichkeiten und Bedürfnisse von Eltern in verschiedenen Lebenswelten. Lucius & Lucius, Stuttgart

BJK (Bundesjugendkuratorium) (2009a): Kinderarmut in Deutschland: Eine drängende Handlungsaufforderung an die Politik. München. In: www.fruehehilfen. de/fileadmin/fileadmin-nzfh/pdf/Kinderarmut_in_Deutschland_2009.pdf, 19.6.2010

– (2009b): Partizipation von Kindern und Jugendlichen – Zwischen Anspruch und Wirklichkeit. München. In: www.bundesjugendkuratorium.de/pdf/2007-2009/ bjk_2009_2_stellungnahme_partizipation.pdf, 19.6.2010

Kriterien Gute Praxis des bundesweiten Kooperationsverbundes „Gesundheitsförderung bei sozial Benachteiligten". In: www.gesundheitliche-chancengleichheit. de, 19.6.2010

Deutscher Bundestag (2009): 13. Kinder- und Jugendbericht. Bericht über die Lebenssituation junger Menschen und die Leistungen der Kinder- und Jugendhilfe in Deutschland. Bundestags-Drucksache 16/12860, Berlin

Evangelische Kirche im Rheinland (2009): Chancenreich: Gemeinsam aktiv gegen Kinderarmut. Aktionsvorschläge. Düsseldorf

Holz, G. (2010): „Kommunale Strategien gegen Kinder- und Bildungsarmut" Oder: Der Ansatz kindbezogener Armutsprävention (nicht nur) für Kommunen. In: Hanesch, W. (Hrsg.): Zukunft des lokalen Sozialstaats: Strategien gegen soziale Spaltung in Kommunen. VS Verlag, Wiesbaden, 305–325

– (2009): Kinderarmut und soziale Ungleichheit – Familienpolitik weiterdenken! Archiv für Wissenschaft und Praxis der sozialen Arbeit 2, 68–81

MAGS/MGFFI (Ministerium für Arbeit, Gesundheit und Soziales des Landes Nordrhein-Westfalen; Ministerium für Generationen, Familien, Frauen und Integration des Landes Nordrhein-Westfalen)(Hrsg.)(2009): Hilfe für Kinder in Not. Mehr Teilhabe und Chancengerechtigkeit für alle Kinder in Nordrhein-Westfalen. Zwischenbericht der Landesregierung zur Arbeit des „Runden Tisches". In: www.mags.nrw.de/08_PDF/003/Kinderarmut_-_Bericht_Runder_ Tisch.pdf, 19.6.2010

Ottawa Charta der WHO (1984): Gesundheit für alle. In: www.euro.who.int/ AboutWHO/Policy/20010827_2?language=German, 19.6.2010

Paugam, S. (2008): Die elementaren Formen der Armut. Edition Hamburger Institut für Sozialforschung, Hamburg

Die Autorinnen und Autoren

Martina Block: Dipl.-Psychologin und MPH, Gesundheit Berlin-Brandenburg e.V., Leitung eines Projektes im Rahmen der Förderinitiative IN-FORM „Aktionsbündnisse für gesunde Lebensstile und Lebenswelten" des Bundesministeriums für Gesundheit; Arbeitsschwerpunkte: Partizipative Qualitätsentwicklung in der Prävention und Gesundheitsförderung von sozial Benachteiligten und in der HIV-Prävention

Annette Berg: Dipl.-Sozialpädagogin, Erzieherin, Leitung des Jugendamtes der Stadt Monheim am Rhein; Arbeitschwerpunkte: Kinder, Jugend und Familie. Mitinitiatorin des kommunalen Präventionsansatzes „Mo.Ki – Monheim für Kinder"

Heiner Brülle: Dipl.-Soziologe, Sozialplaner und Abteilungsleiter für Grundsatz und Planung im Amt für Soziale Arbeit der Landeshauptstadt Wiesbaden; Arbeitsschwerpunkte: Kommunale Jugend-, Sozial-, Beschäftigungs- und Berufsbildungspolitik, kommunale Koordinierung im Übergang Schule – Beruf, Planung, Organisationsgestaltung und Evaluation sozialer Dienstleistungen

Mirjam Hartmann: Dipl.-Sozialpädagogin in Hamburg, Leitung und Geschäftsführerin von ADEBAR Hamburg; Arbeitsschwerpunkte: Frühe Hilfen für Familien, Gemeinwesenarbeit und Gesundheitsförderung

Beate Hock: Dipl.-Soziologin. Jugendhilfe- und Sozialplanerin im Amt für Soziale Arbeit der Landeshauptstadt Stadt Wiesbaden; Arbeitsschwerpunkte: Kinderarmut, Kindertagesbetreuung, Elternbildung, kommunale Bildungslandschaften

Gerda Holz: Sozialarbeiterin grad., Dipl.-Politikwissenschaftlerin, Wissenschaftliche Referentin im Institut für Sozialarbeit und Sozialpädagogik e.V., Leitung der seit 1997 laufenden AWO-ISS-Langzeitstudie „Kinderarmut", Arbeitsschwerpunkte: Armut und soziale Ausgrenzung

Thomas Lampert: Dr. PH Dipl.-Soziologe, Stellvertretende Leitung des Fachgebiets Gesundheitsberichterstattung am Robert Koch-Institut (RKI);

Arbeitsschwerpunkte: Soziale Ungleichheit und Gesundheit, Gesundheitsverhalten und Lebensstile, Kinder- und Jugendgesundheit

Prof. Dr. Roland Merten: Dipl.-Sozialarbeiter, Dipl.-Pädagoge, Staatssekretär im Thüringer Ministerium für Bildung, Wissenschaft und Kultur; Arbeitsschwerpunkte: Kinder- und Jugendhilfe, Bildungspolitik, (Kinder-) Armutsforschung, Theorie und Geschichte der Sozialpädagogik

Heinz Müller: Dipl.-Pädagoge, Geschäftsführer des Instituts für Sozialpädagogische Forschung Mainz e.V. (ism); Arbeitsschwerpunkte: Praxisorientierte Forschung und Beratung in den Bereichen Kinder- und Jugendhilfe, Familie, interkulturelle Arbeit/Migration

Dr. Antje Richter-Kornweitz: Dipl.-Pädagogin, Kinder- und Jugendpsychotherapeutin, Wissenschaftliche Referentin in der Landesvereinigung für Gesundheit und der Akademie für Sozialmedizin Niedersachsen e.V.; Arbeitsschwerpunkte: „Soziale Lage und Gesundheit", Gesundheitsförderung, Kinderarmut

Prof. Dr. rer. soc. Matthias Richter: Professor für Medizinische Soziologie und Sozialepidemiologie am Institut für Sozial- und Präventivmedizin der Universität Bern; Arbeitsschwerpunkte: Gesundheit- und Gesundheitsverhalten im Kindes- und Jugendalter, Sozialepidemiologie, Lebenslaufforschung, Prävention und Gesundheitsförderung

Dr. phil. Hella von Unger: Forschungsgruppe Public Health am Wissenschaftszentrum Berlin für Sozialforschung (WZB); Arbeitsschwerpunkte: Gesundheitsförderung und Prävention, Stigmatisierungsprozesse, HIV/ Aids, Migration, partizipative und qualitative Forschung

Prof. Dr. phil. Hans Weiß: Professur an der Pädagogischen Hochschule Ludwigsburg, Fakultät für Sonderpädagogik Reutlingen, Fachrichtung Körperbehindertenpädagogik; Arbeitsschwerpunkte: Arbeit mit Eltern und Familien mit behinderten und von Behinderung bedrohten Kindern, insbesondere in sozial benachteiligten Lebenslagen, Förderung von Resilienzprozessen bei behinderten und benachteiligten Kindern, Frühförderung und Frühe Hilfen

Prof. Dr. Michael Wright: LICSW, MS, Sozialwissenschaftler, Psychotherapeut, Abschluss in Public Health (Harvard University). Professur für Methoden der empirischen Sozialforschung an der Katholischen Hochschule für Sozialwesen Berlin und Mitarbeiter in der Forschungsgruppe Public Health im Wissenschaftszentrum Berlin für Sozialforschung (WZB). Koordinator der Forschungsbereiche HIV/Aids und Partizipative Gesundheitsforschung im WZB; Arbeitsschwerpunkte: Partizipative Qualitätsentwicklung in der Gesundheitsförderung und Primärprävention

Register

Armut
–, Definition 20f, 32f
– bei Kindern 27f, 37f, 171
–, Bewältigungsverhalten /-strate-
    gien–100–102
–, kindzentrierte (Langzeit) Fol-
    gen 45–47, 50, 72f, 89, 103, 128, 151f
–, Langzeitstudien bei Kindern 37f,
    42–44, 49–51
–, Messung 33, 36
–, Risikoquoten 29, 36, 45, 70
–, Ursachen 36, 44, 120
Armutsprävention
–, Definition 112f
–, kindbezogene 114, 122f, 153, 166f,
    170, 174
–, elternbezogen 120f, 165f
–, sozialraumbezogen 121f
–, strukturelle 116f, 136, 147, 152, 162,
    171, 176
Aufwachsen im Wohlergehen/
    Wohlbefinden 38–40, 47f, 114, 118,
    138, 152
Bedarf 110f, 117, 130f, 162, 170
Bedürfnisse 13–5, 89, 110f, 129f, 170
Bildung 12, 16, 24, 37, 67, 68–70, 105,
    161, 176
Bildungschancen und -teilhabe 46, 49,
    55, 66-70, 138, 149, 152, 156, 159,
    163–166
Bildungsverlauf/ -erfolg/ -karriere 52,
    67, 88, 100, 118, 159
Eltern-/Familienbildung 91, 122, 154,
    165, 176
Empowerment 128–31, 139, 173
Entwicklung
–, kindliche Bedürfnisse 12–14, 18, 26,
    37, 68, 97f

Entwicklungsbedingungen 27, 40, 45,
    49, 193f, 114, 154f, 165f
Entwicklungsübergänge/Bildungs-
    übergänge 49, 73f, 98–99, 117, 123,
    152, 163–165
Erziehung 13, 16, 55, 81, 85, 98, 166
Familienförderung 25, 130f, 132, 134,
    150, 164–166
Gesundheit 51, 55, 138
Gesundheitsförderung sozial Benach-
    teiligter 99, 113, 133, 138–147
Gesundheitsrisiken und soziale
    Herkunft 56–60, 152
Kinderarmut (s.a. Armut)
Kinder- und Jugendhilfe 81f, 88–90,
    121–123, 132f, 149f, 159–161
Kommunales Handeln 116, 123,
    149–153, 159, 176
Öffentliche Verantwortung für
    Kinder 68, 82, 88, 119, 157, 176
Lebenslage 32, 37f, 46, 130, 154
– im Vorschulalter 38, 81f, 114
– im Grundschulalter 40, 103
Prävention 110, 149, 153
Präventionskette, 116f, 153–157
Partizipation (s.a. Armutspräven-
    tion) 138–140, 147, 170, 173
–, Stufen der 141–46
Resilienz 18, 51, 95–98, 111, 115
–, Alter und Geschlecht 97, 100f
–, Forschung 15, 26, 67, 82, 97,
    101
–, Schutzfaktoren 15, 52, 96–97,
    102–104
–, Risikofaktoren 52, 67, 94, 103
–, Ebenen 102–104
Ressourcen
–, materielle, personale und soziale 26,

38, 48, 63–63, 85, 94–99, 117, 128, 131f, 153, 172
–, öffentliche 111, 113, 116, 157, 159
–, perspektive 9, 94–96, 106

Sozialraum 132f, 162
Sozialstaat 20, 112, 119f
Zielgruppe 111, 141–146

Leseprobe

Institut für Sozialarbeit und Sozialpädagogik e.V. (Hg.): Vernachlässigte Kinder besser schützen

Einleitung

von Dieter Kreft und Hans-Georg Weigel

Spätestens seit dem sogenannten Osnabrücker Fall (1994–1996; dokumentiert in Mörsberger/Restemeier 1997) war für alle Handelnden in Jugendämtern und Sozialen Diensten klar, was auch zuvor (eigentlich selbstverständlich) schon immer galt: Allein regelgeleitetes, aktuellen fachlichen Standards entsprechendes Handeln kann ggf. – besonders in schwierigen Fällen von Kindesmisshandlung und Kindesvernachlässigung mit Todesfolge – vor strafrechtlicher Inanspruchnahme schützen.

Plötzlich wurde allerorten über Begriffe wie staatliches Wächteramt, Garantenstellung, Garantenpflicht und über Rechtsfolgen bei Verletzung fachlicher Standards (so zuletzt Münder et al. 2006, § 1 Rz 31 ff) gesprochen. Es zeigte sich dabei häufig eine z.T. grobe Unkenntnis in der sozialpädagogischen Zunft in Bezug auf wichtige rechtliche Rahmenbedingungen fachlichen Handelns und die Folgen ihrer Verletzung.

Eine eher fachliche Dimension erhielt diese Diskussion nach spektakulären Fällen von Kindesmisshandlung und Kindesvernachlässigung mit Todesfolgen seit Ende der 1990 Jahre. Erwin Jordan und Johannes Münder haben daraufhin schon 2001 grundsätzliche fachliche und rechtliche Ausführungen vorgelegt: „Zwischen Kunst und Fertigkeit – Sozialpädagogisches Können auf dem Prüfstein" (Jordan 2001) und „Rechtsfolgen bei Verletzung professioneller Standards"

ℝ reinhardt

www.reinhardt-verlag.de

(Münder 2001). Was also ist richtiges oder angemessenes fachliches Handeln und wie und von wem wird es festgelegt? Jordan sprach damals noch davon, „dass es ‚die‘ Qualität nicht gibt, sondern nur eine mehr oder weniger gelingende Annäherung an die (zwischen verschiedenen Akteuren) vereinbarten fachlichen Ergebnisse" (Jordan 2001, 52). Münder machte bereits seinerzeit auf folgendes aufmerksam: Der Preis der Freiheit, dass der einzelne Akteur nach seinem individuellen Gutdünken handelt, sei dann aber der, dass externe, nicht sozialpädagogische Professionelle, über die „Regeln der sozialpädagogischen Kunst" entscheiden. Und fachliche Standards werden in den Fällen, die rechtlich zu verhandeln sind, von Juristinnen und Juristen festgelegt (Münder 2001, 407f).

Es ging also schon damals, und es geht heute weiterhin darum, sozialwissenschaftlich und sozialpädagogisch festzulegen, was die fachlichen Regeln der Kunst sind, die gegebenenfalls auch bei einer rechtlichen Überprüfung bestehen können.

Vor dem Hintergrund von Strafverfahren gegen Mitarbeiterinnen und Mitarbeiter von Jugendämtern (z. B. in Osnabrück, Stuttgart, Dresden, Leipzig, Mannheim) in Fällen der Kindesvernachlässigung, der Kindesmisshandlung oder des Kindestodes hat der Deutsche Städtetag 2003 Empfehlungen zur Festlegung fachlicher Verfahrensstandards in den Jugendämtern bei akut schwerwiegender Gefährdung des Kindeswohls vorgelegt. Ausdrücklich mit dem Ziel „Standards zum fachlichen Verfahren vorzulegen, die das strafrechtliche Risiko der Mitarbeiterinnen und Mitarbeiter begrenzen und überschaubar machen" (DST 2004, 2). Damit war ein großer fachlicher Entwicklungsschritt gemacht, „denn die ihnen obliegenden Pflichten erfüllen die Mitarbeiter des Jugendamtes durch fachgerechtes Handeln, durch Einhaltung der fachlichen Standards", und „gemessen werden kann die Fachlichkeit sozialer Arbeit in erster Linie an der Einhaltung der richtigen und normativ vorgeschriebenen Verfahren bei der Entscheidung über die notwendige Intervention" (Münder et al. 2006, § 1 Rz 42).

www.reinhardt-verlag.de

Einen weiteren Qualifizierungsschub hat das Kinder- und Jugendhilfeweiterentwicklungsgesetz (KICK) zum 1. Oktober 2005 gebracht. Durch den neu in das SGB VIII – Kinder- und Jugendhilfe eingefügten § 8a (Schutzauftrag bei Kindeswohlgefährdung) ist der Kinderschutzauftrag des Jugendamtes und seiner Sozialen Dienste, aber auch der Einrichtungen und Dienste freier Träger, konkretisiert worden.

Es gibt jetzt das zuvor immer wieder geforderte fachliche Verfahren, wenn gewichtige Anhaltspunkte für die Gefährdung des Wohls des Kindes oder Jugendlichen bekannt werden.

Zum Teil parallel zu diesen Entwicklungen ereigneten sich in den letzten Jahren immer wieder spektakuläre Falle von Vernachlässigung und Misshandlung kleiner Kinder mit Todesfolge, über die die Medien regelmäßig skandalisierend berichteten: So Denis (6 Jahre) aus Cottbus (2004), Michelle (2) aus Hamburg (2004), Pervin (3) aus Düsseldorf (2005), Jessica (7) aus Hamburg (2005), Benjamin (2) aus Sachsen-Anhalt (2006), Mehmet (4) aus Zwickau (2006), Kevin (2) aus Bremen, der im Oktober 2006 tot im Kühlschrank seines vermeintlichen Vaters gefunden wurde und zuletzt 2007 in Schwerin Lea-Sophie (5). Miteinbezogen werden muss hierbei Folgendes:

- Einerseits hat der Informationsdienst der Dortmunder Arbeitsstelle Kinder- und Jugendhilfestatistik in einem Sonderheft (KOMDAT 2006) in einer sorgfältigen Analyse herausgearbeitet, „dass Kindestötungen, insbesondere auf Grund von Misshandlung und Vernachlässigung, singuläre Ereignisse sind (KOMDAT 2006, 5) und dass die Zahl der getöteten Kinder in den letzten 25 Jahren um mehr als die Hälfte gesunken ist" (KOMDAT 2006, 3).
- Andererseits aber sind besonders Säuglinge gefährdet (von 17 im Jahre 2005 infolge Kindesmisshandlung, -vernachlässigung oder -verlassen Dieter Kreft und Hans-Georg Weigel gestorbenen Kinder waren 15 unter 1 Jahr alt). Die Zahl der Inobhutnahmen ist in den Jahren seit 1995 deutlich gestiegen (2006: 3.693 Kinder unter 6 Jah-

reinhardt
www.reinhardt-verlag.de

re; genauere Angaben bei KOMDAT 2/2007, 2). Das heißt, das Instrument der Kinder- und Jugendhilfe in akuten (familialen) Krisensituationen musste zunehmend genutzt werden.

Beim Schutzauftrag bei Kindeswohlgefährdung geht es selbstverständlich nicht nur um die wenigen (schrecklichen und dadurch besonders öffentlichkeitswirksamen) Fälle von Kindestötung, sondern auch um die viel größere Zahl an Kindesvernachlässigungen und -misshandlungen (s. Mutke/ Tammen 2006). Auch dort stehen die Mitarbeiterinnen und Mitarbeiter des Jugendamtes und der Sozialen Dienste in der Pflicht, das staatliches Wächteramt wahrzunehmen. Sie haben auf Grund der Garantenstellung die -pflicht, das Wohl von Kindern und Jugendlichen zu schützen.
Es gibt inzwischen etliche Versuche, das Handeln in dem „verminten" Feld zwischen Elternrecht und Kindeswohlschutz besser begehbar zu machen – nur die folgenden seien als Beispiele genannt

- Das Handbuch Kindeswohlgefährdung nach § 1666 BGB und Allgemeiner Sozialer Dienst (ASD) (Kindler et al. 2006, Stand 2007; genauer s. Beitrag von Christian Schrapper)
- Das Nationale Zentrum „Frühe Hilfen" im Rahmen des Aktionsprogramms des BMFSFJ „Frühe Hilfen für Eltern und Kinder und soziale Frühwarnsysteme" (gemeinsame Trägerschaft von BZgA und DJI; www.fruehehilfen.de)
- Das Informationszentrum Kindesmisshandlung/Kindesvernachlässigung des DJI/IzKK (www.dji.de/ikk)
- Die Arbeitshilfe „Der Schutzauftrag bei Kindeswohlgefährdung zur Kooperation zwischen Jugendamt und Trägern der freien Kinder- und Jugendhilfe" des Instituts für Soziale Arbeit in Münster (ISA 2006; u. a. mit den ausführlichen Anhaltspunkten für Kindeswohlgefährdung in der Dienstanweisung des Landesbetriebes Erziehung und Berufsbildung der Stadt Hamburg zum Schutz vor Kindeswohlgefährdung; www.kindesschutz.de).

www.reinhardt-verlag.de

Warum dann noch dieses Buch?

1) Wir bieten hier eine lehrbuchgemäße einführende Darstellung in das fachlich angemessene sozialpädagogische Handeln bei Kindeswohlgefährdung, wie sie in dieser Breite und Dichte unseres Erachtens bislang nicht vorliegt.

2) Neben die Beiträge in diesem Buch Das Recht zum Schutz von Kindern (Thomas Meysen), Kinder vor Gefahren für ihr Wohl schützen (Christian Schrapper) und Kinderschutz: Anforderungen an die Organisationsgestaltung im Jugendamt (Joachim Merchel) haben wir ein Fallbeispiel Kevins Tod – Ein Fallbeispiel für missratene Kindeswohlsicherung (Hans-Christoph Hoppensack) gestellt. Nicht, um besserwisserisch den tragischen Fall des gerade einmal 2 Jahre alt gewordenen Kevin nachzuzeichnen, sondern um den Leserinnen und Lesern der drei Fachkapitel diese Fallinformation mitzugeben für ihre eigene Reflexion des komplizierten und komplexen Themas, des Schutzauftrags bei Kindeswohlgefährdung.

3) Zudem wollen wir den in der Praxis für Fälle von Kindesmisshandlung und Kindesvernachlässigung Zuständigen mehr Sicherheit geben. Und das sind nicht nur die MitarbeiterInnen und Mitarbeiter des Jugendamtes und seiner Sozialen Dienste, das sind Sozialarbeiter, SozialpädagogInnen, ErzieherInnen in Ämtern und in Einrichtungen und Diensten freier Träger, das sind aber auch LehrerInnen, PolizistInnen, RechtsanwältInnen, FamilienrichterInnen, KommunalpolitikerInnen und viele andere, denen das sichere und förderliche Wohl der nachwachsenden Generation wichtig ist oder wichtig sein sollte.

4) Nicht zuletzt möchten wir Studierende an Universitäten, Fach- und Fachhochschulen mit dem Studienschwerpunkt Sozialwesen auf das schwierige Kerngeschäft Sozialer Arbeit, den Kinderschutz, vorbereiten.

Es ist zwar durchaus so, dass der Schutz von Kindern und Jugendlichen als Gesamtkunstwerk anzusehen ist, für das es regelmäßig keine einfachen Lösungen gibt, sondern für das

ℝ reinhardt
www.reinhardt-verlag.de

im komplexen Beziehungsgeflecht mit den Familien und verschiedenen helfenden Stellen an einer Sicherstellung der Bedürfnisbefriedigung der Kinder und Jugendlichen gearbeitet werden muss" (so Thomas Meysen in seinem Beitrag).

Aber dies sollte in einem fachlichen Verfahren geschehen, dessen rechtliches Regelwerk und dessen inhaltliche und organisatorische Bausteine wir hier zusammengefasst haben.

Leseprobe (S. 11-14) aus:

Institut für Sozialarbeit und Sozialpädagogik e.V. (Hg.)
Vernachlässigte Kinder besser schützen

Sozialpädagogisches Handeln bei Kindeswohlgefährdung
Mit einer Einleitung von Dieter Kreft und Hans-Georg Weigel
sowie Beiträgen von Christoph Hoppensack, Joachim Merchel,
Thomas Meysen, Christian Schrapper
2008. 158 Seiten. 6 Abb. 5 Tab.
(978-3-497-01945-8) kt

ΞV reinhardt
www.reinhardt-verlag.de

Institut für Sozialarbeit und
Sozialpädagogik e.V. (Hg.)
Der Allgemeine Soziale Dienst

Aufgaben, Zielgruppen, Standards
Mit Beiträgen von Dieter Kreft, Benjamin Landes, Maria
Lüttringhaus, Dieter Maly, Susanne Poller, Angelika Streich,
Wolfgang Tenhaken, Wolfgang Trede, Reinhard J. Wabnitz,
Hans-Georg Weigel
2010. 162 Seiten. 12 Abb. 5 Tab.
(978-3-497-02135-2) kt

Studierende und PraktikerInnen in diesem Arbeitsfeld finden Antworten auf viele Fragen: Was sind die Aufgaben
des ASD? Wie sind rechtliche Rahmenbedingungen,
Verantwortung und Haftung der Handelnden gere-
gelt? Wie werden „Fälle bearbeitet"? Wie funktioniert
die Zusammenarbeit mit Kooperationspartnern wie
Familiengerichten und Freien Trägern?

www.reinhardt-verlag.de

Dieter Kreft / C. Wolfgang Müller (Hg.)
Methodenlehre in der Sozialen Arbeit

Konzepte, Methoden, Verfahren, Techniken
2010. 176 Seiten.
UTB-S (978-3-8252-3370-9) kt

Wie kann in den verschiedenen Tätigkeitsfeldern der
Sozialen Arbeit fachlich angemessen und dabei planvoll
gehandelt werden? Was sind die relevanten Methoden,
Verfahren und Techniken und wie werden diese professionell eingesetzt? Namhafte AutorInnen erläutern
in diesem Buch gut strukturiert die drei klassischen
Methoden und stellen zahlreiche Beispiele für Verfahren
und Techniken als Grundlagen für das Handeln nach den
Regeln der Kunst vor.

www.reinhardt-verlag.de

Reinhard J. Wabnitz
Grundkurs Recht für die Soziale Arbeit

Mit 97 Übersichten, 22 Fällen und Musterlösungen.
2010. 243 Seiten.
UTB-S (978-3-8252-3368-6) kt

Was hat Recht mit Sozialer Arbeit zu tun? Die Zusammenhänge von Recht und sozialer Wirklichkeit, der „handwerkliche" Umgang mit Rechtstexten und die gerichtliche und außergerichtliche Durchsetzung des Rechts im Interesse von hilfebedürftigen Menschen sind nur einige Aspekte, auf die Reinhard J. Wabnitz in dem vorliegenden „Grundkurs Recht für die Soziale Arbeit" eingeht. In 14 Kapiteln wird das relevante Basiswissen für die Studierenden der Sozialen Arbeit übersichtlich aufbereitet. Zugleich werden die für die Soziale Arbeit wichtigsten Themenfelder des Zivil-, Straf- und des Öffentlichen Rechts dargestellt.

www.reinhardt-verlag.de